A Greek Anthology

This book offers an ideal first reader in ancient Greek. It presents a
selection of extracts from a comprehensive range of Greek authors,
from Homer to Plutarch, together with generous help with
vocabulary and grammar. The passages have been chosen for their
intrinsic interest and variety, and brief introductions set them in
context. All but the commonest Greek words are glossed as they
occur and a general vocabulary is included at the back. Although the
book is designed to be used by those who have completed only
a beginner's course in Greek, students of all ages will find that it
helps them to improve their ability and confidence in reading a wide
range of prose and verse texts, while at the same time providing a
fascinating and copiously illustrated introduction to the riches and
variety of ancient Greek literature over a period of almost a
thousand years.

JOINT ASSOCIATION OF
CLASSICAL TEACHERS' GREEK COURSE

A Greek Anthology

CAMBRIDGE
UNIVERSITY PRESS

PUBLISHED BY THE PRESS SYNDICATE OF THE UNIVERSITY OF CAMBRIDGE
The Pitt Building, Trumpington Street, Cambridge, United Kingdom

CAMBRIDGE UNIVERSITY PRESS
The Edinburgh Building, Cambridge CB2 2RU, UK
40 West 20th Street, New York NY 10011-4211, USA
477 Williamstown Road, Port Melbourne, VIC 3207, Australia
Ruiz de Alarcón 13, 28014 Madrid, Spain
Dock House, The Waterfront, Cape Town 8001, South Africa

http://www.cambridge.org

First published 2002

Printed in the United Kingdom at the University Press, Cambridge

Typeset in Minion and Porson Greek [AO]

A catalogue record for this book is available from the British Library

Library of Congress Cataloging-in-Publication Data

A Greek Anthology.
        p.   cm. (Joint Association of Classical Teachers' Greek course)
Text in Greek with translation and vocabulary aids.
Includes bibliographical references and index.
ISBN 0 521 00026 2 (paperback)
1. Greek language—Readers. 2. Greece—Literary collections. 3. Greek literature. I. Joint
Association of Classical Teachers. II. Series.
PA260 .G73 2002
488.6'421—dc21   2001043339

ISBN 0 521 00026 2

CONTENTS

List of illustrations   [vii]
Preface   [xi]
Acknowledgements   [xii]
Time chart   [xiv]
Note on vocabulary and grammar   [xviii]
List of abbreviations   [xix]
Map of the Greek world   [xxi]

1 HOMER *Iliad* 16.419–461, 638–683
   Zeus, fate and the death of Sarpedon   [1]

2 HOMER *Odyssey* 5.75–153, 201–224
   Calypso is ordered by the gods to release Odysseus   [12]

3 HERODOTUS *The Histories* 8.84, 87–88
   The battle of Salamis   [23]

4 AESCHYLUS *Persians* 384–432
   The battle of Salamis   [29]

5 SOPHOCLES *Antigone* 441–525
   Antigone confronts Creon   [34]

6 EURIPIDES *Alcestis* 280–392
   Alcestis' farewell to Admetus   [42]

7 THUCYDIDES *History of the Peloponnesian War* 3.36.2–37.2,
   40.7–42.1, 47–49
   The revolt of Mytilene   [51]

8 SOPHOCLES *Philoctetes* 1261–1347
   Neoptolemus tries to persuade Philoctetes   [61]

9 EURIPIDES *Bacchae* 481–508, 800–848
   Pentheus and Dionysus   [69]

10 ARISTOPHANES *Frogs* 164–241
Dionysus in the underworld   [78]

11 PLATO *Apology of Socrates* 39e–42a
Socrates and the nature of death   [86]

12 ARISTOPHANES *Ecclesiazusae* (Assemblywomen) 163–244
Power to women?   [95]

13 XENOPHON *Oeconomicus* (The estate manager) 7.16–7.32.2
The duties of husband and wife   [103]

14 DEMOSTHENES *On the Crown* 169–173.2
News of disaster at Elatea   [110]

15 DEMOSTHENES *Against Conon* 3–6
Harassment on military service   [114]

16 ARISTOTLE *Poetics* 1452b30–1453b11
Tragic action and the tragic hero   [119]

17 MENANDER *Perikeiromene* (The girl with the cut hair) 486–525
How to get your mistress to forgive you   [125]

18 PLUTARCH *Life of Antony* 84–86.2
The death of Cleopatra   [130]

19 PLUTARCH *On the Decline of Oracles* 419B–420A
Great Pan is dead   [137]

20 NEW TESTAMENT *Acts of the Apostles* 17.16–34
St Paul in Athens   [143]

Metrical appendix   [148]
General vocabulary   [152]

ILLUSTRATIONS

Sleep and Death raise the body of Sarpedon   [1]
New York, Metropolitan Museum of Art, 1972.11.10. Attic red-figure calyx krater
by the Euphronios painter, *c.* 515 BC. The Metropolitan Museum of Art, Purchase,
Bequest of Joseph H. Durkee, Gift of Darius Ogden Mills and Gift of C. Ruxton
Love, by exchange, 1972.

Shipwreck   [12]
Munich, Antikensammlungen, inv. 8696. Geometric vase, 8th century BC.
Staatliche Antikensammlungen und Glyptothek München. Photo: Koppermann.

Site of the battle of Salamis   [23]
Professor R. V. Schoder, S. J., formerly of Loyola University, Chicago.

Plan of the battle of Salamis   [24]
Peter Levi, *An Atlas of the Greek World*, Phaidon 1980, p. 133.

Greek and Persian in combat   [29]
Edinburgh, Royal Scottish Museum, Mus. no. A 1887.213, neg. 1266. Red-figure
cup by the Triptolemos Painter, early 5th century BC. *ARV*² 464.46. © Trustees of
the National Museums of Scotland 2002.

Antigone brought before Creon by guards   [34]
London, British Museum, F175. Lucanian nestoris by the Dorian Painter, *c.* 370–
350 BC. © The British Museum.

Alcestis' farewell   [42]
Basel, Antikenmuseum, inv. S.21. Apulian loutrophoros, third quarter 4th century
BC. Antikenmuseum Basel und Sammlung Ludwig. Photo: Claire Niggli.

Trireme   [51]
Professor E. W. Handley. The replica trireme *Olympias* on the Thames.
Photograph by E. W. Handley.

Philoctetes   [61]

New York, Metropolitan Museum of Art, 56.171.58. Attic red-figure lekythos, *c.* 430–420 BC. The Metropolitan Museum of Art, Fletcher Fund, 1956.

Bacchant (with leopard)   [69]

Munich, Antikensammlungen, 2645. White ground interior of Attic red-figure cup by Brygos Painter, *c.* 480 BC. Staatliche Antikensammlungen und Glyptothek München. Photo: Koppermann.

Bacchic revel   [70]

Berlin, Staatliche Museen, inv. F2290, neg. N4. Cup by Makron, *c.* 490 BC. *ARV²* 462. © Bildarchiv Preussischer Kulturbesitz, Berlin, 2000. Staatliche Museen zu Berlin. Photo: Ingrid Geske-Heiden.

Charon *(2 pictures)*   [78]

Athens, National Archaeological Museum, inv. 1759. Lekythos, two sides of vase by the Reed Painter, late 5th century BC. *ARV²* 1376.1. National Archaeological Museum, Athens. Photos courtesy of the Archaeological Receipts Fund, Athens.

Ballot discs   [86]

Athens, Agora Museum, neg. no. 80–130. American School of Classical Studies at Athens: Agora Excavations.

Head of Plato   [87]

Cambridge, Fitzwilliam Museum, GR23-1850. Marble, first century AD. Fitzwilliam Museum, University of Cambridge. Photo: Fitzwilliam Museum.

Women weaving   [96]

New York, Metropolitan Museum of Art, 31.11.10, neg. no. 85142 Ltf B Lekythos, attributed to the Amasis Painter, *c.* 560 BC. *ABV* 154.57. The Metropolitan Museum of Art, Fletcher Fund, 1931.

Gravestone of Theano   [103]

Athens, National Archaeological Museum, 3472. Marble gravestone of Theano of Athens, *c.* 370 BC. Hirmer Fotoarchiv, archive no. 561.0443.

Head of woman on gold ring   [104]

London, British Museum, GR 1884.4-9.1. Greece 400–350 BC. © The British Museum.

Plan of Agora   [111]

Perspective by J. Travlos in H. A. Thompson and R. E. Wycherley, *The Athenian Agora*, vol. XIV, Princeton 1972, fig. 7, p. 22.

Head of Demosthenes   [114]

Oxford, Ashmolean Museum, 1923.882. Copy of portrait by Polyeuctus, set up in Athens in 279 BC. © Ashmolean Museum, Oxford.

Tragic mask   [120]

Athens, Peiraeus Museum. Attic bronze mask, probably last quarter of 4th century BC. Peiraeus Museum. Photo courtesy of the Archaeological Receipts Fund, Athens.

Portrait of Menander   [126]

Lesbos, Mytilene Museum. Mosaic from a Roman villa on Lesbos, 4th century AD. Mytilene Museum, Mytilene.

Portrait of Cleopatra   [130]

London, British Museum, inv. 1873. Portrait head said to be of Cleopatra, 50–30 BC. © The British Museum.

Mummy portrait   [131]

Berlin, Antikenmuseen-Schatzkammer, inv. 31 161.7. Mummy portrait from Fayum, *c.* 150 BC. © Bildarchiv Preussischer Kulturbesitz, Berlin, 2000. Staatliche Museen zu Berlin. Photo: Ingrid Geske-Heiden.

Temple of Apollo at Delphi   [137]

Professor E. W. Handley. Photograph by E. W. Handley.

Early Christian tombstone   [143]

Rome, Istituto Suore Benedettine di Priscilla. From the Catacomb of St Domitilla, Rome. Photo: Pontificia Commissione di Archeologia Sacra, Rights reserved.

COVER The Oracle of Apollo at Delphi

Berlin, Staatliche Museen, inv. F 2538, neg. N1. Attic vase, 5th century BC. © Bildarchiv Preussischer Kulturbesitz, Berlin, 2000. Staatliche Museen zu Berlin.

PREFACE

Students often find it a difficult transition from reading the adapted Greek of course-books to 'real' Greek. This collection of passages from a wide variety of authors is intended to ease that transition by providing generous help with vocabulary and some help with translating particularly obscure or difficult sentences.

The passages are in no way adapted. They have been chosen from major authors for their general interest. It is hoped that they are long enough to give some idea of their literary character, but not so long as to be daunting to the inexperienced reader.

Although we believe that the passages, taken as a whole, will provide interesting comparisons with one another, there is no assumption that the reader should progress through the book in sequence, and each passage can be read in isolation. This means that a great many words are glossed repeatedly, but this seems unavoidable if readers are to be free to read passages in any order they choose.

As part of the introduction to each passage, there is a brief note about the author and the work from which the passage is taken: this should help the reader to set the passage in its literary and historical context. In addition, there is a diagrammatic time chart on pages xiv–xvii which shows the dates of the individual authors and their relationship to one another, and to the main historical events of their era.

Greek names have been transliterated into their more familiar Latinised English equivalents, rather than giving a spelling closer to the original Greek. Most readers will find Achilles and Aeschylus more familiar than Akhilleus and Aiskhulos.

We hope that the *Anthology* will be attractive and useful to students who have little or no access to a teacher or who are learning Greek in very limited time, as well as to those who are fortunate enough to have the benefit of regular tuition.

ACKNOWLEDGEMENTS

The passages in sections 1–9, 11 and 15–16 are reprinted, with slight variations of punctuation etc., from the Oxford Classical Texts of the *Iliad* by D. B. Munro and T. W. Allen (1920); of the *Odyssey* by the same editors (1917); of Herodotus by K. Hude (1927); of Aeschylus by D. Page (1972); of Sophocles by H. Lloyd-Jones and N. G. Wilson (1990); of Euripides vols. I (1984) and III (1994) by J. Diggle; of Thucydides by H. Stuart Jones and J. E. Powell (1942); of Plato by J. Burnet (1900), of Demosthenes vol. III (1931) by W. Rennie and of Aristotle by R. Kassel (1964). A few other changes have been made as follows:

Section 1 line 33 (*Iliad* 16.451): reading ἦ τοι for OCT ἦτοι
          line 35 (16.453): reading ἐπεὶ for OCT ἐπὴν
          line 65 (16.659): reading ἀλλὰ φόβηθεν for OCT ἀλλ' ἐφόβηθεν
Section 2 line 62 (*Odyssey* 5.136): reading ἀγήραον for OCT ἀγήρων
          line 91 (5.212): reading ἔοικεν for OCT ἔοικε
Section 3 line 3 (Herodotus 8.84.2): retaining ἐπὶ
          line 13 (87.2) reading μετεξετέρους
          line 32 (88.1): reading τοιοῦτο for OCT τοιοῦτον
Section 4 line 6 (*Persians* 389): reading ηὐφήμησεν for OCT εὐφήμησεν
Section 6 after line 32 (*Alcestis* 311): OCT line 312 omitted
Section 9 line 26 (*Bacchae* 506): reading ὅ τι ζῆς for OCT †ὅτι ζῆς†
          line 64 (835): reading δέρας for OCT δέρος

The passage in section 10 is reprinted from K. J. Dover's edition of *Frogs* (Oxford, 1993) with changes of speaker attribution at line 15 (Dover gives the whole line – *Frogs* 178 – to Xanthias) and line 21 (Dover gives the whole line – *Frogs* 184 – to Dionysus). The passage in section 12 is reprinted, with slight changes of punctuation, from R. G. Ussher's edition of *Ecclesiazusae* (Oxford, 1973).

The passages in sections 13, 17 and 19 are reprinted by permission of the publishers and the Trustees of the Loeb Classical Library from XENO-PHON: VOLUME IV, Loeb Classical Library Volume L168, translated by

E. C. Marchant; MENANDER: VOLUME II, Loeb Classical Library Volume L459, translated by W. G. Arnott; PLUTARCH: MORALIA, VOLUME V, Loeb Classical Library Volume L306, translated by Frank C. Babbitt, Cambridge, Mass.: Harvard University Press, 1923, 1997, 1936. The Loeb Classical Library (R) is a registered trademark of the President and Fellows of Harvard College. The following changes have been made to the Xenophon:

Section 13 lines 1–6, 29, 51, 64 (*Oeconomicus* 7.16–7.32.2): inverted
    commas inserted for direct speech
    line 26 (7.23): ἔργα καὶ ἐπιμελήματα omitted after ἔξω
    lines 35 and 38 (7.24 and 25): reading πλέον for Loeb πλεῖον
    line 37 (7.25): comma omitted after θεὸς
    line 39 (7.25): comma omitted after εἰδὼς δὲ
    line 46 (7.27): comma omitted after θεὸς
    line 51 (7.29): comma inserted after εἰδότας
    line 54 (7.30): comma inserted after αὐτά, colon after γυναῖκα
    for Loeb full stop
    line 57 (7.30): καὶ inserted after ἃ

The following changes have been made to the Menander:

Section 17 line 7 (*Perikeiromene* 492): reading ἀπελήλυθεν δ' οὐ for Loeb
    ἀπελήλυθε[ν δ'] οὐ
    line 33 (518): reading ὦ Πόσειδον. ΠΟ: δεῦρ' ἴθι for Loeb ὦ
    Πόσειδο[ν] ΠΟ: [δ]εῦρ' ἴθι
    line 39 (524): reading μὰ τὸν Δία for Loeb μὰ Δι', οὐδέν

The passage in section 20 is reprinted, with slight changes of punctuation, from The Greek New Testament, fourth revised edition, (C) 1993 Deutsche Bibelgesellschaft, Stuttgart.

We are grateful to Jeffrey Swales for help with word-processing, to Callie Kendall for help with the illustrations, to Eric Handley for help with proof-reading, and to Pauline Hire, Michael Sharp and Linda Woodward at Cambridge University Press for guidance throughout.

Carol Handley
James Morwood
John Taylor

TIME CHART

HISTORICAL EVENTS

BC

BRONZE AGE

1600–1125	Mycenaean period
1300–1200	Linear B tablets
c. 1250	Trojan War
c. 1200	destruction of Mycenaean cities begins

DARK AGES

c. 1050	Iron Age begins in Greece
c. 800	emergence from Dark Ages

ARCHAIC PERIOD

776	Olympic Games established
c. 750	era of colonisation – rise of Delphi – Greek alphabet introduced
c. 675	Age of Tyrants begins
546	tyranny established in Athens
508	beginnings of democracy in Athens
490–479	Persian Wars – Persians defeated at Marathon 490, Salamis 480, Plataea 479

CLASSICAL PERIOD

478	Delian League formed – Athens starts to build up an empire
462	radical democracy established in Athens
461–429	ascendancy of Pericles – great building programme in Athens (Parthenon completed 432)
431	Peloponnesian War breaks out
429	Pericles dies of plague in Athens
415–413	Sicilian Expedition, ending in disaster for Athens

WRITERS

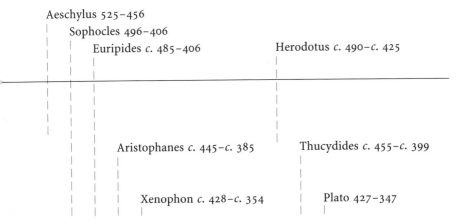

Homer perhaps *fl c.* 725

Aeschylus 525–456
  Sophocles 496–406
    Euripides *c.* 485–406   Herodotus *c.* 490–*c.* 425

              Aristophanes *c.* 445–*c.* 385   Thucydides *c.* 455–*c.* 399

                  Xenophon *c.* 428–*c.* 354   Plato 427–347

HISTORICAL EVENTS (contd)

BC

411	oligarchic revolution in Athens – Persia helps Sparta in the war
404	Athens defeated by Sparta – Thirty Tyrants imposed
403	restoration of democracy
399	execution of Socrates
386	Plato founds the Academy
359–336	Philip II king of Macedon
338	Battle of Chaeronea – Philip's victory gives him control of Greece
336–323	Alexander the Great king of Macedon
335	Aristotle founds the Lyceum
334	Alexander begins his conquest of Asia
323	death of Alexander

HELLENISTIC PERIOD

c. 300	Museum and Library built in Alexandria
264	First Punic War (between Rome and Carthage) begins – Rome starts to build up an empire
146	Greece becomes a Roman province
31	Octavian defeats Antony and Cleopatra at Actium
30	suicide of Cleopatra

ROMAN PERIOD

27–AD 14	reign of Augustus
c. 4 BC	birth of Jesus Christ

AD

64	persecution of Christians under Nero
66–73	Jewish rebellion – fall of Jerusalem 70; Masada holds out until 73
312	Constantine gives imperial favour to Christianity
410	Visigoths sack Rome – fall of western Roman Empire

1453	Turks sack Constantinople – fall of eastern Roman Empire

WRITERS (contd)

(Sophocles) (Emipides) (Aristophances) (Xehopnon)   (Thucydides) (Plato)

Demosthenes 384–322   Aristotle 384–322

Menander 342–*c*. 292

St Luke perhaps *c*. AD 10–*c*. 95

Plutarch *c*. AD 46–*c*. 120

NOTE ON VOCABULARY AND GRAMMAR

Knowledge is assumed of about 350 very common words which feature in the prescribed vocabularies of both examining boards offering GCSE Greek. They are included here in the General Vocabulary. All other words are glossed at their first appearance in a passage.

Knowledge is also assumed of basic accidence: declensions and conjugations of standard form.

Grammatical information is given in *italics*, definitions and suggested translations in ordinary type.

Nouns are given with nominative and genitive endings, and gender.

Adjectives are normally given with masculine, feminine and neuter endings. (Where only two endings are given, this is usually because the masculine and feminine are the same; the rarer cases where there is no neuter should be obvious. For some third declension and irregular adjectives, *gen* signals the genitive ending.)

Verbs are given in the first person singular if the form occurring is easily deducible; otherwise the form in the text is quoted and explained (e.g. *aor subj*). This is of course a difficult line to draw, but we have been guided by experience of what students find difficult. Full parsing has not been thought necessary (so we say e.g. *aor pass* but do not add *3 pl* except in difficult or unusual cases). A 'default' system operates, assuming the simpler or commoner form (e.g. a finite verb is indicative, and an imperative is second person, unless described otherwise).

Square brackets enclose forms of words from which other tenses, cases, etc., are made, but which themselves do not occur (or very rarely occur) in surviving texts.

ABBREVIATIONS

1, 2, 3	first, second, third person
abs	absolute
acc	accusative
act	active
adj	adjective
adv	adverb
alt	alternative
aor	aorist
art	article
cf	*confer* (i.e. compare)
comp	comparative
dat	dative
decl	declension
def	definite
emph	emphatic, emphasises, emphasis
f	feminine
fl	*floruit* (i.e. flourished)
foll	follows, following
fut	future
gen	genitive
impf	imperfect
impsnl	impersonal
impv	imperative
indecl	indeclinable
indef	indefinite
indic	indicative
inf	infinitive
intr	intransitive
Ion	Ionic
lit	literally

m	masculine
mid	middle
n	neuter
neg	negative
nom	nominative
oft	often
opt	optative
partit	partitive
pass	passive
pf	perfect
pl	plural
plpf	pluperfect
poet	poetic
pple	participle
prec	preceding
pres	present
ref	refers, referring to
rel	relative
sg	singular
sub	subject
subj	subjunctive
sup	superlative
tr	transitive
transl	translate
usu	usually
voc	vocative

MAP OF THE GREEK WORLD

(Adapted from Paul Cartledge (ed.) The *Cambridge Illustrated History of Ancient Greece*, Cambridge University Press 1998: p. vi)

Homer *Iliad*

Book 16 lines 419–461 and 638–683

Zeus, fate and the death of Sarpedon

Homer stands at the beginning of Greek (and European) litera-
ture, but the *Iliad* and *Odyssey* are the products of a long oral tradition.
The events they describe (to the extent that they are historical at all) belong
probably to the twelfth or thirteenth century BC; the epics we have were
probably composed towards the end of the eighth century. Such was Homer's
authority in the ancient world that he was often referred to simply as 'the
poet', yet the Greeks knew no certain facts about his life. It was already for
them a matter of controversy whether both poems were the work of one
man. What can be stated with confidence is that the *Odyssey* presupposes
the *Iliad*, both showing and assuming knowledge of it. Both epics have a
complex structure, and avoid straightforward or summary treatment of
their material. The *Iliad* concentrates on the wrath of Achilles, and on the

Sleep and Death raise the body of Sarpedon.

action of a few weeks in the tenth year of the Trojan War, stopping before his death and the fall of Troy; yet those climactic events are clearly foreshadowed. By treating in detail one crucial part of the war, the poet contrives to give us a sense of the whole. In a similar way the *Odyssey* takes one from the many stories about the *nostos* (homecoming) of a hero, but by making explicit and implicit contrasts with another (that of Agamemnon) gives to Odysseus a representative significance. And it too starts near the end, in the twentieth year of Odysseus' absence, later filling in his earlier adventures as he recounts them to the Phaeacians. It is plausible (though unprovable) that these sophisticated plots, full of echoes and cross-references, attest a poet trained in the oral tradition but inspired by the new scope for ambitious composition made possible by writing (or dictation): archaeology indicates that the earliest examples of writing in the Greek alphabet belong to the second half of the eighth century.

These two extracts from *Iliad* 16 tell of the death of Sarpedon, the son of Zeus and a mortal woman. He is the leader of the Lycians, allies of the Trojans. The great Greek warrior Achilles is still refusing to fight because he believes that he has been unfairly treated by Agamemnon and that his honour has been diminished. The Trojans have succeeded in driving the Greeks back from the walls of Troy to their fortified camp beside the sea. In this crisis, Achilles' friend Patroclus begs him to lend him his armour so that he can impersonate him in the fight and strike terror into the hearts of the Trojans. At first the ruse is successful and Patroclus defeats many Trojan warriors. In his victorious course he meets Sarpedon. Zeus knows that Sarpedon is fated to die, but wonders if he should overrule Fate and save the son he loves. His wife Hera points out sharply that this is unwise, and suggests that all he can properly do is to save Sarpedon's body for burial in his own country. Zeus accepts that he must let destiny take its course. He sends Sleep and Death to bear Sarpedon's body home, but plans vengeance on Patroclus.

Homeric dialect does not represent the spoken Greek of any one time or place, but is a distinctive amalgam forged over a long period, its variants facilitating oral composition. Some characteristic features are:

1 *omission of the augment*
2 *dat pls in* σι/εσσι
3 *η for α as first decl ending (with dat pl* ῃσι*), also* η *in some other places where Attic has* α *or* ε
4 *gen sg often* οιο *in second decl, and* αο/εω *in first decl m, instead of* ου
5 *infs in* μεν/μεναι/εναι
6 *use of* οἱ *for* to him/her, *and* τοι *for* to you *(sg)*
7 *def arts* οἱ, αἱ *also occur as* τοί, ταί
8 *def art used for* him/her/it/they
9 *tmesis ('cutting'): prefix of compound is split from the verb with which (in Attic) it is normally joined (historically, the elements have not yet fully coalesced)*
10 κε(ν) *used in place of* ἄν
11 σ *often becomes* σσ *for metrical convenience*
12 *contracted verbs can occur in uncontracted form*

> Σαρπηδὼν δ' ὡς οὖν ἴδ' ἀμιτροχίτωνας ἑταίρους
> χέρσ' ὕπο Πατρόκλοιο Μενοιτιάδαο δαμέντας,
> κέκλετ' ἄρ' ἀντιθέοισι καθαπτόμενος Λυκίοισιν·
> 'αἰδώς, ὦ Λύκιοι, πόσε φεύγετε; νῦν θοοὶ ἔστε·
> ἀντήσω γὰρ ἐγὼ τοῦδ' ἀνέρος, ὄφρα δαείω,   5
> ὅς τις ὅδε κρατέει καὶ δὴ κακὰ πολλὰ ἔοργε

Σαρπηδών -όνος m Sarpedon
ἴδε = εἶδε he saw
ἀμιτροχίτωνες m pl adj without metal belts, not wearing body-protectors
ἑταῖρος -ου m companion
Πάτροκλος -ου/-οιο m Patroclus
Μενοιτιάδης -αο son of Menoetius *(the suffix* άδης/ίδης/ιάδης *indicates son of)*
δαμέντας aor pass pple δαμάζω overpower
κέκλετο aor κέλομαι call
ἄρα then, indeed
ἀντίθεος -η -ον godlike

καθάπτομαι reproach
Λύκιοι -ων m pl Lycians *(Lycia is modern south-west Turkey)*
αἰδώς -οῦς f shame
πόσε (to) where?
θοός -ή -όν swift *(here* to fight)
5 ἀντάω meet + *gen*
ἀνέρος = ἀνδρός
ὄφρα so that
δαείω aor subj [δάω] get to know
transl phrase so that I may know
κρατέω prevail, be victorious
δή indeed
ἔοργε pf ἔρδω do X *acc* to Y *acc*

Τρῶας, ἐπεὶ πολλῶν τε καὶ ἐσθλῶν γούνατ' ἔλυσεν.'
ἦ ῥα καὶ ἐξ ὀχέων σὺν τεύχεσιν ἆλτο χαμᾶζε.
Πάτροκλος δ' ἑτέρωθεν, ἐπεὶ ἴδεν, ἔκθορε δίφρου.
οἱ δ', ὥς τ' αἰγυπιοὶ γαμψώνυχες ἀγκυλοχεῖλαι   10
πέτρῃ ἐφ' ὑψηλῇ μεγάλα κλάζοντε μάχωνται,
ὣς οἱ κεκλήγοντες ἐπ' ἀλλήλοισιν ὄρουσαν.
  τοὺς δὲ ἰδὼν ἐλέησε Κρόνου πάϊς ἀγκυλομήτεω,
Ἥρην δὲ προσέειπε κασιγνήτην ἄλοχόν τε·
'ὤ μοι ἐγών, ὅ τέ μοι Σαρπηδόνα φίλτατον ἀνδρῶν   15
μοῖρ' ὑπὸ Πατρόκλοιο Μενοιτιάδαο δαμῆναι.
διχθὰ δέ μοι κραδίη μέμονε φρεσὶν ὁρμαίνοντι,
ἤ μιν ζωὸν ἐόντα μάχης ἄπο δακρυοέσσης
θείω ἀναρπάξας Λυκίης ἐν πίονι δήμῳ,
ἦ ἤδη ὑπὸ χερσὶ Μενοιτιάδαο δαμάσσω.'   20
  τὸν δ' ἠμείβετ' ἔπειτα βοῶπις πότνια Ἥρη·
'αἰνότατε Κρονίδη, ποῖον τὸν μῦθον ἔειπες.
ἄνδρα θνητὸν ἐόντα, πάλαι πεπρωμένον αἴσῃ,
ἂψ ἐθέλεις θανάτοιο δυσηχέος ἐξαναλῦσαι;
ἔρδ'· ἀτὰρ οὔ τοι πάντες ἐπαινέομεν θεοὶ ἄλλοι.   25
ἄλλο δέ τοι ἐρέω, σὺ δ' ἐνὶ φρεσὶ βάλλεο σῆσιν·

Τρῶες -ων   m pl   Trojans
ἐσθλός -ή -όν   good, noble
γούνατα -ων   n pl   knees (loose the
   knees is formulaic phrase for kill)
ἦ   he spoke
ῥα   =   ἄρα
ὄχεα -ων   n pl (sg sense)   chariot
τεύχεα -ων   n pl   weapons
ἆλτο   aor   ἅλλομαι   leap
χαμᾶζε   to the ground
ἑτέρωθεν   opposite, from the other side
ἔκθορε   aor   ἐκθρώσκω   leap from
δίφρος -ου   m   chariot
10   οἱ   they
αἰγυπιός -οῦ   m   vulture
γαμψῶνυξ   gen -υχος   with crooked
   talons
ἀγκυλοχείλης   gen -ου   with hooked
   beak
πέτρη -ης   f   rock
ὑψηλός -ή -όν   high
μεγάλα   transl loudly
κλάζοντε   pres pple dual   κλάζω
   shriek
ὥς   so, in the same way
κεκλήγοντες   pf pple   κλάζω
ἐπ' ἀλλήλοισιν   against one another
ὄρουσαν   aor   ὀρούω   rush
ἐλέησε   aor   ἐλεέω   pity
Κρόνος -ου   m   Cronos (father of
   Zeus)
ἀγκυλομήτης -ου/-εω   of crooked
   counsel, wily (epithet of Cronos)
Ἥρη -ης   f   Hera
προσέειπε   =   προσεῖπε   spoke to,
   addressed
κασιγνήτη -ης   f   sister
ἄλοχος -ου   f   wife
15   ὤ μοι ἐγών   alas! woe is me!
ὅ τε   since, because
μοῖρα -ης   f   fate (+acc + inf it is fated
   that ...)
δαμῆναι   aor pass inf δαμάζω
διχθά   in two ways
κραδίη -ης   f   heart

μέμονε   pf (pres sense) [μάω]   be
   anxious
φρῆν, φρενός   f (oft pl)   here thought
ὁρμαίνω   ponder
ἤ ... ἦ ...   whether ... or ...
μιν   him
ζωός -ή -όν   alive
ἐόντα   =   ὄντα
δακρυόεις -εσσα -εν   tearful
θείω   aor subj   τίθημι   place, set
   transl whether I should ...
   (deliberative)
ἀναρπάξας   aor pple   ἀναρπάζω
   snatch up
Λυκίη -ης   f   Lycia
πίων -ον   gen -ονος   rich, fertile
δῆμος -ου   m   here land
20   δαμάσσω   aor subj   δαμάζω
τόν   him
ἀμείβομαι   reply to
βοῶπις   cow-faced, ox-eyed (epithet of
   Hera)
πότνια   f adj   lady, queenly, revered
   (epithet of goddesses and royal women)
αἰνός -ή -όν   revered, dread
Κρονίδης -ου   m   son of Cronos
ποῖος -η -ον   here exclamatory what
   a ...!
μῦθος -ου   m   word, utterance
ἔειπες   =   εἶπες
θνητός -ή -όν   mortal
πάλαι   long ago
πεπρωμένος -η -ον   fated
αἶσα -ης   f   destiny
ἄψ   back
δυσηχής -ές   ill-sounding or bringing
   grief
ἐξαναλῦσαι   aor inf   ἐξαναλύω
   release from + gen
25   ἔρδω   do, go ahead
ἀτάρ   but
τοι   in truth
ἐπαινέω   approve, assent
τοι   =   σοι
ἐρέω   fut   λέγω
βάλλεο   mid impv   βάλλω   here put
σῇσιν   =   σαῖς

αἴ κε ζῶν πέμψῃς Σαρπηδόνα ὅνδε δόμονδε,
φράζεο, μή τις ἔπειτα θεῶν ἐθέλῃσι καὶ ἄλλος
πέμπειν ὃν φίλον υἱὸν ἀπὸ κρατερῆς ὑσμίνης·
πολλοὶ γὰρ περὶ ἄστυ μέγα Πριάμοιο μάχονται   30
υἱέες ἀθανάτων, τοῖσιν κότον αἰνὸν ἐνήσεις.
ἀλλ᾽ εἴ τοι φίλος ἐστί, τεὸν δ᾽ ὀλοφύρεται ἦτορ,
ἦ τοι μέν μιν ἔασον ἐνὶ κρατερῇ ὑσμίνῃ
χέρσ᾽ ὕπο Πατρόκλοιο Μενοιτιάδαο δαμῆναι·
αὐτὰρ ἐπεὶ δὴ τόν γε λίπῃ ψυχή τε καὶ αἰών,   35
πέμπειν μιν Θάνατόν τε φέρειν καὶ νήδυμον Ὕπνον,
εἰς ὅ κε δὴ Λυκίης εὐρείης δῆμον ἵκωνται,
ἔνθά ἑ ταρχύσουσι κασίγνητοί τε ἔται τε
τύμβῳ τε στήλῃ τε· τὸ γὰρ γέρας ἐστὶ θανόντων.᾽
    ὣς ἔφατ᾽, οὐδ᾽ ἀπίθησε πατὴρ ἀνδρῶν τε θεῶν τε.   40
αἱματοέσσας δὲ ψιάδας κατέχευεν ἔραζε
παῖδα φίλον τιμῶν, τόν οἱ Πάτροκλος ἔμελλε
φθίσειν ἐν Τροίῃ ἐριβώλακι, τηλόθι πάτρης.

After Patroclus has killed Sarpedon, the Greeks and Trojans fight fiercely
over his body, while Zeus watches.

οὐδ᾽ ἂν ἔτι φράδμων περ ἀνὴρ Σαρπηδόνα δῖον
ἔγνω, ἐπεὶ βελέεσσι καὶ αἵματι καὶ κονίῃσιν   45
ἐκ κεφαλῆς εἴλυτο διαμπερὲς ἐς πόδας ἄκρους.
οἱ δ᾽ αἰεὶ περὶ νεκρὸν ὁμίλεον, ὡς ὅτε μυῖαι

αἴ κε = ἐάν
ζών = ζωόν
ὅς, ἥ, ὅν his *suffix* δε *indicates towards*
δόμος -ου m home
ὅνδε δόμονδε to his home
φράζεο *impv* φράζομαι take thought, think carefully
μή *here* in case
ἔπειτα *here* later, in the future
ὅν φίλον υἱόν his dear son
κρατερός -ή -όν mighty
ὑσμίνη -ης f combat
30 Πρίαμος -ου/-οιο m Priam *(king of Troy)*
υἱός -οῦ m *(nom pl here* υἱέες*)* son
ἀθάνατος -η -ον immortal, *as noun* god
τοῖσιν *here* in whom
κότος -ου m resentment
αἰνός *here* bitter
ἐνήσεις *fut* ἐνίημι *lit* send in *here* inspire
τεός = σός
ὀλοφύρομαι grieve
ἦτορ n *(nom/acc only)* heart
ἦ τοι then indeed
ἔασον *aor impv* ἐάω allow
35 αὐτάρ but
ἐπεί *here* + *subj* when
γε *emph prec word*
λίπῃ *aor subj* λείπω leave
ψυχή -ῆς f soul
αἰών -ῶνος m life
πέμπειν *inf for impv*
μιν *obj of* φέρειν
θάνατος -ου m death *(here personified)*
νήδυμος -ον sweet
ὕπνος -ου m sleep *(here personified)*
εἰς ὅ κε until + *subj*
εὐρύς -εῖα -ύ broad
ἵκωνται *aor subj* ἱκνέομαι come to, reach
ἔνθα there
ἑ him

ταρχύω bury
κασίγνητος -ου m brother
ἔτης -ου m kinsman
τύμβος -ου m grave-mound
στήλη -ης f pillar, gravestone
τό *here* this
γέρας n *(in Homer nom/acc only)* privilege, honour
θανόντων *aor pple* θνήσκω die
40 ὥς so, in this way
ἔφατο *impf mid* φημί
ἀπιθέω disobey
αἱματόεις -εσσα -εν bloody
ψιάς -άδος f raindrop
κατέχευεν *aor* καταχεύω pour down
ἔραζε to earth
τόν whom
οἱ *(lit* for him*)* *untranslatable dat of disadvantage*
μέλλω be about to + *fut inf*
φθίσειν *fut inf* φθίνω *here* kill
Τροίη -ης f Troy
ἐριβῶλαξ *gen* -ακος deep-soiled
τηλόθι + *gen* far from
πάτρη -ης f native land
οὐδ' ἄν ... ἔγνω would not have recognised *(past unfulfilled condition)*
φράδμων -ον *gen* -ονος observant, shrewd
περ even though
δῖος -α -ον noble
45 βέλος -εος n weapon, missile
αἷμα -ατος n blood
κονίη -ης f *(oft pl for sg)* dust
κεφαλή -ῆς f head
εἴλυτο *plpf pass* εἰλύω wrap, cover
διαμπερές right through
πούς, ποδός m foot
ἄκρος -η -ον *lit* furthest *here transl* soles of
αἰεί constantly
νεκρός -οῦ m corpse
ὁμιλέω throng
μυῖα -ης f fly

σταθμῷ ἔνι βρομέωσι περιγλαγέας κατὰ πέλλας
ὥρῃ ἐν εἰαρινῇ, ὅτε τε γλάγος ἄγγεα δεύει·
ὣς ἄρα τοὶ περὶ νεκρὸν ὁμίλεον. οὐδέ ποτε Ζεὺς   50
τρέψεν ἀπὸ κρατερῆς ὑσμίνης ὄσσε φαεινώ,
ἀλλὰ κατ' αὐτοὺς αἰὲν ὅρα, καὶ φράζετο θυμῷ,
πολλὰ μάλ' ἀμφὶ φόνῳ Πατρόκλου μερμηρίζων,
ἢ ἤδη καὶ κεῖνον ἐνὶ κρατερῇ ὑσμίνῃ
αὐτοῦ ἐπ' ἀντιθέῳ Σαρπηδόνι φαίδιμος Ἕκτωρ   55
χαλκῷ δῃώσῃ, ἀπό τ' ὤμων τεύχε' ἕληται,
ἦ ἔτι καὶ πλεόνεσσιν ὀφέλλειεν πόνον αἰπύν.
ὧδε δέ οἱ φρονέοντι δοάσσατο κέρδιον εἶναι
ὄφρ' ἠῢς θεράπων Πηληϊάδεω Ἀχιλῆος
ἐξαῦτις Τρῶάς τε καὶ Ἕκτορα χαλκοκορυστὴν   60
ὤσαιτο προτὶ ἄστυ, πολέων δ' ἀπὸ θυμὸν ἕλοιτο.
Ἕκτορι δὲ πρωτίστῳ ἀνάλκιδα θυμὸν ἐνῆκεν·
ἐς δίφρον δ' ἀναβὰς φύγαδ' ἔτραπε, κέκλετο δ'
    ἄλλους
Τρῶας φευγέμεναι· γνῶ γὰρ Διὸς ἱρὰ τάλαντα.
ἔνθ' οὐδ' ἴφθιμοι Λύκιοι μένον, ἀλλὰ φόβηθεν   65
πάντες, ἐπεὶ βασιλῆα ἴδον βεβλαμμένον ἦτορ
κείμενον ἐν νεκύων ἀγύρει· πολέες γὰρ ἐπ' αὐτῷ

σταθμός -οῦ   m   farmstead
ἔνι   =   ἐν   (here foll noun)
βρομέω   buzz
περιγλαγής -ές   full of milk
κατά + acc   here around
πέλλα -ης   f   pail
ὥρη -ης   f   season
εἰαρινός -ή -όν   of spring
γλάγος   n (in Homer nom/acc only)
   milk
ἄγγος -εος   n   pail
δεύω   lit wet here fill
50   τοί   they
τρέψεν   aor   τρέπω   turn
ὄσσε   n dual (acc)   eyes
φαεινός -ή -όν   shining here acc dual
κατά + acc   here down onto
αἰέν   =   ἀεί
ὅρα   impf   ὁράω
θυμός -οῦ   m   heart
ἀμφί + dat   about
φόνος -ου   m   killing
μερμηρίζω   ponder
κεῖνον   =   ἐκεῖνον
55   αὐτοῦ   there
ἐπί + dat   over
φαίδιμος -ον   glorious
Ἕκτωρ -ορος   m   Hector (greatest
   Trojan hero, son of Priam)
χαλκός -οῦ   m   lit bronze here sword
δηώσῃ   aor subj   δηϊόω   kill
ἀπό ... ἔληται   aor mid subj (in
   tmesis)   ἀφαιρέω   remove X acc
   from Y gen
ὦμος -ου   m   shoulder
πλεόνεσσιν   dat pl (Homeric form)
πλέων   transl phrase on yet more
   men
ὀφέλλειεν   opt   ὀφέλλω   lit be liable
   for here inflict
πόνος -ου   m   toil, trouble
αἰπύς -εῖα -ύ   sheer, stark
ὧδε   thus, in this way
οἱ   to him
φρονέω   think
δοάσσατο   Homeric impsnl aor (like
   Attic ἔδοξε) it seemed

κέρδιον   better
ὄφρα + opt   here that
ἠΰς, ἠΰ   good, brave
θεράπων -οντος   m   follower
Πηληϊάδης -ου   son of Peleus
Ἀχιλ(λ)εύς -έως/-ῆος   m   Achilles
60   ἐξαῦτις   back again
χαλκοκορυστής -οῦ   bronze-armed
   (epithet of Hector)
ὤσαιτο   aor mid opt   ὠθέω   drive,
   force
προτί   =   πρός
πολέων   =   πολλῶν
ἀπό ... ἕλοιτο   aor mid opt (in tmesis)
   ἀφαιρέω
θυμός -οῦ   m   here life
πρώτιστος -η -ον   first of all
ἄναλκις   gen -ιδος   unwarlike
θυμός   here spirit
ἐνῆκεν   aor   ἐνίημι   here cause X acc
   in Y dat
ἀναβάς   aor pple   ἀναβαίνω   climb,
   get up
φύγαδε   adv to escape
ἔτραπε   aor (Homeric form)   τρέπω
   turn
φευγέμεναι   inf (Homeric form)
   φεύγω
γνῶ   aor   γιγνώσκω   recognise
ἱρός -ή -όν   sacred
τάλαντα -ων   n pl   scales
65   ἔνθα   then
ἴφθιμος -ον   mighty
μένον   impf   μένω
φόβηθεν   aor pass (3 pl, Homeric form)
   φοβέω   put to flight
βασιλῆα   =   βασιλέα
ἴδον   =   εἶδον
βεβλαμμένον   pf pass pple   βλάπτω
   here strike
ἦτορ   acc of part affected
κεῖμαι   lie
νέκυς -υος   m   corpse
ἄγυρις -ιος   f   heap
πολέες   =   πολλοί

κάππεσον, εὖτ' ἔριδα κρατερὴν ἐτάνυσσε Κρονίων.
οἱ δ' ἄρ' ἀπ' ὤμοιιν Σαρπηδόνος ἔντε' ἕλοντο
χάλκεα μαρμαίροντα· τὰ μὲν κοίλας ἐπὶ νῆας   70
δῶκε φέρειν ἑτάροισι Μενοιτίου ἄλκιμος υἱός.
καὶ τότ' Ἀπόλλωνα προσέφη νεφεληγερέτα Ζεύς·
'εἰ δ' ἄγε νῦν φίλε Φοῖβε, κελαινεφὲς αἷμα κάθηρον
ἐλθὼν ἐκ βελέων Σαρπηδόνα, καί μιν ἔπειτα
πολλὸν ἀποπρὸ φέρων λοῦσον ποταμοῖο ῥοῇσι   75
χρῖσόν τ' ἀμβροσίῃ, περὶ δ' ἄμβροτα εἵματα ἕσσον·
πέμπε δέ μιν πομποῖσιν ἅμα κραιπνοῖσι φέρεσθαι,
Ὕπνῳ καὶ Θανάτῳ διδυμάοσιν, οἵ ῥά μιν ὦκα
θήσουσ' ἐν Λυκίης εὐρείης πίονι δήμῳ,
ἔνθα ἑ ταρχύσουσι κασίγνητοί τε ἔται τε   80
τύμβῳ τε στήλῃ τε· τὸ γὰρ γέρας ἐστὶ θανόντων.'
ὣς ἔφατ', οὐδ' ἄρα πατρὸς ἀνηκούστησεν Ἀπόλλων.
βῆ δὲ κατ' Ἰδαίων ὀρέων ἐς φύλοπιν αἰνήν,
αὐτίκα δ' ἐκ βελέων Σαρπηδόνα δῖον ἀείρας,
πολλὸν ἀποπρὸ φέρων λοῦσεν ποταμοῖο ῥοῇσι   85
χρῖσέν τ' ἀμβροσίῃ, περὶ δ' ἄμβροτα εἵματα ἕσσε·
πέμπε δέ μιν πομποῖσιν ἅμα κραιπνοῖσι φέρεσθαι,
Ὕπνῳ καὶ Θανάτῳ διδυμάοσιν, οἵ ῥά μιν ὦκα
κάτθεσαν ἐν Λυκίης εὐρείης πίονι δήμῳ.

κάππεσον   aor (Homeric form)
  καταπίπτω   fall down
εὖτε   when
ἔρις -ιδος   f   strife, combat
ἐτάνυσσε   aor   τανύω   stretch,
  prolong
οἱ δ'   but they (i.e. the Greeks: indicates
  change of subject)
ὤμοιιν   gen dual   ὦμος
ἔντεα -ων   n pl   armour
70 χάλκεος -ον   of bronze
μαρμαίρω   shine, glisten
τά   which (ref to the armour)
κοῖλος -η -ον   hollow
νῆας   acc pl   νηῦς = ναῦς
δῶκε   aor   δίδωμι

ἕταρος/ἑταῖρος -ου/οιο   m
  companion
Μενοίτιος -ου   m   Menoetius
ἄλκιμος -ον   brave
Ἀπόλλων -ωνος   m   Apollo
προσέφη   impf   πρόσφημι   speak to
νεφεληγερέτα   gen -αο   cloud-
  gathering (epithet of Zeus)
εἰ δ' ἄγε νῦν   come on now
Φοῖβος -ου   m   Phoebus (title of
  Apollo, lit bright)
κελαινεφής -ές   dark
αἷμα -ατος   n   blood
κάθηρον   aor impv   καθαίρω   cleanse
ἐκ βελέων   transl out of the range of
  weapons

Homer: Iliad

11

75 πολλόν   here as adv very
ἀποπρό   far away
λοῦσον   aor impv   λούω   wash
ῥοή -ῆς   f   stream pl streaming waters
χρῖσον   aor impv   χρίω   anoint
ἀμβροσίη -ης   f   ambrosia (substance
  eaten by gods, here used as
  preservative)
περί ... ἕσσον   aor impv (in tmesis)
περιέννυμι   put clothes on/around tr
ἄμβροτος -ον   immortal
εἷμα -ατος   n   garment pl clothing
πομπός -οῦ   m   escort, guide
ἅμα   at the same time, together
  φέρεσθαι   probably mid transl send
  him to the swift messengers, Sleep
  and Death, the twin brothers, so that
  they may bear him with them
κραιπνός -ή -όν   swift

διδυμάων -ονος   m   twin brother
ὦκα   swiftly
lines 79–81: cf lines 37–9
θήσουσι   fut   τίθημι   here transl set
  down
80 ἀνηκουστέω   disobey + gen
βῆ   =   ἔβη
Ἰδαῖος -α -ον   of Ida (mountain near
  Troy)
φύλοπις -ιδος   (acc -ιν)   f   din of
  battle
αὐτίκα   immediately
ἀείρας   aor pple   ἀείρω   lift up
lines 84–9: cf lines 74–9
85 περί ... ἕσσε   aor (in tmesis)
περιέννυμι
πέμπε   here   =   ἔπεμπε
κάτθεσαν   aor   κατατίθημι   set down

Homer *Odyssey*

Book 5 lines 75–153, 201–224

Calypso is ordered by the gods to release Odysseus

At the beginning of the *Odyssey* we are told that Odysseus is being detained on the island of Ogygia by the goddess Calypso who wants him to become her husband. At a council of the gods Athena attacks Zeus

Scene of a shipwreck. Odysseus sits on the keel of a capsized boat, surrounded by his drowning crew.

for doing nothing to help Odysseus and persuades him to send Hermes to order Calypso to release him. Zeus agrees, but then the focus of the action shifts to Ithaca and to Odysseus' son Telemachus.

It is not until Book 5 that we return to Odysseus himself. Once again Athena is the instigator. Once again she tackles Zeus about Odysseus' plight and he agrees to send Hermes to Ogygia. He speeds over the sea 'like a shearwater' till he reaches the island and finds the nymph Calypso alone in her cave, singing as she moves up and down at her loom.

On the dialect of Homer, see introductory notes to Section 1.

> ἔνθα στὰς θηεῖτο διάκτορος ἀργεϊφόντης.
> αὐτὰρ ἐπεὶ δὴ πάντα ἑῷ θηήσατο θυμῷ,
> αὐτίκ' ἄρ' εἰς εὐρὺ σπέος ἤλυθεν. οὐδέ μιν ἄντην
> ἠγνοίησεν ἰδοῦσα Καλυψώ, δῖα θεάων·
> οὐ γάρ τ' ἀγνῶτες θεοὶ ἀλλήλοισι πέλονται   5
> ἀθάνατοι, οὐδ' εἴ τις ἀπόπροθι δώματα ναίει.
> οὐδ' ἄρ' Ὀδυσσῆα μεγαλήτορα ἔνδον ἔτετμεν,

ἔνθα there
στάς aor pple (intr) ἵστημι transl standing
θηεῖτο impf θηέομαι gaze with admiration
διάκτορος -ου m conductor, guide (title of Hermes the messenger god)
ἀργεϊφόντης epithet of Hermes of uncertain meaning, perhaps slayer of Argus (in the story of Io)
αὐτάρ but
δή now, indeed
ἑός -ή -όν his, her
θηήσατο aor θηέομαι
θυμός -οῦ m heart
αὐτίκα at once
ἄρα then
σπέος, σπείους n cave
ἤλυθεν aor (Homeric form) ἔρχομαι
μιν him, her

ἄντην face to face, opposite
ἠγνοίησεν aor (Homeric form)
ἀγνοέω not recognise, fail to know
Καλυψώ -οῦς f Calypso
δῖα θεάων bright or divine among goddesses
5 ἀγνώς gen -ῶτος unknown
ἀλλήλοισι to each other
πέλομαι be
ἀθάνατος -η -ον immortal, as noun god
ἀπόπροθι far away
δῶμα -ατος n house (oft pl for sg)
ναίω dwell (in)
Ὀδυσσεύς -έος/-ῆος m Odysseus
μεγαλήτωρ gen -ορος great-hearted
ἔνδον inside
ἔτετμον aor (no pres) find, come upon

ἀλλ' ὅ γ' ἐπ' ἀκτῆς κλαῖε καθήμενος, ἔνθα πάρος περ,
δάκρυσι καὶ στοναχῇσι καὶ ἄλγεσι θυμὸν ἐρέχθων.
πόντον ἐπ' ἀτρύγετον δερκέσκετο δάκρυα λείβων.   10
Ἑρμείαν δ' ἐρέεινε Καλυψώ, δῖα θεάων,
ἐν θρόνῳ ἱδρύσασα φαεινῷ σιγαλόεντι·
'τίπτε μοι, Ἑρμεία χρυσόρραπι, εἰλήλουθας
αἰδοῖός τε φίλος τε; πάρος γε μὲν οὔ τι θαμίζεις.
αὔδα ὅ τι φρονέεις· τελέσαι δέ με θυμὸς ἄνωγεν,   15
εἰ δύναμαι τελέσαι γε καὶ εἰ τετελεσμένον ἐστίν.
ἀλλ' ἕπεο προτέρω, ἵνα τοι πὰρ ξείνια θείω.'
ὣς ἄρα φωνήσασα θεὰ παρέθηκε τράπεζαν
ἀμβροσίης πλήσασα, κέρασσε δὲ νέκταρ ἐρυθρόν.
αὐτὰρ ὁ πῖνε καὶ ἦσθε διάκτορος ἀργειϊφόντης.   20
αὐτὰρ ἐπεὶ δείπνησε καὶ ἤραρε θυμὸν ἐδωδῇ,
καὶ τότε δή μιν ἔπεσσιν ἀμειβόμενος προσέειπεν·
'εἰρωτᾷς μ' ἐλθόντα θεὰ θεόν· αὐτὰρ ἐγώ τοι
νημερτέως τὸν μῦθον ἐνισπήσω· κέλεαι γάρ.
Ζεὺς ἐμέ γ' ἠνώγει δεῦρ' ἐλθέμεν οὐκ ἐθέλοντα·   25
τίς δ' ἂν ἑκὼν τοσσόνδε διαδράμοι ἁλμυρὸν ὕδωρ
ἄσπετον; οὐδέ τις ἄγχι βροτῶν πόλις, οἵ τε θεοῖσιν
ἱερά τε ῥέζουσι καὶ ἐξαίτους ἑκατόμβας.

ἐπί + gen   here on
ἀκτή -ῆς f shore
κλαίω weep
κάθημαι sit
ἔνθα where
πάρος before, in the past
περ indeed (emph prec word)
δάκρυ -υος n tear
στοναχή -ῆς f groan
ἄλγος n (in Homer nom/acc only)
   pain, grief
ἐρέχθω break, rend

10 πόντος -ου m sea
ἀτρύγετος -ον unharvested, barren
δερκέσκετο impf (frequentative form,
   implying repeated action) δέρκομαι
   look at
λείβω pour, shed
Ἑρμῆς or Ἑρμείας -αο m
   Hermes
ἐρεείνω ask, question
θρόνος -ου m chair
ἱδρύω make (someone) sit down
φαεινός -ή -όν bright

σιγαλόεις -εσσα -εν   gen -εντος
  shining
τίπτε = τί ποτε   why? why ever?
μοι   ethic dat lit as far as I am
  concerned transl pray or please
χρυσόρραπις   gen -ιδος   with golden
  wand
εἰλήλουθας   pf (Homeric form)
  ἔρχομαι
αἰδοῖος -η -ον   revered
γε   at least, at all events
θαμίζω   come often
15 αὐδάω   say, speak
φρονέω   have in mind
τελέσαι   aor inf   τελέω   fulfil,
  accomplish
ἄνωγα   pf with pres sense order
δύναμαι   be able
τετελεσμένος   pf pass pple   τελέω
  here transl something that can (or
  must) be fulfilled
ἔπεο   impv (2 sg)   ἕπομαι   follow
προτέρω   further, forwards
τοι = σοι
πὰρ ... θείω   aor subj (in tmesis)
παρατίθημι   place X acc beside Y
  dat
ξείνια -ων   n pl   lit guest-gifts here
  food and drink
φωνέω   speak
παρέθηκε   aor   παρατίθημι
τράπεζα -ης   f   table
ἀμβροσίη -ης   f   ambrosia (food of the
  gods)
πλήσασα   aor pple   πίμπλημι   fill
  (with + gen)
κέρασσε   aor (Homeric form)
  κεράννυμι   mix
νέκταρ -αρος   n   nectar (drink of the
  gods)

ἐρυθρός -ή -όν   red
20 αὐτάρ   so (line 20); but (line 21)
πίνω   drink
ἦσθε   impf   ἔσθω   eat
δειπνέω   dine
ἤραρε   aor   ἀραρίσκω   lit fit into
  place here satisfy
ἐδωδή -ῆς   f   food
ἔπος   n (in Homer no gen sg; dat pl
  ἔπεσσιν)   word
ἀμείβομαι   reply
προσέειπον = προσεῖπον   speak
  to
εἰρωτάω   ask
τοι   indeed
νημερτέως   truly
μῦθος -ου   m   story, account
ἐνισπήσω   fut   ἐνέπω   tell
κέλεαι   2 sg, Homeric form   κέλομαι
  order
25 ἠνώγει   plpf (with impf sense)   ἄνωγα
δεῦρο   (to) here
ἐλθέμεν   aor inf (Homeric form)
  ἔρχομαι
ἐθέλω   be willing
τοσσόσδε -ήδε -όνδε   so great, so
  much (of)
διαδράμοι   aor opt   διατρέχω   lit run
  over here speed over, traverse
ἁλμυρός -ή -όν   salty
ἄσπετος -ον   lit unspeakable here
  endless
ἄγχι   nearby
βροτός -οῦ   m/f   mortal
ἱερός -ή -όν   holy n pl as noun
  sacrifices
ῥέζω   perform, offer
ἔξαιτος -ον   choice, precious
ἑκατόμβη -ης   f   hecatomb, great
  public sacrifice (lit of 100 animals)

ἀλλὰ μάλ' οὔ πως ἔστι Διὸς νόον αἰγιόχοιο
οὔτε παρεξελθεῖν ἄλλον θεὸν οὔθ' ἁλιῶσαι.   30
φησί τοι ἄνδρα παρεῖναι ὀϊζυρώτατον ἄλλων,
τῶν ἀνδρῶν, οἳ ἄστυ πέρι Πριάμοιο μάχοντο
εἰνάετες, δεκάτῳ δὲ πόλιν πέρσαντες ἔβησαν
οἴκαδ'· ἀτὰρ ἐν νόστῳ Ἀθηναίην ἀλίτοντο,
ἥ σφιν ἐπῶρσ' ἄνεμόν τε κακὸν καὶ κύματα μακρά.   35
ἔνθ' ἄλλοι μὲν πάντες ἀπέφθιθεν ἐσθλοὶ ἑταῖροι,
τὸν δ' ἄρα δεῦρ' ἄνεμός τε φέρων καὶ κῦμα πέλασσε.
τὸν νῦν σ' ἠνώγειν ἀποπεμπέμεν ὅττι τάχιστα·
οὐ γάρ οἱ τῇδ' αἶσα φίλων ἀπονόσφιν ὀλέσθαι,
ἀλλ' ἔτι οἱ μοῖρ' ἐστὶ φίλους τ' ἰδέειν καὶ ἱκέσθαι   40
οἶκον ἐς ὑψόροφον καὶ ἑὴν ἐς πατρίδα γαῖαν.'
   ὣς φάτο, ῥίγησεν δὲ Καλυψώ, δῖα θεάων,
καί μιν φωνήσασ' ἔπεα πτερόεντα προσηύδα·
'σχέτλιοί ἐστε, θεοί, ζηλήμονες ἔξοχον ἄλλων,
οἵ τε θεαῖς ἀγάασθε παρ' ἀνδράσιν εὐνάζεσθαι   45
ἀμφαδίην, ἤν τίς τε φίλον ποιήσετ' ἀκοίτην.
ὣς μὲν ὅτ' Ὠρίων' ἕλετο ῥοδοδάκτυλος Ἠώς,
τόφρα οἱ ἠγάασθε θεοὶ ῥεῖα ζώοντες,
ἧος ἐν Ὀρτυγίῃ χρυσόθρονος Ἄρτεμις ἁγνὴ
οἷς ἀγανοῖς βελέεσσιν ἐποιχομένη κατέπεφνεν.   50

μάλα   *here surely*
οὔ πως ἔστι ... ἄλλον θεόν   *transl*
   there is no way for any other god to
   (+ inf)
νόος -ου   *m*   mind
αἰγίοχος -ον   aegis-bearing *(epithet of*
   Zeus; the aegis is his terror-striking
   shield)
30 παρεξελθεῖν   *aor inf*   παρεξέρχομαι
   slip past, escape
ἁλιῶσαι   *aor inf*   ἁλιόω   frustrate
τοι   =   σοι *(with παρεῖναι:* here with
   you)
ὀϊζυρός -ή -όν   miserable, wretched
Πρίαμος -ου   *m*   Priam *(king of Troy)*
εἰνάετες   for nine years
πέρσαντες   *aor pple*   πέρθω   sack,
   ravage
οἴκαδε   home, homewards
ἀτάρ   =   αὐτάρ
νόστος -ου   *m*   journey home
Ἀθηναίη -ης   *f*   Athena
ἀλίτοντο   *aor*   ἀλιταίνω   sin against
35 σφιν   *(dat pl)* them
ἐπῶρσε   *aor*   ἐπόρνυμι   rouse
   against + *dat*
ἄνεμος -ου   *m*   wind
κῦμα -ατος   *n*   wave
μακρός -ή -όν   *lit* long *here* towering
ἀπέφθιθεν   *aor pass (3 pl)*   ἀποφθίνω
   pass perish, die
ἐσθλός -ή -όν   good, noble
ἑταῖρος -ου   *m*   companion, comrade
πέλασσε   *aor*   πελάζω   bring near
ἀποπεμπέμεν   *inf (Homeric form)*
   ἀποπέμπω   send away
ὅττι τάχιστα   as quickly as possible
οἱ   for him
τῇδε   here, in this place
αἶσα -ης   *f*   fate, one's lot
ἀπονόσφι(ν) + *gen*   far from
ὀλέσθαι   *aor mid inf*   ὄλλυμι   *in mid*
   perish, die
40 μοῖρα -ης   *f*   fate, one's lot
ἰδέειν   =   ἰδεῖν

ἱκέσθαι   *aor inf*   ἱκνέομαι   arrive at,
   reach
οἶκος -ου   *m*   house
ὑψόροφος -ον   high-roofed
πατρίς   *gen* -ίδος   ancestral, of one's
   fathers
γαῖα -ης   *f*   land
φάτο   *impf mid (Homeric form, act*
   sense)   φημί
ῥιγέω   shudder
πτερόεις -εσσα -εν   *gen* -εντος   winged
προσαυδάω   say, utter
σχέτλιος -η -ον   cruel, hard-hearted
ζηλήμων -ον   *gen* -ονος   jealous
ἔξοχον + *gen*   beyond
45 ἀγάασθε   *pres 2 pl*   ἄγαμαι   *lit*
   wonder at *here* envy, grudge (someone
   dat that they should + *inf)*
εὐνάζομαι   go to bed, sleep
ἀμφαδίην   openly
ἤν   =   ἐάν
ποιήσετ'   =   ποιήσεται   *aor mid subj*
   (Homeric form)
ἀκοίτης -ου   *m*   husband
Ὠρίων -ωνος   *m*   Orion *(giant loved*
   by Dawn)
ἕλετο   =   εἵλετο
ῥοδοδάκτυλος -ον   rosy-fingered
ἠώς -οῦς   *f*   dawn *(here personified)*
τόφρα ... ἧος   so long ... until
οἱ   =   αὐτῇ
ἠγάασθε   *impf*   ἄγαμαι
ῥεῖα   at ease
ζώω   live
Ὀρτυγίη -ης   *f*   Ortygia *(island,*
   probably Delos)
χρυσόθρονος -ον   golden-throned
Ἄρτεμις -ιδος   *f*   Artemis *(virgin*
   goddess of hunting)
ἁγνός -ή -όν   pure
50 ἀγανός -ή -όν   *lit* gentle *here* bringing
   painless death
βέλος -εος   Homeric *dat pl*
   βελέεσσι(ν)   *n* missile *here* arrow
ἐποίχομαι   attack
κατέπεφνεν   *aor*   [καταφένω]   kill

ὣς δ' ὁπότ' Ἰασίωνι ἐϋπλόκαμος Δημήτηρ
ᾧ θυμῷ εἴξασα μίγη φιλότητι καὶ εὐνῇ
νειῷ ἔνι τριπόλῳ· οὐδὲ δὴν ἦεν ἄπυστος
Ζεύς, ὅς μιν κατέπεφνε βαλὼν ἀργῆτι κεραυνῷ.
ὣς δ' αὖ νῦν μοι ἄγασθε, θεοί, βροτὸν ἄνδρα
παρεῖναι.   55
τὸν μὲν ἐγὼν ἐσάωσα περὶ τρόπιος βεβαῶτα
οἶον, ἐπεί οἱ νῆα θοὴν ἀργῆτι κεραυνῷ
Ζεὺς ἔλσας ἐκέασσε μέσῳ ἐνὶ οἴνοπι πόντῳ.
ἔνθ' ἄλλοι μὲν πάντες ἀπέφθιθεν ἐσθλοὶ ἑταῖροι,
τὸν δ' ἄρα δεῦρ' ἄνεμός τε φέρων καὶ κῦμα πέλασσε.   60
τὸν μὲν ἐγὼ φίλεόν τε καὶ ἔτρεφον, ἠδὲ ἔφασκον
θήσειν ἀθάνατον καὶ ἀγήραον ἤματα πάντα.
ἀλλ' ἐπεὶ οὔ πως ἔστι Διὸς νόον αἰγιόχοιο
οὔτε παρεξελθεῖν ἄλλον θεὸν οὔθ' ἁλιῶσαι,
ἐρρέτω, εἴ μιν κεῖνος ἐποτρύνει καὶ ἀνώγει,   65
πόντον ἐπ' ἀτρύγετον· πέμψω δέ μιν οὔ πῃ ἐγώ γε·
οὐ γάρ μοι πάρα νῆες ἐπήρετμοι καὶ ἑταῖροι,
οἵ κέν μιν πέμποιεν ἐπ' εὐρέα νῶτα θαλάσσης.
αὐτάρ οἱ πρόφρων ὑποθήσομαι, οὐδ' ἐπικεύσω,
ὥς κε μάλ' ἀσκηθὴς ἣν πατρίδα γαῖαν ἵκηται.'   70
    τὴν δ' αὖτε προσέειπε διάκτορος ἀργεϊφόντης·
'οὕτω νῦν ἀπόπεμπε, Διὸς δ' ἐποπίζεο μῆνιν,
μή πώς τοι μετόπισθε κοτεσσάμενος χαλεπήνῃ.'
    ὣς ἄρα φωνήσας ἀπέβη κρατὺς ἀργεϊφόντης·
ἡ δ' ἐπ' Ὀδυσσῆα μεγαλήτορα πότνια νύμφη   75
ἤϊ', ἐπεὶ δὴ Ζηνὸς ἐπέκλυεν ἀγγελιάων.
τὸν δ' ἄρ' ἐπ' ἀκτῆς εὗρε καθήμενον· οὐδέ ποτ' ὄσσε
δακρυόφιν τέρσοντο, κατείβετο δὲ γλυκὺς αἰὼν
νόστον ὀδυρομένῳ, ἐπεὶ οὐκέτι ἥνδανε νύμφη.

ὁπότε when

Ἰασίων -ωνος m Iasion (lover of
Demeter, and father by her of Plutus
[Wealth])

ἐϋπλόκαμος -ον with lovely hair

Δημήτηρ -τερος f Demeter (goddess
of corn and fertility)

εἴξασα aor pple εἴκω yield
(to + dat)

μίγη aor pass μίσγω lit mix pass
here be intimate with (+ dat)

φιλότης -ητος f love

εὐνή -ῆς f intercourse

νειός -οῦ f fallow land

ἐνί = ἐν

τρίπολος -ον three times ploughed

δήν for a long time

ἦεν = ἦν

ἄπυστος -ον without knowledge

ἀργής gen -ῆτος bright

κεραυνός -οῦ m thunderbolt

55 αὖ again

ἐσάωσα aor [σαόω] save

τρόπις -ιος f keel (of ship)

βεβαώς pf pple (Homeric form)
βαίνω here transl bestriding

οἶος -η -ον alone

νηῦς (acc νῆα) = ναῦς

θοός -ή -όν swift

ἔλσας aor pple εἴλω lit confine here
strike

ἐκέασσε aor (Homeric form) κεάζω
shatter

μέσος -η -ον in the midst of

οἶνοψ gen -οπος wine-dark

πόντος -ου m sea

lines 59–60: cf lines 36–7

60 τρέφω feed

ἠδέ and

φάσκω say

θήσειν fut inf τίθημι here make

ἀγήραος -ον ageless

ἦμαρ -ατος n day

lines 63–4: cf lines 29–30

65 ἐρρέτω impv (3 sg) ἔρρω go away

κεῖνος = ἐκεῖνος

ἐποτρύνω urge

οὔ πῃ in no way

πάρα = πάρεισι

ἐπήρετμος -ον fitted with oars

κε(ν) = ἄν

νῶτον -ου n lit back pl here surface

πρόφρων gen -ονος willingly

ὑποθήσομαι fut ὑποτίθημι give
advice

ἐπικεύσω fut ἐπικεύθω conceal
one's thoughts

70 ἀσκηθής -ές unharmed, unscathed

ἵκηται aor subj ἱκνέομαι

αὖτε again

ἐποπίζεο impv (2 sg) ἐποπίζομαι
beware of

μῆνις -ιος f wrath

μή πως lest, for fear that

μετόπισθε later, in the future

κοτεσσάμενος aor pple κοτέω bear
a grudge

χαλεπήνῃ aor subj χαλεπαίνω
show anger, be harsh

κρατύς m adj nom only strong

75 πότνια (f usu nom/voc only) lady,
queenly, revered (epithet of goddesses
and royal women)

ἤϊ' = ἤϊε impf (Homeric form) εἶμι
transl she went

Ζηνός poet gen Ζεύς

ἐπικλύω hear + gen

ἀγγελίη -ης f message

ὄσσε n dual eyes

δακρυόφιν gen pl (Homeric form)

δάκρυον -ου n tear; transl from
tears

τέρσοντο impf τέρσομαι become
dry

κατείβω shed pass here pass away

γλυκύς -εῖα -ύ sweet

αἰών -ῶνος m life

ὀδύρομαι grieve (for)

οὐκέτι no longer

ἥνδανε impf ἀνδάνω be pleasing

Calypso then promises Odysseus that he can build a raft to escape and that
she will provision it. However, he distrusts her and does not agree until
she swears on oath that she has no intention of tricking him, but is only
trying to help him. They return to the cave to feast. Then Calypso makes
one final attempt to persuade Odysseus to stay with her.

αὐτὰρ ἐπεὶ τάρπησαν ἐδητύος ἠδὲ ποτῆτος,   80
τοῖς ἄρα μύθων ἦρχε Καλυψώ, δῖα θεάων·
  'διογενὲς Λαερτιάδη, πολυμήχαν' Ὀδυσσεῦ,
οὕτω δὴ οἰκόνδε φίλην ἐς πατρίδα γαῖαν
αὐτίκα νῦν ἐθέλεις ἰέναι; σὺ δὲ χαῖρε καὶ ἔμπης.
εἴ γε μὲν εἰδείης σῇσι φρεσὶν ὅσσα τοι αἶσα   85
κήδε' ἀναπλῆσαι, πρὶν πατρίδα γαῖαν ἱκέσθαι,
ἐνθάδε κ' αὖθι μένων σὺν ἐμοὶ τόδε δῶμα φυλάσσοις
ἀθάνατός τ' εἴης, ἱμειρόμενός περ ἰδέσθαι
σὴν ἄλοχον, τῆς τ' αἰὲν ἐέλδεαι ἤματα πάντα.
οὐ μέν θην κείνης γε χερείων εὔχομαι εἶναι,   90
οὐ δέμας οὐδὲ φυήν, ἐπεὶ οὔ πως οὐδὲ ἔοικε
θνητὰς ἀθανάτῃσι δέμας καὶ εἶδος ἐρίζειν.'
  τὴν δ' ἀπαμειβόμενος προσέφη πολύμητις
    Ὀδυσσεύς·
'πότνα θεά, μή μοι τόδε χώεο· οἶδα καὶ αὐτὸς
πάντα μάλ', οὕνεκα σεῖο περίφρων Πηνελόπεια   95
εἶδος ἀκιδνοτέρη μέγεθός τ' εἰσάντα ἰδέσθαι·
ἡ μὲν γὰρ βροτός ἐστι, σὺ δ' ἀθάνατος καὶ ἀγήρως.
ἀλλὰ καὶ ὣς ἐθέλω καὶ ἐέλδομαι ἤματα πάντα
οἴκαδέ τ' ἐλθέμεναι καὶ νόστιμον ἦμαρ ἰδέσθαι.
εἰ δ' αὖ τις ῥαίῃσι θεῶν ἐνὶ οἴνοπι πόντῳ,   100
τλήσομαι ἐν στήθεσσιν ἔχων ταλαπενθέα θυμόν·
ἤδη γὰρ μάλα πολλὰ πάθον καὶ πολλὰ μόγησα
κύμασι καὶ πολέμῳ· μετὰ καὶ τόδε τοῖσι γενέσθω.'

80 τάρπησαν *aor pass* τέρπω delight,
please *pass* have enough, have one's fill
(of + *gen*)
ἐδητύς -ύος *f* food
ποτής -ῆτος *f* drink
ἄρχω make a beginning
διογενής *voc* -ές born of Zeus
Λαερτιάδης son of Laertes
πολυμήχανος -ον full of schemes,
resourceful *(epithet of Odysseus)*
οἰκόνδε home, homewards
αὐτίκα straightaway, at once
χαῖρε *(impv* χαίρω rejoice) farewell!
ἔμπης in any case, nevertheless
85 εἰδείης *opt* οἶδα
φρήν, φρενός *f* heart, mind *oft pl for
sg*
ὅσσος -η -ον so/how great *pl* many
κῆδος *n (in Homer no gen sg)* trouble,
suffering
ἀναπλῆσαι *aor inf* ἀναπίμπλημι
fulfil, have full measure of
πρίν + *inf* before
ἐνθάδε here
κ' = κε
αὖθι on the spot, here *(reinforcing
ἐνθάδε)*
φυλάσσω here keep, not leave
ἱμείρομαι desire, long
περ even though
ἄλοχος -ου *f* wife
ἐέλδεαι *2 sg* ἐέλδομαι (= ἔλδομαι)
long for + *gen*
90 οὐ ... θήν surely not
χερείων = χείρων worse
εὔχομαι claim, declare oneself (to
be + *inf*)
δέμας *n* *nom/acc only* body, form

φυή -ῆς *f* figure, appearance
οὔ πως in no way
ἔοικε *(pf with pres sense, impsnl) here*
it is reasonable
θνητός -ή -όν mortal
εἶδος *n (in Homer no gen sg)* looks,
beauty
ἐρίζω compete, rival
ἀπαμείβομαι reply
προσέφη *impf* πρόσφημι speak to
πολύμητις *gen* -ιος of many devices,
wily, resourceful *(epithet of Odysseus)*
πότνα = πότνια
χώεο *impv (2 sg)* χώομαι be angry
95 οὕνεκα here that
σεῖο = σοῦ *(here gen of
comparison)*
περίφρων *gen* -ονος wise, prudent
Πηνελόπεια -ης *f* Penelope *(wife of
Odysseus)*
ἀκιδνότερος -η less impressive
μέγεθος -ους *n* stature
εἰσάντα face to face
ἀγήρως = ἀγήραος
ἀλλὰ καὶ ὣς but even so
ἐλθέμεναι *aor inf (Homeric form)*
ἔρχομαι
νόστιμος -ον of one's homecoming
100 ῥαίησι *subj* ῥαίω wreck, shatter
τλήσομαι *fut* τλάω endure
στῆθος -εος *n* breast *oft pl for sg*
ταλαπενθής -ές patient in suffering
πάθον *aor* πάσχω suffer
μόγησα *aor* μογέω toil, suffer
hardship
μετά + *dat* among, with
γενέσθω *aor impv (3 sg)* γίγνομαι

And so they sleep together in the cave. In the morning Calypso gives Odysseus tools to build a raft. On the fifth day he finishes it, and she gives him clothes, provisions and sailing instructions. All goes well for seventeen days. On the eighteenth day he comes in sight of Scheria, the land of the Phaeacians; but Poseidon, returning from the Ethiopians, sees him and sends a storm which wrecks the craft. Eventually, with Athena's help, Odysseus is washed up on the shore of Scheria.

Herodotus *The Histories*

Book 8 chapters 84 and 87–88

The battle of Salamis

Herodotus (*c.* 490–*c.* 425 BC) came from Halicarnassus in Caria (in what is now south-west Turkey). An Ionian Greek by culture, he travelled widely in the Greek world and in Egypt. His *Histories* deal with the conflict between Greece and Asia from the time of Croesus of Lydia (mid-sixth century BC) to the failure of the Persian attack on Greece under Xerxes in 480–478 BC. A man of limitless scientific curiosity, Herodotus has been called 'the father of history', deservedly so since his account of the Persian Wars is written on a scale never attempted before and shows a

Photograph of the site of the battle of Salamis.

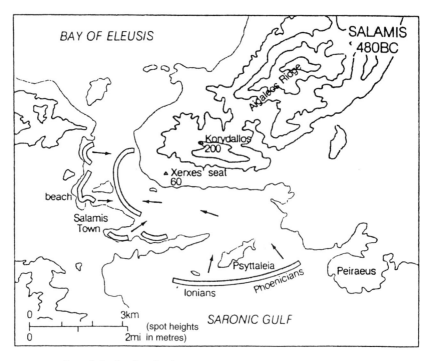

Plan of the battle of Salamis.

historical awareness of the crucial importance of those wars for the future development of the Mediterranean world. This is the first major work of Greek literature written in prose.

In 480 BC the huge expedition led by Xerxes attacked Greece by land and sea. The Persians swept over North Greece and their total victory seemed inevitable. Athens was evacuated, but the Greek fleet resolved to fight the invaders. Herodotus has just explained how the Athenian leader Themistocles has lured the Persian fleet of King Xerxes into the narrow straits behind the island of Salamis.

Herodotus writes in Ionic dialect. Some distinctive features are:

1 *Ionic has* η *where Attic has* ā, *e.g.* ναυμαχίη *for* ναυμαχία sea battle

2 *contraction does not take place in Ionic with verbs and nouns whose stem ends in* ε: *thus Ionic has* ποιέω, ποιέεις, ποιέει *etc. instead of Attic* ποιῶ, ποιεῖς, ποιεῖ; *Ionic has* ἐών, ἐοῦσα, ἐόν *for* ὤν οὖσα ὄν *(pres pple* εἰμί *I am)*

3 *dat pls of first and second decls end in* ῃσι *and* οισι, *e.g.* αὐτοῖσι

4 π *and* τ *are often found where Attic uses* φ *and* θ, *e.g.* ἀπικνέομαι

5 *note the pronouns* οἱ *(dat, enclitic) to* him/her/it, *and* μιν *(acc, enclitic)* = him/her

ἐνθαῦτα ἀνῆγον τὰς νέας ἁπάσας οἱ Ἕλληνες, ἀναγομένοισι δέ
σφι αὐτίκα ἐπεκέατο οἱ βάρβαροι. οἱ μὲν δὴ ἄλλοι Ἕλληνες ἐπὶ
πρύμνην ἀνεκρούοντο καὶ ὤκελλον τὰς νέας, Ἀμεινίης δὲ
Παλληνεὺς ἀνὴρ Ἀθηναῖος ἐξαναχθεὶς νηὶ ἐμβάλλει· συμπλεκε-
ίσης δὲ τῆς νεὸς καὶ οὐ δυναμένων ἀπαλλαγῆναι, οὕτω δὴ οἱ   5
ἄλλοι Ἀμεινίῃ βοηθέοντες συνέμισγον. Ἀθηναῖοι μὲν οὕτω
λέγουσι τῆς ναυμαχίης γενέσθαι τὴν ἀρχήν, Αἰγινῆται δὲ τὴν

ἐνθαῦτα Ion for ἐνταῦθα then
ἀνάγω put to sea *tr*
νέας acc pl νηῦς *(Ion for* ναῦς: acc sg
  νέα gen νεός dat νηί nom pl νέες)
ἁπάσας = πάσας *(emph)*
ἀναγομένοισι ... σφι them as they
  were under way *(dat)*
αὐτίκα immediately
ἐπεκέατο Ion for ἐπέκειντο impf
ἐπίκειμαι + dat attack
πρύμνη -ης *f* stern
ἀνακρούομαι put back, thrust back
ἐπὶ πρύμνην ἀνακρούομαι back
  water
ὀκέλλω run aground *tr impf here*
  implies were on the point of ...
Ἀμεινίης -ου *m* Ameinias
Παλληνεύς from Pallene *(an Attic
  deme)*
Ἀθηναῖος -α -ον Athenian

ἐξαναχθείς aor pass pple ἐξανάγω
  transl driving ahead
ἐμβάλλω ram + *dat*
συμπλεκείσης aor pass pple
  συμπλέκω lock together
5 δύναμαι be able *supply* the crews *as
  sub*
ἀπαλλαγῆναι aor pass inf
ἀπαλλάσσω separate
δή then, indeed
βοηθέω hurry to help + *dat*
συνέμισγον impf συμμίγνυμι *lit*
  mix together *here* join in close fighting
ναυμαχίη -ης *f* sea battle
ἀρχή -ῆς *f* beginning
Αἰγινῆται -ων *m pl* Aeginetans
  (from the nearby island of Aegina)
τὴν κατά ... the (ship) which had
  gone ... to fetch ...

κατὰ τοὺς Αἰακίδας ἀποδημήσασαν ἐς Αἴγιναν, ταύτην εἶναι
τὴν ἄρξασαν. λέγεται δὲ καὶ τάδε, ὡς φάσμα σφι γυναικὸς
ἐφάνη, φανεῖσαν δὲ διακελεύσασθαι ὥστε καὶ ἅπαν ἀκοῦσαι   10
τὸ τῶν Ἑλλήνων στρατόπεδον, ὀνειδίσασαν πρότερον τάδε, 'ὦ
δαιμόνιοι, μέχρι κόσου ἔτι πρύμνην ἀνακρούεσθε;'

There were losses, and feats of daring, on both sides; the Greeks gained
the upper hand, continuing to fight in good order as the Persians and their
allies fell into disarray. Leaders of individual contingents in Xerxes' fleet
however remained keen to impress the king.

κατὰ μὲν δὴ τοὺς ἄλλους οὐκ ἔχω μετεξετέρους εἰπεῖν ἀτρε-
κέως ὡς ἕκαστοι τῶν βαρβάρων ἢ τῶν Ἑλλήνων ἠγωνίζοντο·
κατὰ δὲ Ἀρτεμισίην τάδε ἐγένετο, ἀπ' ὧν εὐδοκίμησε μᾶλλον   15
ἔτι παρὰ βασιλέϊ. ἐπειδὴ γὰρ ἐς θόρυβον πολλὸν ἀπίκετο τὰ
βασιλέος πρήγματα, ἐν τούτῳ τῷ καιρῷ ἡ νηῦς ἡ Ἀρτεμισίης
ἐδιώκετο ὑπὸ νεὸς Ἀττικῆς· καὶ ἣ οὐκ ἔχουσα διαφυγεῖν, ἔμ-
προσθε γὰρ αὐτῆς ἦσαν ἄλλαι νέες φίλιαι, ἡ δὲ αὐτῆς πρὸς τῶν
πολεμίων μάλιστα ἐτύγχανε ἐοῦσα, ἔδοξέ οἱ τόδε ποιῆσαι, τὸ   20
καὶ συνήνεικε ποιησάσῃ. διωκομένη γὰρ ὑπὸ τῆς Ἀττικῆς φέρ-
ουσα ἐνέβαλε νηὶ φιλίῃ ἀνδρῶν τε Καλυνδέων καὶ αὐτοῦ ἐπι-
πλέοντος τοῦ Καλυνδέων βασιλέος Δαμασιθύμου. εἰ μὲν καί τι
νεῖκος πρὸς αὐτὸν ἐγεγόνεε ἔτι περὶ Ἑλλήσποντον ἐόντων, οὐ
μέντοι ἔχω γε εἰπεῖν οὔτε εἰ ἐκ προνοίης αὐτὰ ἐποίησε, οὔτε εἰ   25
συνεκύρησε ἡ τῶν Καλυνδέων κατὰ τύχην παραπεσοῦσα νηῦς.
ὡς δὲ ἐνέβαλέ τε καὶ κατέδυσε, εὐτυχίῃ χρησαμένη διπλᾶ
ἑωυτὴν ἀγαθὰ ἐργάσατο. ὅ τε γὰρ τῆς Ἀττικῆς νεὸς τριή-
ραρχος ὡς εἶδέ μιν ἐμβάλλουσαν νηὶ ἀνδρῶν βαρβάρων, νο-
μίσας τὴν νέα τὴν Ἀρτεμισίης ἢ Ἑλληνίδα εἶναι ἢ αὐτομολέειν   30

Αἰακίδαι -ων m pl sons of Aeacus
(*mythological heroes, believed to
protect Aegina, the island of Aeacus;
their images had been sent for as
spiritual help in the battle*)
ἀποδημήσασαν *aor pple* ἀποδημέω
here go away
Αἴγινα -ης *f* Aegina
ἄρξασαν *aor pple* ἄρχω begin
φάσμα -ατος *n* phantom
σφι to them *(dat)*
10 ἐφάνη *aor pass* φαίνω *transl*
appeared
φανεῖσαν *aor pass pple* φαίνω
διακελεύσασθαι *aor inf*
διακελεύομαι encourage (*inf after*
λέγεται *understood*)
στρατόπεδον -ου *n* here fleet
ὀνειδίσασαν *aor pple* ὀνειδίζω
reproach
πρότερον first
ὦ δαιμόνιοι here you cowards! (*tone is
indignant*)
μέχρι κόσου (*Ionic for* πόσου;) how
long?
κατά + *acc* on the subject of
ἔχω + *inf* be able
μετεξέτεροι -αι -α some among many
ἀτρεκέως precisely
ἀγωνίζομαι fight
15 Ἀρτεμισίη -ης *f* Artemisia (*ruler of
Caria, modern south-west Turkey*)
εὐδοκιμέω be esteemed
παρά + *dat* in the judgement of
θόρυβος -ου *m* confusion
πολλόν = πολύν
ἀπίκετο = ἀφίκετο
βασιλέος = βασιλέως
πρῆγμα (*Ion for* πρᾶγμα) -ατος *n*
affair, circumstance
καιρός -οῦ *m* critical moment
Ἀττικός -ή -όν Attic, Athenian
ἤ here she
διαφεύγω get away, escape
ἔμπροσθε + *gen* in front of
ἡ δὲ αὐτῆς her ship

πρός + *gen* ... μάλιστα nearest
20 τυγχάνω happen to + *pple*
ἐοῦσα = οὖσα
ἔδοξε *aor* δοκεῖ *impsnl lit* it seems
good to X, *i.e.* X decides
οἱ = αὐτῇ
τό *rel* a thing which
συνήνεικε *Ion aor* συμφέρει *impsnl*
it is of benefit (to + *dat*)
ποιησάσῃ *aor pple* ποιέω
φέρουσα here being carried along
ἐμβάλλω run against + *dat*
Καλυνδέες -έων *m pl* Calyndians
(*from Calynda in Lycia, modern south-
west Turkey*)
αὐτοῦ himself
ἐπιπλέω sail on
Δαμασίθυμος -ου *m* Damasithymus
νεῖκος -ους *n* quarrel
ἐγεγόνεε *Ion plpf* γίγνομαι
Ἑλλήσποντος -ου *m* Hellespont
transl phrase when they were in the
region of ...
25 μέντοι however
προνοίη -ης *f* foresight *transl phrase*
intentionally
συνεκύρησε *aor* συγκυρέω come
together by chance
κατὰ τύχην accidentally
παραπεσοῦσα *aor pple* παραπίπτω
here get in the way
καταδύω sink *tr*
εὐτυχίη -ης *f* good fortune
χρησαμένη *aor pple* χράομαι *lit*
use here enjoy + *dat*
διπλοῦς -ῆ -οῦν twofold
ἑωυτήν *Ion for* ἑαυτήν
ἐργάσατο *aor* ἐργάζομαι work, do
here + *double acc transl* she did herself
...
τριήραρχος -ου *m* captain (*lit
trireme-ruler)*
μιν her
30 Ἑλληνίς *gen* -ίδος *f adj* Greek
αὐτομολέω desert

ἐκ τῶν βαρβάρων καὶ αὐτοῖσι ἀμύνειν, ἀποστρέψας πρὸς ἄλλας
ἐτράπετο. τοῦτο μὲν τοιοῦτο αὐτῇ συνήνεικε γενέσθαι δια-
φυγεῖν τε καὶ μὴ ἀπολέσθαι, τοῦτο δὲ συνέβη ὥστε κακὸν ἐρ-
γασαμένην ἀπὸ τούτων αὐτὴν μάλιστα εὐδοκιμῆσαι παρὰ
Ξέρξῃ. λέγεται γὰρ βασιλέα θηεύμενον μαθεῖν τὴν νέα ἐμβα-   35
λοῦσαν, καὶ δή τινα εἰπεῖν τῶν παρεόντων 'δέσποτα, ὁρᾷς Ἀρ-
τεμισίην ὡς εὖ ἀγωνίζεται καὶ νέα τῶν πολεμίων κατέδυσε;'
καὶ τὸν ἐπειρέσθαι εἰ ἀληθέως ἐστὶ Ἀρτεμισίης τὸ ἔργον, καὶ
τοὺς φάναι, σαφέως τὸ ἐπίσημον τῆς νεὸς ἐπισταμένους· τὴν δὲ
διαφθαρεῖσαν ἠπιστέατο εἶναι πολεμίην. τά τε γὰρ ἄλλα, ὡς   40
εἴρηται, αὐτῇ συνήνεικε ἐς εὐτυχίην γενόμενα, καὶ τὸ τῶν ἐκ
τῆς Καλυνδικῆς νεὸς μηδένα ἀποσωθέντα κατήγορον γενέσθαι.
Ξέρξην δὲ εἰπεῖν λέγεται πρὸς τὰ φραζόμενα 'οἱ μὲν ἄνδρες γε-
γόνασί μοι γυναῖκες, αἱ δὲ γυναῖκες ἄνδρες.' ταῦτα μὲν Ξέρξην
φασὶ εἰπεῖν.

ἀμύνω + dat   fight for
ἀποστρέψας   aor pple   ἀποστρέφω
  turn away (here implies ceasing to
  pursue Artemisia)
πρὸς ἄλλας   understand ships
ἐτράπετο   aor mid   τρέπω   turn
τοῦτο μέν ... τοῦτο δέ   emph form of
  μέν ... δέ
συνήνεικε   here happened, chanced
διαφυγεῖν   aor inf   διαφεύγω   get
  away, escape
ἀπολέσθαι   aor mid inf   ἀπόλλυμι   in
  mid be killed
συμβαίνει   it happens
ἐργασαμένην   aor pple   ἐργάζομαι
35 Ξέρξης -ου   m   Xerxes
θηεύμενον   Ion pres pple   θεάομαι
  watch
μαθεῖν   aor inf   μανθάνω   here notice
παρεόντων = παρόντων
δεσπότης -ου   m   master

τόν   i.e. Xerxes
ἐπειρέσθαι   Ion aor inf   ἐπέρομαι
  ask
ἀληθέως = ἀληθῶς
φάναι   inf   φημί   here say yes
σαφέως = σαφῶς
ἐπίσημον -ου   n   ensign
ἐπίσταμαι   know
40 διαφθαρεῖσαν   aor pass pple
  διαφθείρω   destroy
ἠπιστέατο   Ion impf (3 pl)
  ἐπίσταμαι   here transl they supposed
  mistakenly
εἴρηται   pf pass   λέγω
καὶ τό   i.e. especially the fact that ...
Καλυνδικός -ή -όν   Calyndian
ἀποσωθέντα   aor pass pple
  ἀποσώζω   save
κατήγορος -ου   m   accuser
φράζω   say
γεγόνασι   pf   γίγνομαι

Aeschylus *Persians*

Lines 384–432

The battle of Salamis

Aeschylus (525–456 BC), the author of some eighty to ninety plays, was the earliest of the three great Athenian tragic dramatists. (The

Greek and Persian in combat.

other two, who lived a generation later, were Sophocles and Euripides.) Born at Eleusis near Athens, he took part in the Persian Wars, at the battle of Marathon (490) where his brother was killed, and probably at Salamis. He died in Sicily, where, the story goes, an eagle mistook his bald head for a stone, dropped a tortoise on it to crack it open, and killed him. A perhaps more reliable tradition quotes his tombstone that recorded his war service, but made no mention of his plays.

For the historical background to this passage, see the introduction to the Herodotus passage in Section 3.

Aeschylus' play (produced in 472 BC with the young Pericles as *choregus* or sponsor) is unusual in dealing with recent historical events. Aeschylus seems to be asserting that the Greek achievements in the Persian Wars are worthy to be set beside the heroic myths that formed the usual subject of tragic drama. And lack of the usual distance in time is compensated for by an exotic location: the play is set at the Persian court at Susa where a Persian messenger describes to Queen Atossa the catastrophic defeat of her nation by the Greeks at the battle of Salamis.

ΑΓΓΕΛΟΣ   καὶ νὺξ ἐχώρει, κοὐ μάλ' Ἑλλήνων στρατὸς
κρυφαῖον ἔκπλουν οὐδαμῇ καθίστατο·
ἐπεί γε μέντοι λευκόπωλος ἡμέρα
πᾶσαν κατέσχε γαῖαν εὐφεγγὴς ἰδεῖν,
πρῶτον μὲν ἠχῇ κέλαδος Ἑλλήνων πάρα   5
μολπηδὸν ηὐφήμησεν, ὄρθιον δ' ἅμα
ἀντηλάλαξε νησιώτιδος πέτρας
ἠχώ· φόβος δὲ πᾶσι βαρβάροις παρῆν
γνώμης ἀποσφαλεῖσιν· οὐ γὰρ ὡς φυγῇ
παιᾶν' ἐφύμνουν σεμνὸν Ἕλληνες τότε,   10
ἀλλ' ἐς μάχην ὁρμῶντες εὐψύχῳ θράσει·
σάλπιγξ δ' ἀϋτῇ πάντ' ἐκεῖν' ἐπέφλεγεν.
εὐθὺς δὲ κώπης ῥοθιάδος ξυνεμβολῇ
ἔπαισαν ἅλμην βρύχιον ἐκ κελεύματος,
θοῶς δὲ πάντες ἦσαν ἐκφανεῖς ἰδεῖν.   15
τὸ δεξιὸν μὲν πρῶτον εὐτάκτως κέρας

ἡγεῖτο κόσμῳ, δεύτερον δ' ὁ πᾶς στόλος
ἐπεξεχώρει, καὶ παρῆν ὁμοῦ κλύειν
πολλὴν βοήν, 'ὦ παῖδες Ἑλλήνων ἴτε,
ἐλευθεροῦτε πατρίδ', ἐλευθεροῦτε δὲ   20
παῖδας, γυναῖκας, θεῶν τε πατρῴων ἕδη,

χωρέω   go *here* pass, come near to its end
κοὖ   =   καὶ οὐ   *(crasis)*
μάλα   *here reinforces* οὐ
κρυφαῖος -α -ον   secret
ἔκπλους -ου   *m*   sailing out, leaving harbour
οὐδαμῇ   lit in no way *here (reinforcing neg after* οὐ*)* in any way
καθίστατο   impf mid   καθίστημι   here transl tried to make
γε   emph prec word
μέντοι   however
λευκόπωλος -ον   with its white horses *(the day is seen as the sun-god's chariot riding through the sky)*
κατέσχε   aor   κατέχω   lit hold *here* shine upon
γαῖα   =   γῆ
εὐφεγγής -ές   radiant, bright
5 ἠχή -ῆς   *f*   roar
κέλαδος -ου   *m*   shout
παρά + gen   from
μολπηδόν   like a song
ηὐφήμησεν   aor   εὐφημέω   sound triumphantly
ὄρθιος -α -ον   loud and clear
ἅμα   at the same time
ἀντηλάλαξε   aor   ἀνταλαλάζω   return a shout, sound back
νησιῶτις   gen -ιδος   *f adj*   of the island
πέτρα -ας   *f*   rock
ἠχώ -οῦς   *f*   echo
γνώμη -ης   *f*   purpose
ἀποσφαλεῖσι   aor pass pple
   ἀποσφάλλω + gen   cheat of *pass* fail in

φυγή -ῆς   *f*   flight, escape
10 παιάν -ᾶνος   *m*   paean, war-chant
ἐφυμνέω   chant
σεμνός -ή -όν   solemn
ὁρμάω   hasten on
εὔψυχος -ον   bold
θράσος -ους   *n*   courage
σάλπιγξ -ιγγος   *f*   war-trumpet
ἀϋτή -ῆς   *f*   *here* blast
πάντ' ἐκεῖν'   i.e. all of the Greek side
ἐπιφλέγω   inflame, excite
κώπη -ης   *f*   oar
ῥοθιάς   gen -άδος   *f adj*   dashing
ξυνεμβολή -ῆς   *f*   *here* regular dip *(of all the oars together)*
παίω   strike
ἅλμη -ης   *f*   brine
βρύχιος -ον   from the depths of the sea
κέλευμα -ατος   *n*   order, command
   transl phrase at the word of command
15 θοῶς   quickly
ἐκφανής -ές   clear
δεξιός -ά -όν   right
εὐτάκτως   in good order
κέρας -ατος   *n*   wing
ἡγέομαι   lead
κόσμος -ου   *m*   order
στόλος -ου   *m*   armament, fleet
ἐπεκχωρέω   advance next
παρῆν   impf   πάρεστι   impsnl it is possible
ὁμοῦ   at the same time
κλύω   hear
20 πατρίς -ίδος   *f*   fatherland
πατρῷος -α -ον   of (your) fathers
ἕδος -ους   *n*   temple

θήκας τε προγόνων· νῦν ὑπὲρ πάντων ἀγών.'
καὶ μὴν παρ' ἡμῶν Περσίδος γλώσσης ῥόθος
ὑπηντίαζε, κοὐκέτ' ἦν μέλλειν ἀκμή.
εὐθὺς δὲ ναῦς ἐν νηὶ χαλκήρη στόλον   25
ἔπαισεν· ἦρξε δ' ἐμβολῆς Ἑλληνικὴ
ναῦς, κἀποθραύει πάντα Φοινίσσης νεὼς
κόρυμβ', ἐπ' ἄλλην δ' ἄλλος ηὔθυνεν δόρυ.
τὰ πρῶτα μέν νυν ῥεῦμα Περσικοῦ στρατοῦ
ἀντεῖχεν· ὡς δὲ πλῆθος ἐν στενῷ νεῶν   30
ἤθροιστ', ἀρωγὴ δ' οὔτις ἀλλήλοις παρῆν,
αὐτοὶ δ' ὑπ' αὐτῶν ἐμβόλαις χαλκοστόμοις
παίοντ', ἔθραυον πάντα κωπήρη στόλον,
Ἑλληνικαί τε νῆες οὐκ ἀφρασμόνως
κύκλῳ πέριξ ἔθεινον· ὑπτιοῦτο δὲ   35
σκάφη νεῶν, θάλασσα δ' οὐκέτ' ἦν ἰδεῖν,
ναυαγίων πλήθουσα καὶ φόνου βροτῶν.
ἀκταὶ δὲ νεκρῶν χοιράδες τ' ἐπλήθυον,
φυγῇ δ' ἀκόσμως πᾶσα ναῦς ἠρέσσετο,
ὅσαιπερ ἦσαν βαρβάρου στρατεύματος.   40
τοὶ δ' ὥστε θύννους ἤ τιν' ἰχθύων βόλον
ἀγαῖσι κωπῶν θραύμασίν τ' ἐρειπίων
ἔπαιον, ἐρράχιζον· οἰμωγὴ δ' ὁμοῦ
κωκύμασιν κατεῖχε πελαγίαν ἅλα,
ἕως κελαινὸν νυκτὸς ὄμμ' ἀφείλετο.   45
κακῶν δὲ πλῆθος, οὐδ' ἂν εἰ δέκ' ἤματα
στοιχηγοροίην, οὐκ ἂν ἐκπλήσαιμί σοι.
εὖ γὰρ τόδ' ἴσθι, μηδάμ' ἡμέρᾳ μιᾷ
πλῆθος τοσουτάριθμον ἀνθρώπων θανεῖν.

θήκη -ῆς f tomb	κοὐκέτ' = καὶ οὐκέτι (crasis) and no
πρόγονος -ου m ancestor	longer
ἀγών -ῶνος m contest	μέλλω hesitate
καὶ μήν and now	ἀκμή -ῆς f the time
Περσίς gen -ίδος f adj Persian	25 χαλκήρης -ες of bronze
γλῶσσα -ης f tongue, speech	στόλος -ου m here (projecting) beak
ῥόθος -ου m noise, clamour	(of ship)
ὑπαντιάζω go to meet, arise in return	ἄρχω + gen begin

ἐμβολή -ῆς f attack
Ἑλληνικός -ή -όν Greek
ἀποθραύω break off
Φοίνισσα gen -ης f adj Phoenician
κόρυμβα -ων n pl stern
ἐπ᾽ ἄλλην ... ἄλλος one (captain)
    against another (ship)
εὐθύνω steer
δόρυ -ατος n here ship
τὰ πρῶτα ... νυν at first ... in fact
ῥεῦμα -ατος n flood, tide
Περσικός -ή -όν Persian
30 ἀντέχω resist, hold out
πλῆθος -ους n mass, great number
στενός -ή -όν narrow transl phrase in a
    narrow strait
ἤθροιστο plpf pass ἀθροίζω collect
ἀρωγή -ῆς f help
οὔτις τι no, not any
ἀλλήλοις for each other
αὐτοί ... ὑπ᾽ αὐτῶν they themselves
    ... by themselves
ἐμβολή here shock, clash
χαλκόστομος -ον with bronze beak
παίοντ᾽ = (ἐ)παίοντο
θραύω shatter, shiver
κωπήρης -ες of oars
στόλος here array
ἀφρασμόνως without sense
35 κύκλος -ου m circle
πέριξ all around
θείνω strike
ὑπτιόω overturn, upset
σκάφος -ους n hull
ἦν ἰδεῖν transl was able to be seen
ναυάγιον -ου n shipwreck
πλήθω be full of + gen
φόνος -ου m slaughter
βροτός -οῦ m mortal transl phrase
    dead men
ἀκτή -ῆς f shore

νεκρός -οῦ m dead body
χοιράδες -ων f pl reefs
πληθύω become full of + gen
ἀκόσμως in no order
ἐρέσσομαι be rowed
40 ὅσαιπερ lit as many (ships) as i.e. all
    the ships that ...
στράτευμα -ατος n armament, fleet
τοί they
ὥστε here as if (we were)
θύννος -ου m tunny-fish
ἰχθύς -ύος m fish
βόλος -ου m here catch
ἀγή -ῆς f fragment
κώπη -ης f oar
θραῦμα -ατος n piece
ἐρείπια -ων n pl wreckage
ῥαχίζω cut in two
οἰμωγή -ῆς f loud wailing
ὁμοῦ + dat together with
κώκυμα -ατος n shrieking
κατέχω here fill
πελάγιος -α -ον of the open sea
ἅλς, ἁλός m (salt) water
45 ἕως until
κελαινός -ή -όν black
ὄμμα -ατος n eye
ἀφείλετο aor mid ἀφαιρέω here
    transl hid the scene
ἦμαρ -ατος n day
στοιχηγορoίην opt στοιχηγορέω
    give a detailed account fut remote
    condition not even if I were to ...
ἐκπλήσαιμι aor opt ἐκπίμπλημι lit
    fill up here tell fully (obj κακῶν
    πλῆθος)
ἴσθι impv (2 sg) οἶδα
μηδάμ᾽ (= μηδαμά) lit in no way here
    never
τοσουτάριθμος -ον so large in number
θανεῖν aor inf θνήσκω die

Sophocles *Antigone*

Lines 441–525

Antigone confronts Creon

Sophocles (*c.* 496–406 BC), the second of the great Athenian tragedians, wrote some 130 plays, of which seven tragedies (and large fragments of one satyr play) survive. His first victory, over Aeschylus, was in 468; but *Antigone* (probably 441) is his first surviving play. He is said to have been elected *strategos* (general) on the strength of its success. Sophocles won many victories in the drama competitions, and was never placed lower than second.

Antigone brought before Creon by guards.

Though we have three plays by Sophocles on different parts of the story of Oedipus and his family (*Antigone, Oedipus the King* and *Oedipus at Colonus*) they are not a connected trilogy of the sort favoured by Aeschylus, but were written at different points in his career. *Antigone* deals with the last part of the story, but was written first.

Oedipus, after unwittingly marrying his mother Jocasta, had two sons – Eteocles and Polynices – and two daughters – Antigone and Ismene. After their father's death Eteocles and Polynices quarrelled over the kingdom of Thebes. Polynices raised an army from Argos and attacked his own city, Eteocles defending it. The two brothers died at each other's hand. Jocasta's brother Creon assumed power and forbade the burial of Polynices. Antigone at the beginning of the play resolves to defy his decree and performs funeral rites for her brother. As this passage opens, she has been caught and brought before Creon by a guard. Although Ismene has not taken part in Antigone's actions, Creon regards her as guilty too. The chorus is made up of old men of Thebes.

ΚΡΕΩΝ σὲ δή, σὲ τὴν νεύουσαν ἐς πέδον κάρα,
        φής, ἢ καταρνῇ μὴ δεδρακέναι τάδε;
ΑΝΤΙΓΟΝΗ καὶ φημὶ δρᾶσαι κοὐκ ἀπαρνοῦμαι τὸ μή.
(Creon addresses the guard)
ΚΡ   σὺ μὲν κομίζοις ἂν σεαυτὸν ᾗ θέλεις
        ἔξω βαρείας αἰτίας ἐλεύθερον·   5
(he then turns to Antigone)

σέ   understand e.g. καλῶ
δή   emph prec word
νεύω   bend, droop
πέδον -ου   n   ground
κάρα   n   nom/acc only head
φημί   here agree, say yes
καταρνέομαι μή + inf   deny
δεδρακέναι   pf inf δράω do
δρᾶσαι   aor inf δράω
κοὐκ = καὶ οὐκ (crasis)

ἀπαρνέομαι   deny
τὸ μή   here adds emph
σὺ μέν   addressed to guard
κομίζοις   opt κομίζω   take
   opt + ἂν   transl you can
ᾗ   here wherever
θέλω = ἐθέλω
5 ἔξω   here away
αἰτία -ας   f   charge, accusation

σὺ δ' εἰπέ μοι μὴ μῆκος, ἀλλὰ συντόμως,
ᾔδησθα κηρυχθέντα μὴ πράσσειν τάδε;
AN   ᾔδη· τί δ' οὐκ ἔμελλον; ἐμφανῆ γὰρ ἦν.
KP   καὶ δῆτ' ἐτόλμας τούσδ' ὑπερβαίνειν νόμους;
AN   οὐ γάρ τί μοι Ζεὺς ἦν ὁ κηρύξας τάδε,   10
 οὐδ' ἡ ξύνοικος τῶν κάτω θεῶν Δίκη
τοιούσδ' ἐν ἀνθρώποισιν ὥρισεν νόμους,
οὐδὲ σθένειν τοσοῦτον ᾠόμην τὰ σὰ
κηρύγμαθ', ὥστ' ἄγραπτα κἀσφαλῆ θεῶν
νόμιμα δύνασθαι θνητά γ' ὄνθ' ὑπερδραμεῖν.   15
οὐ γάρ τι νῦν γε κἀχθές, ἀλλ' ἀεί ποτε
ζῇ ταῦτα, κοὐδεὶς οἶδεν ἐξ ὅτου 'φάνη.
τούτων ἐγὼ οὐκ ἔμελλον, ἀνδρὸς οὐδενὸς
φρόνημα δείσασ', ἐν θεοῖσι τὴν δίκην
δώσειν· θανουμένη γὰρ ἐξῄδη, τί δ' οὔ;   20
κεἰ μὴ σὺ προὐκήρυξας. εἰ δὲ τοῦ χρόνου
πρόσθεν θανοῦμαι, κέρδος αὔτ' ἐγὼ λέγω.
ὅστις γὰρ ἐν πολλοῖσιν ὡς ἐγὼ κακοῖς
ζῇ, πῶς ὅδ' οὐχὶ κατθανὼν κέρδος φέρει;
οὕτως ἔμοιγε τοῦδε τοῦ μόρου τυχεῖν   25
παρ' οὐδὲν ἄλγος· ἀλλ' ἄν, εἰ τὸν ἐξ ἐμῆς
μητρὸς θανόντ' ἄθαπτον ὄντ' ἠνεσχόμην,
κείνοις ἂν ἤλγουν· τοῖσδε δ' οὐκ ἀλγύνομαι.
σοὶ δ' εἰ δοκῶ νῦν μῶρα δρῶσα τυγχάνειν,
σχεδόν τι μώρῳ μωρίαν ὀφλισκάνω.   30
ΧΟΡΟΣ   δῆλον· τὸ γέννημ' ὠμὸν ἐξ ὠμοῦ πατρὸς
τῆς παιδός. εἴκειν δ' οὐκ ἐπίσταται κακοῖς.
ΚΡ   ἀλλ' ἴσθι τοι τὰ σκλήρ' ἄγαν φρονήματα
πίπτειν μάλιστα, καὶ τὸν ἐγκρατέστατον

σὺ δέ   addressed to Antigone
μῆκος   at length
συντόμως   briefly
ᾔδησθα   plpf (impf sense)   οἶδα
κηρυχθέντα   aor pass pple   κηρύσσω
   proclaim
ἤδη   plpf (impf sense)   οἶδα
τί   here how?
μέλλω   be about to
ἐμφανής -ές   clear, public
δῆτα   then, in those circumstances
τολμάω   dare
ὑπερβαίνω   here go against, break
10 with γάρ   supply yes
τι   at all, in any way
κηρύξας   aor pple   κηρύσσω
ξύνοικος -ον   living with + gen
κάτω   down below
τοιόσδε -άδε -όνδε   such
ὥρισεν   aor   ὁρίζω   lay down
σθένω   have power
τοσοῦτον   so much, to such an extent
ᾠόμην   impf   οἴομαι   think, suppose
κήρυγμα -ατος   n   proclamation
ἄγραπτος -ον   unwritten
κἀσφαλῆ   =   καὶ ἀσφαλῆ   (crasis)
15 νόμιμα -ων   n pl   commandments
δύναμαι   be able
θνητός -ή -όν   mortal, of a mortal
γε   emph prec word
ὑπερδραμεῖν   aor inf   ὑπερτρέχω
   outrun, surpass
κἀχθές   =   καὶ ἐχθές   (crasis)
ἐχθές   yesterday
ζῇ [ζάω]   live
ἐξ ὅτου   transl how long ago
ἐφάνη   aor   φαίνομαι   appear
οὐδενός   reinforcing neg transl any
φρόνημα -ατος   n   thought, purpose
δείσασα   aor pple   δείδω   fear
20 δώσειν   fut inf   δίδωμι
   δίκην δίδωμι   pay the penalty
θανουμένη   fut pple   θνήσκω   die
ἐξῄδη   plpf (impf sense)   ἔξοιδα
   know well
τί δ' οὔ;   transl how (could I) not
   (know)?

κεἰ   =   καὶ εἰ   (crasis) even if
προὐκήρυξας   aor   προκηρύσσω
   proclaim publicly
πρόσθεν + gen   before, ahead of
κέρδος -ους   n   gain, profit
αὔτ'   =   αὐτό
κατθανών   aor pple   καταθνήσκω
   die
25 ἔμοιγε   to me at least
μόρος -ου   m   fate, death
τυχεῖν   aor inf   τυγχάνω   meet
   with + gen
παρ' οὐδέν   next to no
ἄλγος -ους   n   grief, pain
ἄν   line 26 anticipates for emph ἄν line
   28 transl if I had ... I would
   (unfulfilled condition)
ἐξ + gen   here transl born from
θανόντα   aor pple   θνήσκω
ἄθαπτος -ον   unburied
ἠνεσχόμην   aor   ἀνέχομαι   allow,
   tolerate
κεῖνος   =   ἐκεῖνος
ἀλγέω   suffer pain, grieve
ἀλγύνομαι   be distressed
δοκέω   seem
μωρός -ά -όν   foolish
τυγχάνω   here happen to + pple
30 σχεδόν τι   transl it may be that
μωρία -ας   f   foolishness
ὀφλισκάνω   incur a charge of X acc
   from Y dat
δῆλος -η -ον   clear
γέννημα -ατος   n   here nature,
   character
ὠμός -ή -όν   fierce, savage
εἴκω   yield
ἐπίσταμαι + inf   know how to
ἴσθι   impv   οἶδα   here + acc + inf for
   indirect statement
τοι   indeed
σκληρός -ά -όν   hard
ἄγαν   excessively
φρόνημα   here spirit, will
πίπτω   fall
ἐγκρατής -ές   strong

σίδηρον ὀπτὸν ἐκ πυρὸς περισκελῆ   35
θραυσθέντα καὶ ῥαγέντα πλεῖστ' ἂν εἰσίδοις.
σμικρῷ χαλινῷ δ' οἶδα τοὺς θυμουμένους
ἵππους καταρτυθέντας· οὐ γὰρ ἐκπέλει
φρονεῖν μέγ' ὅστις δοῦλός ἐστι τῶν πέλας.
αὕτη δ' ὑβρίζειν μὲν τότ' ἐξηπίστατο,   40
νόμους ὑπερβαίνουσα τοὺς προκειμένους·
ὕβρις δ', ἐπεὶ δέδρακεν, ἥδε δευτέρα,
τούτοις ἐπαυχεῖν καὶ δεδρακυῖαν γελᾶν.
ἦ νῦν ἐγὼ μὲν οὐκ ἀνήρ, αὕτη δ' ἀνήρ,
εἰ ταῦτ' ἀνατεὶ τῇδε κείσεται κράτη.   45
ἀλλ' εἴτ' ἀδελφῆς εἴθ' ὁμαιμονεστέρα
τοῦ παντὸς ἡμῖν Ζηνὸς ἑρκείου κυρεῖ,
αὐτή τε χἠ ξύναιμος οὐκ ἀλύξετον
μόρου κακίστου· καὶ γὰρ οὖν κείνην ἴσον
ἐπαιτιῶμαι τοῦδε βουλεῦσαι τάφου.   50
καί νιν καλεῖτ'· ἔσω γὰρ εἶδον ἀρτίως
λυσσῶσαν αὐτὴν οὐδ' ἐπήβολον φρενῶν.
φιλεῖ δ' ὁ θυμὸς πρόσθεν ᾑρῆσθαι κλοπεὺς
τῶν μηδὲν ὀρθῶς ἐν σκότῳ τεχνωμένων·
μισῶ γε μέντοι χὤταν ἐν κακοῖσί τις   55
ἁλοὺς ἔπειτα τοῦτο καλλύνειν θέλῃ.
AN   θέλεις τι μεῖζον ἢ κατακτεῖναί μ' ἑλών;

35 σίδηρος -ου m iron
ὀπτός -ή -όν baked, tempered
περισκελής -ές hard
θραυσθέντα aor pass pple θραύω
  shatter
ῥαγέντα aor pass pple ῥήγνυμι
  break
πλεῖστα most often
εἰσίδοις aor opt εἰσοράω see
σμικρός = μικρός
χαλινός -οῦ m bridle, bit
θυμόομαι be wild
καταρτυθέντας aor pass pple
  καταρτύω here discipline
ἐκπέλει it is allowed
μέγα φρονέω be arrogant
πέλας nearby
οἱ πέλας those around one here
  household
40 ὑβρίζω commit outrage
ἐξηπίστατο impf
  ἐξεπίσταμαι + infin know
  thoroughly how to
ὑπερβαίνω overstep
πρόκειμαι be set down
ὕβρις -εως f outrageous behaviour,
  insolence
δέδρακεν pf δράω
ἐπαυχέω boast of + dat
δεδρακυῖαν pf pple δράω
γελάω laugh
ἦ surely
45 ἀνατεί unpunished
κείσεται fut κεῖμαι here belong
κράτος -ους n here victory (pl for sg)
εἴτε ... εἴτε whether ... or
ἀδελφή -ῆς f sister gen here indicates
  child of
ὁμαιμονέστερος -α -ον more closely
  related
Ζηνός poet gen Ζεύς
ἑρκεῖος -ον of the courtyard (phrase
  implies whole family, all sharing in the
  household cult of Zeus)
κυρέω happen to be
χἠ = καὶ ἡ (crasis)
ξύναιμος -ου f sister

ἀλύξετον fut 3 dual ἀλύσκω avoid
  here + gen
μόρος -ου m fate, death
καὶ γὰρ οὖν transl for indeed
κείνην ref to Ismene
ἴσος -η -ον equal
50 ἐπαιτιάομαι accuse
βουλεῦσαι aor inf βουλεύω here
  plot
τάφος -ου m burial
  transl phrase I accuse her of having
  had an equal share in plotting
νιν her
καλέω call
ἔσω inside
ἀρτίως just now
λυσσάω be raging mad
ἐπήβολος -ον here in control of + gen
φρήν, φρενός f mind here pl for sg
φιλεῖ + inf X usually happens (lit likes
  to happen)
θυμός -οῦ m heart, mind
πρόσθεν beforehand, in advance
ᾑρῆσθαι pf pass inf αἱρέω
κλοπεύς -έως m lit thief hence one
  who acts in secret
  transl phrase the heart tends to have
  been caught out first as the secret
  criminal (i.e. guilty manner gives
  culprits away)
τῶν ... possessive with θυμός of those
  who ... or gen abs when (people)
  are ...
ὀρθῶς rightly
σκότος -ου m darkness
τεχνάομαι contrive
55 μισέω hate
γε μέντοι and yet
χὤταν = καὶ ὅταν (crasis)
ὅταν + subj when
ἁλούς aor pple ἁλίσκομαι be
  caught
καλλύνω lit beautify here dress
  (something) up to look good
κατακτεῖναι aor inf κατακτείνω kill
ἑλών aor pple αἱρέω

KP ἐγὼ μὲν οὐδέν· τοῦτ᾽ ἔχων ἄπαντ᾽ ἔχω.

AN τί δῆτα μέλλεις; ὡς ἐμοὶ τῶν σῶν λόγων
ἀρεστὸν οὐδέν, μηδ᾽ ἀρεσθείη ποτέ,   60
οὕτω δὲ καὶ σοὶ τἄμ᾽ ἀφανδάνοντ᾽ ἔφυ.
καίτοι πόθεν κλέος γ᾽ ἂν εὐκλεέστερον
κατέσχον ἢ τὸν αὐτάδελφον ἐν τάφῳ
τιθεῖσα; τούτοις τοῦτο πᾶσιν ἁνδάνειν
λέγοιμ᾽ ἄν, εἰ μὴ γλῶσσαν ἐγκλῄοι φόβος.   65
ἀλλ᾽ ἡ τυραννὶς πολλά τ᾽ ἄλλ᾽ εὐδαιμονεῖ
κἄξεστιν αὐτῇ δρᾶν λέγειν θ᾽ ἃ βούλεται.

KP σὺ τοῦτο μούνη τῶνδε Καδμείων ὁρᾷς.

AN ὁρῶσι χοὗτοι, σοὶ δ᾽ ὑπίλλουσιν στόμα.

KP σὺ δ᾽ οὐκ ἐπαιδῇ, τῶνδε χωρὶς εἰ φρονεῖς;   70

AN οὐδὲν γὰρ αἰσχρὸν τοὺς ὁμοσπλάγχνους σέβειν.

KP οὔκουν ὅμαιμος χὠ καταντίον θανών;

AN ὅμαιμος ἐκ μιᾶς τε καὶ ταὐτοῦ πατρός.

KP πῶς δῆτ᾽ ἐκείνῳ δυσσεβῆ τιμᾷς χάριν;

AN οὐ μαρτυρήσει ταῦθ᾽ ὁ κατθανὼν νέκυς.   75

KP εἴ τοί σφε τιμᾷς ἐξ ἴσου τῷ δυσσεβεῖ.

AN οὐ γάρ τι δοῦλος, ἀλλ᾽ ἀδελφὸς ὤλετο.

KP πορθῶν δὲ τήνδε γῆν· ὁ δ᾽ ἀντιστὰς ὕπερ.

AN ὅμως ὅ γ᾽ Ἅιδης τοὺς νόμους τούτους ποθεῖ.

KP ἀλλ᾽ οὐχ ὁ χρηστὸς τῷ κακῷ λαχεῖν ἴσος.   80

AN τίς οἶδεν εἰ κάτω 'στιν εὐαγῆ τάδε;

KP οὔτοι ποθ᾽ οὑχθρός, οὐδ᾽ ὅταν θάνῃ, φίλος.

AN οὔτοι συνέχθειν, ἀλλὰ συμφιλεῖν ἔφυν.

KP κάτω νυν ἐλθοῦσ᾽, εἰ φιλητέον, φίλει
κείνους· ἐμοῦ δὲ ζῶντος οὐκ ἄρξει γυνή.   85

Ismene is now brought in, and tries in vain to claim a share in Antigone's guilt. Creon's son Haemon, who is engaged to Antigone, pleads for her in vain. The seer Teiresias threatens that Creon's defiance of divine law will have terrible consequences. Too late, Creon discovers that Antigone has hanged herself. Haemon lunges at Creon with his sword, but misses, then kills himself. Finally it emerges that Creon's wife Eurydice has taken her own life.

ἅπαντα = πάντα *(emph)*
μέλλω *here* wait, delay
60 ἀρεστός -ή -όν pleasing
ἀρεσθείη *aor pass opt* ἀρέσκω
  make pleasing, *pass* be pleasing
τἄμ' = τὰ ἐμά *(crasis) here* my
  views, my words
ἀφανδάνω be displeasing
ἔφυ *aor (pres sense)* φύω *(intr and*
  mid) be by nature
καίτοι and yet
κλέος *n nom/acc only* fame, glory
εὐκλεής -ές glorious
κατέσχον *aor* κατέχω possess, win
  with ἄν *here transl* could I have won
  ...?
αὐτάδελφος -ον (related as) one's own
  brother
τάφος *here* tomb
τούτοις *ref to the chorus and other*
  bystanders
ἀνδάνω be pleasing (to + *dat*)
65 γλῶσσα -ης *f* tongue
ἐγκλῄοι *opt* ἐγκλείω *here* seal
τυραννίς -ίδος *f* absolute power, one-
  man rule
εὐδαιμονέω be well off
κἄξεστιν = καὶ ἔξεστιν *(crasis)*
μούνη = μόνη alone, only
Καδμεῖοι -ων *m pl lit* people of
  Cadmus *(founder of Thebes) hence*
  Thebans
χοὖτοι = καὶ οὖτοι *(crasis)*
ὑπίλλω check, restrain
στόμα -ατος *n* mouth
70 ἐπαιδέομαι be ashamed
χωρίς + *gen* apart from, differently
  from
φρονέω think
ὁμόσπλαγχνος -ον from the same
  womb
σέβω honour

οὔκουν therefore ... not
ὅμαιμος -ον of the same blood
χὤ = καὶ ὁ *(crasis)*
καταντίον *here* on the other side *(ref*
  to Eteocles)
δυσσεβής -ές impious
τιμᾶς χάριν *transl* you pay honour
75 μαρτυρέω bear witness to
κατθανών *aor pple* καταθνῄσκω
νέκυς -υος *m* corpse, dead man
εἴ τοι *here* (yes he will) if indeed ...
σφε him
ἐξ ἴσου on equal terms *(here implying*
  and no more)
ἀδελφός -οῦ *m* brother
ὤλετο *aor mid* ὄλλυμι *in mid*
  perish
πορθέω *here* besiege
ὁ δέ *here* the other *(i.e. Eteocles)*
ἀντιστάς *aor pple (intr)* ἀνθίστημι
  here rise in defence
ὕπερ understand τῆσδε γῆς
ὅμως nonetheless
Ἀίδης -ου *m* Hades *(god of the*
  underworld)
νόμος *here* rite
ποθέω desire
80 χρηστός -ή -όν good
λαχεῖν *aor inf* λαγχάνω receive
  here understand burial rites *as obj*
ἴσος -η -ον *lit* equal (to) *here* with an
  equal claim (with) + *dat*
κάτω down below *(in the underworld)*
εὐαγής -ές blameless, pure, proper
οὔτοι indeed not
οὐχθρός = ὁ ἐχθρός *(crasis)*
θάνῃ *aor subj* θνῄσκω
συνέχθω join in hating
συμφιλέω join in loving
ἔφυν *aor* φύω *transl* it is my nature
φιλητέον it is necessary to love
85 ἄρξει *fut* ἄρχω rule over + *gen*

SECTION 6

Euripides *Alcestis*

Lines 280–392

Alcestis' farewell to Admetus

Euripides (c. 485–406 BC) was the youngest of the three great Athenian tragedians. He is said to have written ninety-two plays; eighteen survive, along with fragments of others. Regarded by contemporaries as a controversial figure – innovative, and the associate of avant-garde philosophers – he was less successful in the drama competitions than Sophocles, and was the constant butt of jokes in comedy. But his percep-

Alcestis' farewell.

tive portrayal of women, his presentation of unconventional views, and his sympathetic treatment of humble characters have made him particularly appealing to modern audiences and readers.

Alcestis (438 BC) is his first surviving play. It is not in the strict sense a tragedy, for it was produced in place of a satyr play (the semicomic treatment of a myth which playwrights usually entered in the competition along with a set of three tragedies).

The god Apollo had been condemned by Zeus to serve as the slave of Admetus for one year. Because Admetus had treated him well, Apollo promised that, when the time came for him to die, he could escape death if he could find someone willing to die in his place. However, when the time came, Admetus could find no one who was willing to die for him except his wife Alcestis. Even his parents refused to make such a sacrifice. When the play opens Alcestis is close to death. Her children are at her bedside and the chorus of citizens of Thessaly are watching.

ΑΛΚΗΣΤΙΣ Ἄδμηθ᾽, ὁρᾷς γὰρ τἀμὰ πράγμαθ᾽ ὡς ἔχει,
λέξαι θέλω σοι πρὶν θανεῖν ἃ βούλομαι.
ἐγώ σε πρεσβεύουσα κἀντὶ τῆς ἐμῆς
ψυχῆς καταστήσασα φῶς τόδ᾽ εἰσορᾶν
θνῄσκω, παρόν μοι μὴ θανεῖν, ὑπὲρ σέθεν,   5
ἀλλ᾽ ἄνδρα τε σχεῖν Θεσσαλῶν ὃν ἤθελον

Ἄδμητος -ου m Admetus
  (Ἄδμηθ᾽ = Ἄδμητε)
τἀμά = τὰ ἐμά (*crasis*)
πρᾶγμα -ατος n affair, circumstance
  τἀμὰ πράγμαθ᾽ ὡς ἔχει *lit* my
  circumstances how they are *transl*
  the state I am in (ἔχω + *adv* be)
θέλω = ἐθέλω
πρίν + *inf* before
θανεῖν aor *inf* θνῄσκω die
πρεσβεύω honour, respect, put first
κἀντί = καὶ ἀντί (*crasis*) and
  instead of

ψυχή -ῆς f *here* life
καταστήσασα aor pple καθίστημι
  arrange *here* + *acc* + *inf transl* having
  arranged for you ...
φῶς, φωτός n light
εἰσοράω see, look at
5 παρόν acc abs πάρεστι it being
  possible
σέθεν = σοῦ
σχεῖν aor *inf* ἔχω
Θεσσαλός -οῦ m Thessalian

καὶ δῶμα ναίειν ὄλβιον τυραννίδι.
οὐκ ἠθέλησα ζῆν ἀποσπασθεῖσά σου
σὺν παισὶν ὀρφανοῖσιν, οὐδ' ἐφεισάμην
ἥβης, ἔχουσ' ἐν οἷς ἐτερπόμην ἐγώ.   10
καίτοι σ' ὁ φύσας χἠ τεκοῦσα προύδοσαν,
καλῶς μὲν αὐτοῖς κατθανεῖν ἧκον βίου,
καλῶς δὲ σῶσαι παῖδα κεὐκλεῶς θανεῖν.
μόνος γὰρ αὐτοῖς ἦσθα, κοὔτις ἐλπὶς ἦν
σοῦ κατθανόντος ἄλλα φιτύσειν τέκνα.   15
κἀγώ τ' ἂν ἔζων καὶ σὺ τὸν λοιπὸν χρόνον,
κοὐκ ἂν μονωθεὶς σῆς δάμαρτος ἔστενες
καὶ παῖδας ὠρφάνευες. ἀλλὰ ταῦτα μὲν
θεῶν τις ἐξέπραξεν ὥσθ' οὕτως ἔχειν.
εἶέν· σύ νύν μοι τῶνδ' ἀπόμνησαι χάριν·   20
αἰτήσομαι γάρ σ' ἀξίαν μὲν οὔποτε
(ψυχῆς γὰρ οὐδέν ἐστι τιμιώτερον),
δίκαια δ', ὡς φήσεις σύ· τούσδε γὰρ φιλεῖς
οὐχ ἧσσον ἢ 'γὼ παῖδας, εἴπερ εὖ φρονεῖς·
τούτους ἀνάσχου δεσπότας ἐμῶν δόμων,   25
καὶ μὴ 'πιγήμῃς τοῖσδε μητρυιὰν τέκνοις,
ἥτις κακίων οὖσ' ἐμοῦ γυνὴ φθόνῳ
τοῖς σοῖσι κἀμοῖς παισὶ χεῖρα προσβαλεῖ.
μὴ δῆτα δράσῃς ταῦτά γ', αἰτοῦμαί σ' ἐγώ.
ἐχθρὰ γὰρ ἡ 'πιοῦσα μητρυιὰ τέκνοις   30
τοῖς πρόσθ', ἐχίδνης οὐδὲν ἠπιωτέρα.
καὶ παῖς μὲν ἄρσην πατέρ' ἔχει πύργον μέγαν·
(Alcestis turns to her daughter)
σὺ δ', ὦ τέκνον μοι, πῶς κορευθήσῃ καλῶς;
ποίας τυχοῦσα συζύγου τῷ σῷ πατρί;
μή σοί τιν' αἰσχρὰν προσβαλοῦσα κληδόνα   35
ἥβης ἐν ἀκμῇ σοὺς διαφθείρῃ γάμους.
οὐ γάρ σε μήτηρ οὔτε νυμφεύσει ποτὲ

δῶμα -ατος *n* house, palace
ναίω dwell in
ὄλβιος -α -ον wealthy
τυραννίς -ίδος *f* royal power
ζῆν *inf* [ζάω] live
ἀποσπασθεῖσα *aor pass pple*
　ἀποσπάω separate from + *gen*
ὀρφανός -ή -όν orphaned, fatherless
ἐφεισάμην *aor* φείδομαι + *gen lit*
　spare *here* grudge
10 ἥβη -ης *f* youth *transl phrase* nor did
　I grudge my youth
τέρπομαι enjoy *(lit* take pleasure*)*
　here + ἐν + *dat*
καίτοι yet
φύω father, beget
χἠ = καὶ ἡ *(crasis)*
τεκοῦσα *aor pple* τίκτω *here* give
　birth *transl phrase* your father and
　mother
προύδοσαν *aor* προδίδωμι betray
κατθανεῖν *aor inf* καταθνήσκω die
ἥκω have come *impsnl acc abs here lit*
　it having come (to the point) of life for
　them to …
σῶσαι *aor inf* σῴζω save
κεὐκλεῶς = καὶ εὐκλεῶς *(crasis)*
εὐκλεῶς nobly
μόνος -η -ον only
κοὔτις = καὶ οὔτις and no …
ἐλπίς -ίδος *f* hope
15 κατθανόντος *aor pple* καταθνήσκω
φιτύω have, produce, beget
τέκνον -ου *n* child
κἀγώ = καὶ ἐγώ *(crasis)*
ἂν ἔζων *transl* I would be living
　*(*ἄν + *impf indic: pres unfulfilled*
　condition)
λοιπός -ή -όν remaining
μονωθείς *aor pass pple* μονόω
　forsake, leave solitary *pass* + *gen* (left)
　by …
δάμαρ -αρτος *f* wife
στένω grieve, mourn
ὀρφανεύω rear (as) orphans
ἐξέπραξεν *aor* ἐκπράσσω bring
　about

20 εἶέν well then, so be it
ἀπόμνησαι *aor impv*
　ἀπομιμνήσκομαι remember
χάρις -ιτος *acc* -ιν *f* gratitude *(here*
　your debt of …*)*
ἄξιος -α -ον worthy *here* of equal
　value
οὔποτε never
τίμιος -α -ον valuable
δίκαια *acc n pl with* αἰτήσομαι
ἧσσον less
εἴπερ if indeed
φρονέω *lit* think *transl phrase* you are
　in your right mind
25 ἀνάσχου *aor impv* ἀνέχομαι
　support, maintain
δεσπότης -ου *m* master
δόμος -ου *m* house *here pl for sg*
ἐπιγήμῃς *aor subj* ἐπιγαμέω marry
　μή + *aor subj (prohibition)* don't …
μητρυιά -ᾶς *f* stepmother
φθόνος -ου *m* envy
προσβάλλω apply, lay (a hand)
　on + *dat phrase here implies* rule, take
　control of
δῆτα certainly
δράσῃς *aor subj* δράω do
γε at least, at any rate *emph prec word*
30 ἔπειμι come in
πρόσθε before, of former time
ἔχιδνα -ης *f* viper
ἤπιος -α -ον gentle
ἄρσην *gen* -ενος male
πύργος -ου *m* tower, bulwark
μοι *ethic dat transl* my
κορευθήσῃ *fut* κορεύομαι grow to
　young womanhood
τυχοῦσα *aor pple* τυγχάνω meet
　with, get + *gen*
σύζυγος -ου *f* wife
35 μή + *subj understand* I fear (she may
　…)
κληδών -όνος *f* rumour, reputation
ἀκμή -ῆς *f* bloom, prime
διαφθείρω destroy, spoil
γάμος -ου *m* marriage *here pl for sg*
νυμφεύω give (a daughter) in marriage

οὔτ' ἐν τόκοισι σοῖσι θαρσυνεῖ, τέκνον,
παροῦσ', ἵν' οὐδὲν μητρὸς εὐμενέστερον.
δεῖ γὰρ θανεῖν με· καὶ τόδ' οὐκ ἐς αὔριον   40
οὐδ' ἐς τρίτην μοι μηνὸς ἔρχεται κακόν,
ἀλλ' αὐτίκ' ἐν τοῖς οὐκέτ' οὖσι λέξομαι.
χαίροντες εὐφραίνοισθε· καὶ σοὶ μέν, πόσι,
γυναῖκ' ἀρίστην ἔστι κομπάσαι λαβεῖν,
ὑμῖν δέ, παῖδες, μητρὸς ἐκπεφυκέναι.   45
ΧΟΡΟΣ   θάρσει· πρὸ τούτου γὰρ λέγειν οὐχ ἅζομαι·
δράσει τάδ', εἴπερ μὴ φρενῶν ἁμαρτάνει.
ΑΔΜΗΤΟΣ   ἔσται τάδ', ἔσται, μὴ τρέσῃς· ἐπεί σ' ἐγὼ
καὶ ζῶσαν εἶχον, καὶ θανοῦσ' ἐμὴ γυνὴ
μόνη κεκλήσῃ, κοὔτις ἀντὶ σοῦ ποτε   50
τόνδ' ἄνδρα νύμφη Θεσσαλὶς προσφθέγξεται.
οὐκ ἔστιν οὕτως οὔτε πατρὸς εὐγενοῦς
οὔτ' εἶδος ἄλλως ἐκπρεπεστάτη γυνή.
ἅλις δὲ παίδων· τῶνδ' ὄνησιν εὔχομαι
θεοῖς γενέσθαι· σοῦ γὰρ οὐκ ὠνήμεθα.   55
οἴσω δὲ πένθος οὐκ ἐτήσιον τὸ σόν,
ἀλλ' ἔστ' ἂν αἰὼν οὑμὸς ἀντέχῃ, γύναι,
στυγῶν μὲν ἥ μ' ἔτικτεν, ἐχθαίρων δ' ἐμὸν
πατέρα· λόγῳ γὰρ ἦσαν οὐκ ἔργῳ φίλοι.
σὺ δ' ἀντιδοῦσα τῆς ἐμῆς τὰ φίλτατα   60
ψυχῆς ἔσωσας. ἆρά μοι στένειν πάρα
τοιᾶσδ' ἁμαρτάνοντι συζύγου σέθεν;
παύσω δὲ κώμους συμποτῶν θ' ὁμιλίας
στεφάνους τε μοῦσάν θ' ἣ κατεῖχ' ἐμοὺς δόμους.
οὐ γάρ ποτ' οὔτ' ἂν βαρβίτου θίγοιμ' ἔτι   65
οὔτ' ἂν φρέν' ἐξάραιμι πρὸς Λίβυν λακεῖν
αὐλόν· σὺ γάρ μου τέρψιν ἐξείλου βίου.
σοφῇ δὲ χειρὶ τεκτόνων δέμας τὸ σὸν
εἰκασθὲν ἐν λέκτροισιν ἐκταθήσεται,
ᾧ προσπεσοῦμαι καὶ περιπτύσσων χέρας   70

τόκος -ου   m   childbirth
θαρσυνεῖ   fut   θαρσύνω   encourage
ἵνα + indic   where
εὐμενής -ές   kindly, welcome
40 αὔριον   tomorrow
ἐς τρίτην   supply ἡμέραν
μήν, μηνός   m   month (ref unclear,
   and text perhaps corrupt; possibly a
   metaphor from the two days' grace
   allowed after debts due on the first of
   the month)
αὐτίκα   straightaway
οὐκέτι   no longer
   ἐν τοῖς οὐκέτ' οὖσι   lit among those
   no longer existing i.e. among the
   dead
λέξομαι   fut mid (pass sense)   λέγω
   transl shall be reckoned
χαίρω   be glad, fare well
εὐφραίνομαι   rejoice   opt expresses
   wish
πόσις -ιος   m   husband
ἔστι = ἔξεστι   it is possible
κομπάσαι   aor inf   κομπάζω   boast
45 μητρός   understand ἀρίστης
ἐκπεφυκέναι   pf inf (intr)   ἐκφύω
   transl to have been born from + gen
θαρσέω   take courage
πρό + gen   for, on behalf of
ἄζομαι   be afraid
φρήν, φρενός   f   mind pl (right) senses
ἁμαρτάνω   lose + gen
τρέσῃς   aor subj   τρέω fear
50 κεκλήσῃ   fut pf pass   καλέω   call
ἄνδρα   transl as husband
νύμφη -ης   f   bride
Θεσσαλίς -ίδος   f adj   Thessalian
προσφθέγξεται   fut   προσφθέγγομαι
   address
οὕτως   with εὐγενοῦς and
   ἐπρεπεστάτῃ   (understand ... that I
   would marry her)
εὐγενής -ές   noble
εἶδος -ους   n   form, beauty here acc of
   respect
ἄλλως   here either, besides
ἐκπρεπής -ές   outstanding

ἅλις   enough   understand ἔστι μοι
ὄνησις -εως   f   benefit
εὔχομαι   pray
55 ὠνήμεθα   aor mid   ὀνίνημι   benefit
   mid have the benefit (of + gen) here pl
   for sg
οἴσω   fut   φέρω   carry
πένθος -ους   n   grief
ἐτήσιος -ον   lasting a year
ἔστε   as long as
αἰών -ῶνος   m   life
ἀντέχω   last, endure
στυγέω   hate
ἐχθαίρω   loathe
60 ἀντιδοῦσα   aor pple   ἀντιδίδωμι
   give X acc in exchange for Y gen
πάρα = πάρεστι   it is allowed
τοιόσδε -άδε -όνδε   such
σέθεν = σοῦ transl in you
κῶμος -ου   m   revel, merrymaking
συμπότης -ου   m   drinking
   companion
ὁμιλία -ας   f   gathering
στέφανος -ου   m   garland
μοῦσα -ης   f   here music, song
κατέχω   here fill, occupy
65 βάρβιτος -ου   m   lyre
θίγοιμι   aor opt   θιγγάνω
   touch + gen
φρήν, φρενός   f   mind, heart, spirit
ἐξάραιμι   aor opt   ἐξαίρω   raise
πρός + acc here to the accompaniment of
Λίβυς   gen -υος   Libyan
λακεῖν   aor inf   λάσκω   here sing
αὐλός -οῦ   m   flute
τέρψις -εως   f   enjoyment
ἐξείλου   aor   ἐξαιρέομαι   take away
τέκτων -ονος   m   craftsman
δέμας   n nom/acc only   body
εἰκασθέν   aor pass pple   εἰκάζω
   represent, make like
λέκτρον -ου   n   bed here pl for sg
ἐκταθήσεται   fut pass   ἐκτείνω
   stretch out
70 προσπεσοῦμαι   fut   προσπίπτω   fall
   upon, embrace + dat
περιπτύσσω   fold ... round

ὄνομα καλῶν σὸν τὴν φίλην ἐν ἀγκάλαις
δόξω γυναῖκα καίπερ οὐκ ἔχων ἔχειν·
ψυχρὰν μέν, οἶμαι, τέρψιν, ἀλλ' ὅμως βάρος
ψυχῆς ἀπαντλοίην ἄν. ἐν δ' ὀνείρασι
φοιτῶσά μ' εὐφραίνοις ἄν· ἡδὺ γὰρ φίλους   75
κἂν νυκτὶ λεύσσειν, ὅντιν' ἂν παρῇ χρόνον.
εἰ δ' Ὀρφέως μοι γλῶσσα καὶ μέλος παρῆν,
ὥστ' ἢ κόρην Δήμητρος ἢ κείνης πόσιν
ὕμνοισι κηλήσαντά σ' ἐξ Ἅιδου λαβεῖν,
κατῆλθον ἄν, καί μ' οὔθ' ὁ Πλούτωνος κύων   80
οὔθ' οὑπὶ κώπῃ ψυχοπομπὸς ἂν Χάρων
ἔσχ' ἄν, πρὶν ἐς φῶς σὸν καταστῆσαι βίον.
ἀλλ' οὖν ἐκεῖσε προσδόκα μ', ὅταν θάνω,
καὶ δῶμ' ἑτοίμαζ', ὡς συνοικήσουσά μοι.
ἐν ταῖσιν αὐταῖς γάρ μ' ἐπισκήψω κέδροις   85
σοὶ τούσδε θεῖναι πλευρά τ' ἐκτεῖναι πέλας
πλευροῖσι τοῖς σοῖς· μηδὲ γὰρ θανών ποτε
σοῦ χωρὶς εἴην τῆς μόνης πιστῆς ἐμοί.
XO   καὶ μὴν ἐγώ σοι πένθος ὡς φίλος φίλῳ
λυπρὸν συνοίσω τῆσδε· καὶ γὰρ ἀξία.   90
ΑΛΚ   ὦ παῖδες, αὐτοὶ δὴ τάδ' εἰσηκούσατε
πατρὸς λέγοντος μὴ γαμεῖν ἄλλην ποτὲ
γυναῖκ' ἐφ' ὑμῖν μηδ' ἀτιμάσειν ἐμέ.
ΑΔΜ   καὶ νῦν γέ φημι, καὶ τελευτήσω τάδε.
ΑΛΚ   ἐπὶ τοῖσδε παῖδας χειρὸς ἐξ ἐμῆς δέχου.   95
ΑΔΜ   δέχομαι, φίλον γε δῶρον ἐκ φίλης χερός.
ΑΛΚ   σὺ νῦν γενοῦ τοῖσδ' ἀντ' ἐμοῦ μήτηρ τέκνοις.
ΑΔΜ   πολλή μ' ἀνάγκη, σοῦ γ' ἀπεστερημένοις.
ΑΛΚ   ὦ τέκν', ὅτε ζῆν χρῆν μ', ἀπέρχομαι κάτω.
ΑΔΜ   οἴμοι, τί δράσω δῆτα σοῦ μονούμενος;   100
ΑΛΚ   χρόνος μαλάξει σ'· οὐδέν ἐσθ' ὁ κατθανών.
ΑΔΜ   ἄγου με σὺν σοί, πρὸς θεῶν, ἄγου κάτω.
ΑΛΚ   ἀρκοῦμεν ἡμεῖς οἱ προθνήσκοντες σέθεν.
ΑΔΜ   ὦ δαῖμον, οἵας συζύγου μ' ἀποστερεῖς.

ἀγκάλαι -ῶν f pl arms
δόξω fut δοκέω here imagine
ψυχρός -ά -όν cold
οἶμαι think
ὅμως still, even so
βάρος -ους n heaviness, weight
ψυχή here heart
ἀπαντλοίην opt ἀπαντλέω lighten
ὀνείρατα -ων n pl dreams
75 φοιτάω come often, visit
εὐφραίνω cheer, bring joy to
κἄν = καὶ ἐν (crasis)
λεύσσω see
παρῇ subj πάρεστι it is possible
    transl phrase for as much time as it
    may be ...
Ὀρφεύς -έως m Orpheus (mythical
    pre-Homeric Thracian bard)
γλῶσσα -ης f tongue, voice
μέλος -ους n song, music
κόρη -ης f here daughter
Δημήτηρ -τρος f Demeter (goddess
    of agriculture; her daughter Persephone
    was carried off by Pluto to the
    underworld)
ὕμνος -ου m song
κηλέω charm, enchant
Ἅιδης -ου m Hades transl phrase
    from (understand the house) of Hades
80 κατῆλθον aor κατέρχομαι go down
    κατῆλθον ἄν ... οὔθ' ... οὔθ' ... ἄν
    ... ἔσχ' ἄν I would have gone
    down ... neither X nor Y would have
    prevented (unfulfilled condition)
Πλούτων -ωνος m Pluto (ruler of the
    underworld)
κύων, κυνός m dog, hound (i.e.
    Cerberus, the three-headed watch-dog
    of the underworld)
οὑπί = ὁ ἐπί (crasis)
κώπη -ης f oar
ψυχοπομπός -οῦ m ferryman of
    souls
Χάρων -ωνος m Charon
ἔσχ' (= ἔσχε) aor ἔχω here
    prevent, hinder

φῶς, φωτός n light
καταστῆσαι aor inf καθίστημι
    here bring
ἐκεῖσε to that place, (to) there
προσδοκάω expect transl phrase expect
    me to come there
ὅταν when indef + subj
ἑτοιμάζω make ready, prepare
συνοικέω live with + dat
85 ἐπισκήπτω command
κέδρος -ου f cedar coffin here pl for sg
θεῖναι aor inf τίθημι
πλευρόν -οῦ n lit rib pl here limbs,
    body
πέλας + dat near
χωρίς + gen apart from
πιστός -ή -όν faithful
μήν indeed, surely
90 λυπρός -ά -όν painful
συνοίσω fut συμφέρω help to bear
δή indeed emph prec word
εἰσακούω hear (someone gen)
μή used here because λέγοντος implies
    swear ...
γαμεῖν fut inf γαμέω marry
ἐφ' = ἐπί + dat here in charge of
ἀτιμάσειν fut inf ἀτιμάζω
    dishonour
τελευτάω lit end, finish here fulfil
95 ἐπὶ τοῖσδε on these terms
ἀνάγκη -ης f necessity
ἀπεστερημένοις pf pass pple
    ἀποστερέω deprive
ὅτε when
κάτω (down) below here to the
    underworld
100 οἴμοι alas!
τί ... δῆτα; what, then?
μαλάξει fut μαλάσσω lit soften
    here relieve, heal
πρός + gen by, in the name of
ἀρκέω be sufficient here pl for sg
προθνῄσκω die for
δαίμων -ονος m/f god here perhaps
    fate or referring to Hades
οἷος, οἵα, οἷον what a ...!

ΑΛΚ   καὶ μὴν σκοτεινὸν ὄμμα μου βαρύνεται.   105
ΑΔΜ   ἀπωλόμην ἄρ᾽, εἴ με δὴ λείψεις, γύναι.
ΑΛΚ   ὡς οὐκέτ᾽ οὖσαν οὐδὲν ἂν λέγοις ἐμέ.
ΑΔΜ   ὄρθου πρόσωπον, μὴ λίπῃς παῖδας σέθεν.
ΑΛΚ   οὐ δῆθ᾽ ἑκοῦσά γ᾽, ἀλλὰ χαίρετ᾽, ὦ τέκνα.
ΑΔΜ   βλέψον πρὸς αὐτοὺς βλέψον.
ΑΛΚ   οὐδέν εἰμ᾽ ἔτι.   110
ΑΔΜ   τί δρᾷς; προλείπεις;
ΑΛΚ   χαῖρ᾽
ΑΔΜ   ἀπωλόμην τάλας.
ΧΟ   βέβηκεν, οὐκέτ᾽ ἔστιν Ἀδμήτου γυνή.

Despite the mood here, the play has a happy ending. Heracles, on his way
to one of his twelve labours, arrives at the house of Admetus shortly after
Alcestis has gone to her death. He is welcomed in accordance with the
laws of hospitality, Admetus concealing the fact that the house is in
mourning. When Heracles learns the truth he goes to fight Death, wins
Alcestis back, and restores her to her husband.

105 σκοτεινός -ή -όν dark
ὄμμα -ατος n eye
βαρύνω lit weigh down pass here grow
    dim
ἀπωλόμην aor mid ἀπόλλυμι in
    mid be lost, be destroyed
ἄρα then
οὐδέν here redundant neg
ὡς οὐκέτ᾽ οὖσαν οὐδὲν ἂν λέγοις ἐμέ

transl you could already speak of me as
    dead (cf line 42)
ὀρθόω lift up, raise
πρόσωπον -ου n face here head
λίπῃς aor subj λείπω
110 βλέψον aor impv βλέπω look
προλείπω forsake, leave
τάλας -αινα -αν wretched, miserable
βέβηκε pf βαίνω

Thucydides *History of the Peloponnesian War*

Book 3 chapters 36.2–37.2, 40.7–42.1, 47–49

The revolt of Mytilene

Thucydides (*c.* 455–*c.* 399 BC), the most famous historian of the ancient world, is the author of the incomplete *History of the Peloponnesian War*. The war, between his city of Athens and Sparta, and their respective subjects or allies, lasted from 431 to 404 BC; his account breaks off in 411. Thucydides served as a general in the war, but after failing to save Athens' valuable colony of Amphipolis from falling into enemy hands

The replica trireme, *Olympias*, on the Thames celebrating the 2500th anniversary of the foundation of Athenian democracy in 508–7 BC.

in 424 he was exiled; his subsequent travels enabled him to interview participants on both sides. As a historian, he aimed at accuracy and impartiality, and it is generally felt that he attained them to an impressive degree. The many speeches which he includes are written in his own words, but he claims that they convey the general gist of what was actually said.

In 428 BC, the city of Mytilene on the island of Lesbos revolted from the Athenian empire. Since Mytilene was a long-standing and privileged member of that empire, the Athenians were shaken and angry, especially now that they were engaged in a life and death struggle against Sparta (the Peloponnesian War). The Athenians subjected Mytilene to a long blockade and succeeded in capturing it in the following year. Paches, their general, sent the ring-leaders of the revolt to Athens.

Thucydides uses ξυμ/ν for συμ/ν

περὶ δὲ τῶν ἀνδρῶν γνώμας ἐποιοῦντο, καὶ ὑπὸ ὀργῆς ἔδοξεν
αὐτοῖς οὐ τοὺς παρόντας μόνον ἀποκτεῖναι, ἀλλὰ καὶ τοὺς
ἅπαντας Μυτιληναίους ὅσοι ἡβῶσι, παῖδας δὲ καὶ γυναῖκας ἀν-
δραποδίσαι, ἐπικαλοῦντες τήν τε ἄλλην ἀπόστασιν ὅτι οὐκ ἀρ-
χόμενοι ὥσπερ οἱ ἄλλοι ἐποιήσαντο, καὶ προσξυνελάβοντο οὐκ   5
ἐλάχιστον τῆς ὁρμῆς αἱ Πελοποννησίων νῆες ἐς Ἰωνίαν ἐκείνοις
βοηθοὶ τολμήσασαι παρακινδυνεῦσαι· οὐ γὰρ ἀπὸ βραχείας δι-
ανοίας ἐδόκουν τὴν ἀπόστασιν ποιήσασθαι. πέμπουσιν οὖν
τριήρη ὡς Πάχητα ἄγγελον τῶν δεδογμένων, κατὰ τάχος κε-
λεύοντες διαχρήσασθαι Μυτιληναίους. καὶ τῇ ὑστεραίᾳ μετά-   10
νοιά τις εὐθὺς ἦν αὐτοῖς καὶ ἀναλογισμὸς ὠμὸν τὸ βούλευμα
καὶ μέγα ἐγνῶσθαι, πόλιν ὅλην διαφθεῖραι μᾶλλον ἢ οὐ τοὺς
αἰτίους. ὡς δ᾽ ᾔσθοντο τοῦτο τῶν Μυτιληναίων οἱ παρόντες
πρέσβεις καὶ οἱ αὐτοῖς τῶν Ἀθηναίων ξυμπράσσοντες, παρ-
εσκεύασαν τοὺς ἐν τέλει ὥστε αὖθις γνώμας προθεῖναι· καὶ   15
ἔπεισαν ῥᾷον, διότι καὶ ἐκείνοις ἔνδηλον ἦν βουλόμενον τὸ
πλέον τῶν πολιτῶν αὖθίς τινας σφίσιν ἀποδοῦναι βουλεύ-
σασθαι. καταστάσης δ᾽ εὐθὺς ἐκκλησίας ἄλλαι τε γνῶμαι ἀφ᾽

γνώμη -ης *f* opinion *pl* debate
ἔδοξεν *aor* δοκεῖ *lit* it seems good
to X *dat i.e.* X decides
ἀποκτεῖναι *aor inf* ἀποκτείνω
ἅπαντας = πάντας *(emph)*
Μυτιληναῖοι -ων *m pl* Mytileneans
ὅσοι as many as *i.e.* all ... who
ἡβάω be an adult
ἀνδραποδίσαι *aor inf* ἀνδραποδίζω
enslave
ἐπικαλέω give as an objection
ἀπόστασις -εως *f* revolt
τὴν ... ἄλλην ἀπόστασιν *transl* the
other aspects of the revolt
ἄρχω rule *(here pass;* + *gen line 21)*
5 ὥσπερ οἱ ἄλλοι like the others *(the
Mytileneans had been allowed a certain
independence, unlike most cities in the
Athenian empire)*
ἐποιήσαντο *understand* τὴν ἀπόστασιν
προσξυνελάβοντο *aor*
προσξυλλαμβάνομαι contribute
to + *gen*
ἐλάχιστον *sup adv* ὀλίγος
ὁρμή -ῆς *f lit* movement *here* revolt
Πελοποννήσιοι -ων *m pl*
Peloponnesians *(the alliance which had
been fighting the Athenians since 431
BC)*
Ἰωνία -ας *f* Ionia *(west coast of
modern Turkey)*
βοηθός -όν helping, coming to
help + *dat*
τολμήσασαι *aor pple* τολμάω dare
παρακινδυνεύω risk *(here* the crossing
to)
βραχύς -εῖα -ύ brief, short
διάνοια -ας *f lit* thought, intention
transl phrase on a momentary impulse
δοκέω seem
ὡς + *acc* to
Πάχης -ητος *m* Paches *(Athenian
general)*
ἄγγελον *i.e.* to take the news (of)

δεδογμένων *pf pass pple* δοκέω
transl the things that had been decided
κατὰ τάχος speedily
10 διαχρήσασθαι *aor inf* διαχράομαι
finish off, kill
τῇ ὑστεραίᾳ on the next day
μετάνοια -ας *f* repentance, change of
mind
ἀναλογισμός -οῦ *m* reasoning, the
thought *here* (+ *inf*) that they had ...
ὠμός -ή -όν cruel
βούλευμα -ατος *n* policy
ἐγνῶσθαι *pf pass inf* γιγνώσκω
here transl made
ὅλος -η -ον whole
διαφθεῖραι *aor inf* διαφθείρω
destroy
μᾶλλον ἤ rather than *(οὐ here
redundant: idiom combines* A rather
than B *with* A and not B)
πρέσβυς -εως *m* ambassador,
envoy
ξυμπράσσω side with + *dat*
παρεσκεύασαν *aor* παρασκευάζω
lit prepare *here* arrange with
15 οἱ ἐν τέλει those in authority
προθεῖναι *aor inf* προτίθημι put
forward
αὖθις γνώμας προθεῖναι *transl
phrase* open a fresh debate
ῥᾷον more easily
διότι because
ἐκείνοις *i.e.* those in authority
ἔνδηλος -ον clear(ly)
τὸ πλέον the majority
σφίσιν *dat* (to) them
ἀποδοῦναι *aor inf* ἀποδίδωμι give,
allow *transl phrase* that some people
should give them *(i.e. the citizens)* the
opportunity
βουλεύσασθαι *aor inf* βουλεύομαι
consider the matter, deliberate
καταστάσης *aor pple (intr)*
καθίστημι *transl phrase* after ... had
been convened

ἑκάστων ἐλέγοντο καὶ Κλέων ὁ Κλεαινέτου, ὅσπερ καὶ τὴν
προτέραν ἐνενικήκει ὥστε ἀποκτεῖναι, ὢν καὶ ἐς τὰ ἄλλα   20
βιαιότατος τῶν πολιτῶν τῷ τε δήμῳ παρὰ πολὺ ἐν τῷ τότε πι-
θανώτατος, παρελθὼν αὖθις ἔλεγε τοιάδε.

'πολλάκις μὲν ἤδη ἔγωγε καὶ ἄλλοτε ἔγνων δημοκρατίαν ὅτι
ἀδύνατόν ἐστιν ἑτέρων ἄρχειν, μάλιστα δ' ἐν τῇ νῦν ὑμετέρᾳ
περὶ Μυτιληναίων μεταμελείᾳ. διὰ γὰρ τὸ καθ' ἡμέραν ἀδεὲς   25
καὶ ἀνεπιβούλευτον πρὸς ἀλλήλους καὶ ἐς τοὺς ξυμμάχους τὸ
αὐτὸ ἔχετε, καὶ ὅτι ἂν ἢ λόγῳ πεισθέντες ὑπ' αὐτῶν ἁμάρτητε
ἢ οἴκτῳ ἐνδῶτε, οὐκ ἐπικινδύνως ἡγεῖσθε ἐς ὑμᾶς καὶ οὐκ ἐς
τὴν τῶν ξυμμάχων χάριν μαλακίζεσθαι, οὐ σκοποῦντες ὅτι
τυραννίδα ἔχετε τὴν ἀρχὴν καὶ πρὸς ἐπιβουλεύοντας αὐτοὺς καὶ   30
ἄκοντας ἀρχομένους, οἳ οὐκ ἐξ ὧν ἂν χαρίζησθε βλαπτόμενοι
αὐτοὶ ἀκροῶνται ὑμῶν, ἀλλ' ἐξ ὧν ἂν ἰσχύι μᾶλλον ἢ τῇ
ἐκείνων εὐνοίᾳ περιγένησθε.'

Cleon concludes his speech with these words:

'μὴ οὖν προδόται γένησθε ὑμῶν αὐτῶν, γενόμενοι δ' ὅτι ἐγ-
γύτατα τῇ γνώμῃ τοῦ πάσχειν καὶ ὡς πρὸ παντὸς ἂν ἐτιμή-   35
σασθε αὐτοὺς χειρώσασθαι, νῦν ἀνταπόδοτε μὴ μαλακισθέντες
πρὸς τὸ παρὸν αὐτίκα μηδὲ τοῦ ἐπικρεμασθέντος ποτὲ δεινοῦ
ἀμνημονοῦντες. κολάσατε δὲ ἀξίως τούτους τε καὶ τοῖς ἄλλοις

Κλέων -ωνος   m   Cleon *(leading left-*
   wing Athenian politician)
Κλεαίνετος -ου   m   Cleaenetus *(gen*
   denotes son of)
ὅσπερ = ὅς
τὴν προτέραν   *(understand γνώμην)*
   ἐνενικήκει ὥστε + *inf*   had carried
   the previous motion to
20 ἐς τὰ ἄλλα   in all other respects
βίαιος -α -ον   violent
παρὰ πολύ   by far
ἐν τῷ τότε   at that time
πιθανός -ή -όν   persuasive
παρέρχομαι   come forward
ἔγωγε   I for my part
ἄλλοτε   at other times
ἔγνων   *aor*   γιγνώσκω
δημοκρατία -ας   *f*   democracy *with*
   ὅτι *here transl* about democracy,
   that ...
ἀδύνατος -ον   impossible *(here* for it
   to ...)
25 μεταμέλεια -ας   *f*   change of mind
καθ' ἡμέραν   from day to day
ἀδεής -ές   free from fear
ἀνεπιβούλευτος -ον   without plots
   διὰ ... τὸ ... πρὸς ἀλλήλους
   because there is no need to fear
   plots among yourselves
τὸ αὐτό   the same attitude
ὅτι ἂν + *subj*   in whatever way
ἁμάρτητε   *aor subj*   ἁμαρτάνω
   make a mistake
οἶκτος -ου   *m*   pity
ἐνδῶτε   *aor subj*   ἐνδίδωμι   give in
ἐπικινδύνως   with danger *here transl*
   that it is dangerous
ἡγέομαι   think
χάρις -ιτος   *f*   gratitude
   οὐκ ἐς τὴν ... χάριν without gaining
   the gratitude ...
μαλακίζομαι   become weak
σκοπέω   consider
30 τυραννίς -ίδος   *f*   tyranny

ἀρχή -ῆς   *f*   empire
ἐπιβουλεύω   plot against
ἄκων -ουσα -ον   unwilling
χαρίζομαι   show favour (to), gratify
   οὐκ ἐξ ὧν ἄν ... *lit* not from whatever
   things you do as favours ... *i.e.* not
   from the acts of favour that ...
βλάπτω   harm, damage
ἀκροάομαι   obey + *gen*
   ἀλλ' ἐξ ὧν ἄν   *transl* but from the
   ways in which ...
ἰσχύς -ύος   *f*   strength
εὔνοια -ας   *f*   good will
περιγένησθε   *aor subj*   περιγίγνομαι
   be superior
μή ... γένησθε   do not become ...!
προδότης -ου   *m*   betrayer
γενόμενοι ... τῇ γνώμῃ   *transl*
   placing yourselves in thought
   ὅτι ἐγγύτατα   as close as possible
   (to + *gen*)
35 πάσχω   suffer, be injured
τοῦ πάσχειν   *transl* (the moment of)
   the injury
πρὸ παντὸς τιμάομαι   consider of
   supreme importance
   καὶ ὡς ... ἄν ... and (think) how you
   would have ...
χειρώσασθαι   *aor inf*   χειρόομαι
   conquer
ἀνταπόδοτε   *aor impv*
ἀνταποδίδωμι   repay
μαλακισθέντες   *aor pple*
μαλακίζομαι
πρὸς τὸ παρὸν αὐτίκα   *transl* at their
   present plight
ἐπικρεμασθέντος   *aor pass pple*
ἐπικρεμάννυμι   hang over, *pass*
   threaten *intr*
   τοῦ ἐπικρεμασθέντος ... δεινοῦ   the
   danger which hung over you
ἀμνημονέω + *gen*   forget about
κολάσατε   *aor impv*   κολάζω   punish

ξυμμάχοις παράδειγμα σαφὲς καταστήσατε, ὃς ἂν ἀφιστῆται,
θανάτῳ ζημιωσόμενον. τόδε γὰρ ἦν γνῶσιν, ἧσσον τῶν πολεμ-   40
ίων ἀμελήσαντες τοῖς ὑμετέροις αὐτῶν μαχεῖσθε ξυμμάχοις.'

τοιαῦτα μὲν ὁ Κλέων εἶπεν· μετὰ δ' αὐτὸν Διόδοτος ὁ Εὐκρά-
τους, ὅσπερ καὶ ἐν τῇ προτέρᾳ ἐκκλησίᾳ ἀντέλεγε μάλιστα μὴ
ἀποκτεῖναι Μυτιληναίους, παρελθὼν καὶ τότε ἔλεγε τοιάδε.
'οὔτε τοὺς προθέντας τὴν διαγνώμην αὖθις περὶ Μυτιληναίων   45
αἰτιῶμαι, οὔτε τοὺς μεμφομένους μὴ πολλάκις περὶ τῶν με-
γίστων βουλεύεσθαι ἐπαινῶ, νομίζω δὲ δύο τὰ ἐναντιώτατα
εὐβουλίᾳ εἶναι, τάχος τε καὶ ὀργήν, ὧν τὸ μὲν μετὰ ἀνοίας φιλεῖ
γίγνεσθαι, τὸ δὲ μετὰ ἀπαιδευσίας καὶ βραχύτητος γνώμης.'

Diodotus concludes his speech with these words:

'ὑμεῖς δὲ σκέψασθε ὅσον ἂν καὶ τοῦτο ἁμαρτάνοιτε Κλέωνι   50
πειθόμενοι. νῦν μὲν γὰρ ὑμῖν ὁ δῆμος ἐν πάσαις ταῖς πόλεσιν
εὔνους ἐστί, καὶ ἢ οὐ ξυναφίσταται τοῖς ὀλίγοις ἤ, ἐὰν βιασθῇ,
ὑπάρχει τοῖς ἀποστήσασι πολέμιος εὐθύς, καὶ τῆς ἀντι-
καθισταμένης πόλεως τὸ πλῆθος ξύμμαχον ἔχοντες ἐς πόλεμον
ἐπέρχεσθε. εἰ δὲ διαφθερεῖτε τὸν δῆμον τὸν Μυτιληναίων, ὃς   55
οὔτε μετέσχε τῆς ἀποστάσεως, ἐπειδή τε ὅπλων ἐκράτησεν,
ἑκὼν παρέδωκε τὴν πόλιν, πρῶτον μὲν ἀδικήσετε τοὺς εὐερ-
γέτας κτείνοντες, ἔπειτα καταστήσετε τοῖς δυνατοῖς τῶν
ἀνθρώπων ὃ βούλονται μάλιστα· ἀφιστάντες γὰρ τὰς πόλεις τὸν
δῆμον εὐθὺς ξύμμαχον ἕξουσι, προδειξάντων ὑμῶν τὴν αὐτὴν   60
ζημίαν τοῖς τε ἀδικοῦσιν ὁμοίως κεῖσθαι καὶ τοῖς μή. δεῖ δέ,
καὶ εἰ ἠδίκησαν, μὴ προσποιεῖσθαι, ὅπως ὃ μόνον ἡμῖν ἔτι ξύμ-
μαχόν ἐστι μὴ πολέμιον γένηται. καὶ τοῦτο πολλῷ ξυμφορώ-

ξύμμαχος -ου m ally

παράδειγμα -ατος n example, lesson, warning

καταστήσατε aor impv καθίστημι here make (them)

ὃς ἄν (that) whoever

ἀφίσταμαι revolt

40 ζημιωσόμενον fut pass pple ζημιόω punish

ἤν = ἐάν

γνῶσιν aor subj γιγνώσκω

ἀμελέω neglect + gen

Διόδοτος -ου m Diodotus (*Athenian politician known only from his appearance here*)

Εὐκράτης -ους Eucrates (*gen denotes son of*)

πρότερος -α -ον former

ἀντιλέγω speak against

μή here (arguing that they should) not

τοιάδε such things

45 προθέντας aor pple προτίθημι put forward, propose

διαγνώμη -ης f resolution

αἰτιάομαι blame

μέμφομαι μή lit blame (and urge) not ... i.e. protest against

βουλεύομαι deliberate

ἐπαινέω praise

ἐναντίος -α -ον opposite, opposed

εὐβουλία -ας f good policy

τάχος -ους n haste

τὸ μέν ... τὸ δέ ref to τάχος and ὀργήν as if both n

ἄνοια -ας f lack of judgement

φιλεῖ here is accustomed

ἀπαιδευσία -ας f ignorance

βραχύτης -ητος f want, lack

γνώμη here judgement

50 σκέψασθε aor impv σκέπτομαι consider

ὅσος -η -ον how much

ἁμαρτάνω go wrong

opt + ἄν ... pple transl you would ... if you

δῆμος -ου m here democratic faction

εὔνους -ουν well-disposed

ἤ ... ἤ either ... or

ξυναφίσταμαι join in revolting + dat

οἱ ὀλίγοι lit the few here oligarchs

βιασθῇ aor pass subj βιάζω force

ὑπάρχω here become

τοῖς ἀποστήσασι the rebels

ἀντικαθίσταμαι here range itself against (you)

πλῆθος -ους n here the common people

55 ἐπέρχομαι go to

διαφθερεῖτε fut διαφθείρω destroy, butcher

μετέσχε aor μετέχω have a share in, take part in + gen

κρατέω get possession of + gen

παρέδωκε aor παραδίδωμι hand over

ἀδικέω act wrongly

εὐεργέτης -ου m benefactor

κτείνω kill

καταστήσετε fut καθίστημι here bring about

δυνατός -ή -όν powerful transl phrase the upper classes

ἀφιστάντες pres pple ἀφίστημι make revolt

60 προδειξάντων aor pple προδείκνυμι make known beforehand

ζημία -ας f penalty

ὁμοίως in the same way

κεῖμαι lie, be set

καὶ εἰ even if

προσποιέομαι pretend

μή here taken after προσποιεῖσθαι transl phrase pretend otherwise

ὅπως + subj in order that

ὃ μόνον ἡμῖν ἔτι ξύμμαχόν ἐστι lit (that) which alone is still allied to us i.e. the only group still friendly ... (*the democratic element in cities*)

ξύμφορος -α -ον advantageous

τερον ἡγοῦμαι ἐς τὴν κάθεξιν τῆς ἀρχῆς, ἑκόντας ἡμᾶς
ἀδικηθῆναι ἢ δικαίως οὓς μὴ δεῖ διαφθεῖραι· καὶ τὸ Κλέωνος τὸ   65
αὐτὸ δίκαιον καὶ ξύμφορον τῆς τιμωρίας οὐχ εὑρίσκεται ἐν
αὐτῷ δυνατὸν ὂν ἅμα γίγνεσθαι. ὑμεῖς δὲ γνόντες ἀμείνω τάδε
εἶναι καὶ μήτε οἴκτῳ πλέον νείμαντες μήτ᾽ ἐπιεικείᾳ, οἷς οὐδὲ
ἐγὼ ἐῶ προσάγεσθαι, ἀπ᾽ αὐτῶν δὲ τῶν παραινουμένων πεί-
θεσθέ μοι Μυτιληναίων οὓς μὲν Πάχης ἀπέπεμψεν ὡς ἀδι-   70
κοῦντας κρῖναι καθ᾽ ἡσυχίαν, τοὺς δ᾽ ἄλλους ἐᾶν οἰκεῖν. τάδε
γὰρ ἔς τε τὸ μέλλον ἀγαθὰ καὶ τοῖς πολεμίοις ἤδη φοβερά· ὅστις
γὰρ εὖ βουλεύεται πρὸς τοὺς ἐναντίους κρείσσων ἐστὶν ἢ μετ᾽
ἔργων ἰσχύος ἀνοίᾳ ἐπιών.᾽
    τοιαῦτα δὲ ὁ Διόδοτος εἶπεν. ῥηθεισῶν δὲ τῶν γνωμῶν   75
τούτων μάλιστα ἀντιπάλων πρὸς ἀλλήλας οἱ Ἀθηναῖοι ἦλθον
μὲν ἐς ἀγῶνα ὅμως τῆς δόξης καὶ ἐγένοντο ἐν τῇ χειροτονίᾳ
ἀγχώμαλοι, ἐκράτησε δὲ ἡ τοῦ Διοδότου. καὶ τριήρη εὐθὺς
ἄλλην ἀπέστελλον κατὰ σπουδήν, ὅπως μὴ φθασάσης τῆς προ-
τέρας εὕρωσι διεφθαρμένην τὴν πόλιν· προεῖχε δὲ ἡμέρᾳ καὶ   80
νυκτὶ μάλιστα. παρασκευασάντων δὲ τῶν Μυτιληναίων πρέ-
σβεων τῇ νηὶ οἶνον καὶ ἄλφιτα καὶ μεγάλα ὑποσχομένων, εἰ
φθάσειαν, ἐγένετο σπουδὴ τοῦ πλοῦ τοιαύτη ὥστε ἤσθιόν τε
ἅμα ἐλαύνοντες οἴνῳ καὶ ἐλαίῳ ἄλφιτα πεφυραμένα, καὶ οἱ μὲν
ὕπνον ᾑροῦντο κατὰ μέρος, οἱ δὲ ἤλαυνον. κατὰ τύχην δὲ πνεύ-   85
ματος οὐδενὸς ἐναντιωθέντος καὶ τῆς μὲν προτέρας νεὼς οὐ

ἡγέομαι consider, believe
κάθεξις -εως f retention, holding on to
ἑκόντας ἡμᾶς ... ἤ transl that we
  should ... rather than
65 ἀδικηθῆναι aor pass inf ἀδικέω
διαφθεῖραι aor inf διαφθείρω
τιμωρία -ας f punishment
  τὸ Κλέωνος τὸ αὐτὸ δίκαιον καὶ
  ξύμφορον τῆς τιμωρίας transl
  Cleon's identification of justice and
  expediency in the punishment
δυνατός -ή -όν able
ἅμα at the same time
  οὐχ εὑρίσκεται ἐν αὐτῷ δυνατὸν ὂν
  ἅμα γίγνεσθαι transl will be (lit is)
  found impossible to bring about at
  once in such a punishment (ἐν
  αὐτῷ = ἐν τῷ διαφθεῖραι)
γνόντες aor pple γιγνώσκω
οἶκτος -ου m pity, compassion
πλέον too much
νείμαντες aor pple νέμω assign,
  give weight
ἐπιείκεια -ας f fairness
ἐάω allow
προσάγω influence
παραινέω advise, recommend
  ἀπ' αὐτῶν δὲ τῶν παραινουμένων
  transl from the advice that has been
  given
70 Μυτιληναίων (those) of the
  Mytileneans
κρῖναι aor inf κρίνω judge, try
καθ' ἡσυχίαν at leisure, taking one's
  time
οἰκέω lit live here get on with one's life
ἐς ... τὸ μέλλον for the future
φοβερός -ά -όν causing fear
οἱ ἐναντίοι opponents, enemy
κρείσσων -ον gen -ονος stronger
  μετ' ἔργων ἰσχύος ἀνοίᾳ lit with
  folly combined with deeds of
  strength i.e. with strong but foolish
  action

ἐπιών pple ἔπειμι attack
75 ῥηθεισῶν aor pass pple λέγω
ἀντίπαλος -ον evenly-matched
πρὸς ἀλλήλας against each other
ἀγών -ῶνος m conflict
ὅμως nevertheless, after all (i.e. despite
  the revulsion of feeling)
δόξα -ης f here opinion
χειροτονία -ας f show of hands, vote
ἀγχώμαλος -ον nearly equal
κρατέω here prevail
ἀποστέλλω send off
κατὰ σπουδήν in haste
φθασάσης aor pple φθάνω get there
  first
πρότερος -α -ον previous, first (of
  two)
80 εὕρωσι aor subj εὑρίσκω
διεφθαρμένην pf pass pple
  διαφθείρω destroy
προέχω here have a lead
μάλιστα here about, approximately
παρασκευασάντων aor pple
  παρασκευάζω
οἶνος -ου m wine
ἄλφιτα -ων n pl barley-meal
ὑποσχομένων aor pple ὑπισχνέομαι
  promise
φθάσειαν aor opt φθάνω
σπουδή -ῆς f haste
πλοῦς -οῦ m voyage
ἐσθίω eat
ἅμα at the same time
ἐλαύνω here row
ἔλαιον -ου n olive oil
πεφυραμένα pf pass pple φυράω
  mix, knead
85 ὕπνος -ου m sleep
ἡροῦντο impf αἱρέομαι here take
κατὰ μέρος in turns
κατὰ τύχην by good fortune
πνεῦμα -ατος n wind
ἐναντιωθέντος aor pple ἐναντιόομαι
  oppose here blow against

σπουδῇ πλεούσης ἐπὶ πρᾶγμα ἀλλόκοτον, ταύτης δὲ τοιούτῳ
τρόπῳ ἐπειγομένης, ἡ μὲν ἔφθασε τοσοῦτον ὅσον Πάχητα
ἀνεγνωκέναι τὸ ψήφισμα καὶ μέλλειν δράσειν τὰ δεδογμένα, ἡ
δ᾿ ὑστέρα αὐτῆς ἐπικατάγεται καὶ διεκώλυσε μὴ διαφθεῖραι.   90
παρὰ τοσοῦτον μὲν ἡ Μυτιλήνη ἦλθε κινδύνου.

σπουδῇ   with haste
πλέω   sail
ἐπί + acc   here on
πρᾶγμα -ατος   n   business, affair
ἀλλόκοτος -ον   unwelcome
τρόπος -ου   m   way, manner
ἐπείγομαι   make haste
τοσοῦτον ὅσον + acc + inf   transl (just)
    far enough ahead for Paches to have ...
ἀνεγνωκέναι   pf inf   ἀναγιγνώσκω
    read

ψήφισμα -ατος   n   decree
μέλλω   be about to
δράω   do
τὰ δεδογμένα   pf pass pple   δοκέω
    the things (which had been) decided
90 ὕστερος -α -ον   (coming) later (than),
    following + gen
ἐπικατάγομαι   come to land afterwards
διακωλύω + μή + inf   prevent
παρὰ τοσοῦτον   so near, within so
    short a distance of + gen

Sophocles *Philoctetes*

Lines 1261-1347

Neoptolemus tries to persuade Philoctetes

Philoctetes (409 BC) is one of Sophocles' latest plays. It is unusual in several respects, with a small all-male cast and without a tragic ending.

Philoctetes joined the Greek expedition to Troy. During a halt to offer sacrifice at the island of Chryse he was bitten by a snake. The wound fes-

Philoctetes sits deserted, resting his wounded foot with his bow on the ground beside him.

tered, and the stench and his cries so disturbed his comrades that they abandoned him on the neighbouring island of Lemnos. Ten years later the captive Trojan seer Helenus revealed that Troy could be taken only with the help of Philoctetes and the bow he inherited from Heracles. The wily Odysseus has come to Lemnos with Neoptolemus, son of Achilles, who reluctantly tricks his way into the confidence of Philoctetes with a false story that he has quarrelled with the Greeks whom Philoctetes now hates. Philoctetes implores Neoptolemus to take him home, and Neoptolemus pretends to agree. But when Philoctetes is struck by an attack of pain and hands over his bow, Neoptolemus is overcome by remorse and reveals the truth. He is about to hand back the bow when Odysseus intervenes to prevent him. After a choral song Neoptolemus makes a second attempt to restore the bow to its owner.

(Neoptolemus approaches the entrance to Philoctetes' cave)
ΝΕΟΠΤΟΛΕΜΟΣ   σὺ δ', ὦ Ποίαντος παῖ, Φιλοκτήτην
    λέγω,
    ἔξελθ', ἀμείψας τάσδε πετρήρεις στέγας.
(enter Philoctetes)
ΦΙΛΟΚΤΗΤΗΣ   τίς αὖ παρ' ἄντροις θόρυβος ἵσταται
    βοῆς;
    τί μ' ἐκκαλεῖσθε; τοῦ κεχρημένοι, ξένοι;
(he sees Neoptolemus)
    ὤμοι· κακὸν τὸ χρῆμα. μῶν τί μοι μέγα   5
    πάρεστε πρὸς κακοῖσι πέμποντες κακόν;
ΝΕ   θάρσει· λόγους δ' ἄκουσον οὓς ἥκω φέρων.
ΦΙ   δέδοικ' ἔγωγε· καὶ τὰ πρὶν γὰρ ἐκ λόγων
    καλῶν κακῶς ἔπραξα, σοῖς πεισθεὶς λόγοις.
ΝΕ   οὔκουν ἔνεστι καὶ μεταγνῶναι πάλιν;   10
ΦΙ   τοιοῦτος ἦσθα τοῖς λόγοισι χὤτε μου
    τὰ τόξ' ἔκλεπτες, πιστός, ἀτηρὸς λάθρᾳ.
ΝΕ   ἀλλ' οὔ τι μὴν νῦν· βούλομαι δέ σου κλύειν,
    πότερα δέδοκταί σοι μένοντι καρτερεῖν,
    ἢ πλεῖν μεθ' ἡμῶν.
ΦΙ   παῦε, μὴ λέξῃς πέρα.   15
    μάτην γὰρ ἂν εἴπῃς γε πάντ' εἰρήσεται.

NE   οὕτω δέδοκται;

ΦΙ   καὶ πέρα γ' ἴσθ' ἢ λέγω.

NE   ἀλλ' ἤθελον μὲν ἄν σε πεισθῆναι λόγοις
     ἐμοῖσιν· εἰ δὲ μή τι πρὸς καιρὸν λέγων
     κυρῶ, πέπαυμαι.

ΦΙ   πάντα γὰρ φράσεις μάτην·   20
     οὐ γάρ ποτ' εὔνουν τὴν ἐμὴν κτήσῃ φρένα,
     ὅστις γ' ἐμοῦ δόλοισι τὸν βίον λαβὼν

Ποίας -αντος m Poeas (father of
   Philoctetes)
Φιλοκτήτης -ου m Philoctetes
λέγω here mean, refer to
ἀμείψας aor pple ἀμείβω lit
   exchange here leave
πετρήρης -ες rocky, of rock
στέγη -ης f lit roof pl house,
   dwelling
αὖ again, once more
ἄντρον -ου n cave here pl for sg
θόρυβος -ου m noise, commotion
ἵσταμαι here arise
ἐκκαλέομαι call forth, summon out
τοῦ = τίνος
κεχρημένοι pf pple χράομαι with
   pres sense here need, want + gen
5 ὤμοι alas!
χρῆμα -ατος n matter, business
μῶν surely ... not?
πρός + dat in addition to
θαρσέω take courage
ἄκουσον aor impv ἀκούω
ἥκω have come
δέδοικα be afraid
ἔγωγε I at least, I for my part
τὰ πρίν previously, last time
κακῶς πράσσω fare badly, come off
   badly
10 οὔκουν therefore ... not
ἔνεστι it is possible
μεταγνῶναι aor inf μεταγιγνώσκω
   change one's mind, repent

πάλιν again, back
χὤτε = καὶ ὅτε (crasis)
τόξα -ων n pl bow
κλέπτω steal
πιστός -ή -όν trusted
ἀτηρός -ά -όν destructive
λάθρᾳ secretly
μήν indeed, certainly
κλύω hear, ascertain (from + gen)
πότερα whether
δέδοκται pf pass δοκέω think; seem,
   seem good (to + dat) transl phrase you
   have decided
καρτερέω hold out, persist
15 πλέω sail
λέξῃς aor subj λέγω
μή + aor subj (prohibition) don't ...
πέρα further
μάτην in vain
ἄν = ἃ ἄν (crasis) whatever things
εἰρήσεται fut pass λέγω
ἴσθι impv οἶδα
understand δεδογμένον i.e. that I have
   decided
πρὸς καιρόν at the right time,
   opportunely
20 κυρέω happen to + pple
φράσεις fut φράζω speak
εὔνους -ουν well-disposed
κτήσῃ fut κτάομαι gain, obtain
φρήν, φρενός f mind
δόλος -ου m trick
βίος -ου m here livelihood

ἀπεστέρηκας· κᾆτα νουθετεῖς ἐμὲ
ἐλθών, ἀρίστου πατρὸς ἔχθιστος γεγώς.
ὄλοισθ', Ἀτρεῖδαι μὲν μάλιστ', ἔπειτα δὲ   25
ὁ Λαρτίου παῖς καὶ σύ.

NE   μὴ 'πεύξῃ πέρα·
δέχου δὲ χειρὸς ἐξ ἐμῆς βέλη τάδε.

ΦΙ   πῶς εἶπας; ἆρα δεύτερον δολούμεθα;

NE   ἀπώμοσ' ἁγνὸν Ζηνὸς ὑψίστου σέβας.

ΦΙ   ὦ φίλτατ' εἰπών, εἰ λέγεις ἐτήτυμα.   30

NE   τοὔργον παρέσται φανερόν· ἀλλὰ δεξιὰν
πρότεινε χεῖρα, καὶ κράτει τῶν σῶν ὅπλων.

(enter suddenly Odysseus)

ΟΔΥΣΣΕΥΣ   ἐγὼ δ' ἀπαυδῶ γ', ὡς θεοὶ ξυνίστορες,
ὑπέρ τ' Ἀτρειδῶν τοῦ τε σύμπαντος στρατοῦ.

ΦΙ   τέκνον, τίνος φώνημα, μῶν Ὀδυσσέως,   35
ἐπῃσθόμην;

ΟΔ   σάφ' ἴσθι· καὶ πέλας γ' ὁρᾷς,
ὅς σ' ἐς τὰ Τροίας πεδί' ἀποστελῶ βίᾳ,
ἐάν τ' Ἀχιλλέως παῖς ἐάν τε μὴ θέλῃ·

(Philoctetes puts an arrow to his bow and levels it at Odysseus)

ΦΙ   ἀλλ' οὔ τι χαίρων, ἢν τόδ' ὀρθωθῇ βέλος.

NE   ἆ, μηδαμῶς, μή, πρὸς θεῶν, μὴ 'φῇς βέλος.   40

ΦΙ   μέθες με, πρὸς θεῶν, χεῖρα, φίλτατον τέκνον.

NE   οὐκ ἂν μεθείην.

(exit Odysseus)

ΦΙ   φεῦ· τί μ' ἄνδρα πολέμιον
ἐχθρόν τ' ἀφείλου μὴ κτανεῖν τόξοις ἐμοῖς;

NE   ἀλλ' οὔτ' ἐμοὶ καλὸν τόδ' ἐστὶν οὔτε σοί.

ΦΙ   ἀλλ' οὖν τοσοῦτόν γ' ἴσθι, τοὺς πρώτους στρατοῦ,   45
τοὺς τῶν Ἀχαιῶν ψευδοκήρυκας, κακοὺς
ὄντας πρὸς αἰχμήν, ἐν δὲ τοῖς λόγοις θρασεῖς.

NE   εἶέν· τὰ μὲν δὴ τόξ' ἔχεις, κοὐκ ἔσθ' ὅτου
ὀργὴν ἔχοις ἂν οὐδὲ μέμψιν εἰς ἐμέ.

ΦΙ   ξύμφημι· τὴν φύσιν δ' ἔδειξας, ὦ τέκνον,   50
ἐξ ἧς ἔβλαστες, οὐχὶ Σισύφου πατρός,

ἀπεστέρηκας *pf* ἀποστερέω rob
κᾆτα = καὶ εἶτα *(crasis)* and then
νουθετέω advise
ἔχθιστος -η -ον *sup* ἐχθρός
γεγώς *pf pple* γίγνομαι
25 ὄλοισθε *aor mid opt* ὄλλυμι destroy
   mid perish *transl* may you …
ʼΑτρεῖδαι -ων *m pl* Atreidae, sons
   of Atreus *(Agamemnon and*
   Menelaus)
μάλιστα especially
Λάρτιος -ου *m* Laertes (*father of*
   Odysseus)
ἐπεύξῃ *aor subj* ἐπεύχομαι curse,
   pray a curse
βέλος -ους *n* weapon *here pl for sg*
εἶπας = εἶπες
δολόω beguile, ensnare *here pl for sg*
ἀπώμοσα *aor* ἀπόμνυμι deny on
   oath (by + *acc*)
ἁγνός -ή -όν holy
Ζηνός *poet gen* Ζεύς
ὕψιστος -η -ον most high, dwelling on
   high
σέβας *n nom/voc/acc only* majesty
30 ἐτήτυμος -ον true
τοὔργον = τὸ ἔργον *(crasis)*
φανερός -ά -όν plain, clear
δεξιός -ά -όν right
προτείνω stretch out
κρατέω take hold of, become master
   of + *gen*
ἀπαυδάω forbid
γε *emph prec word*
ξυνίστωρ -ορος *m* witness
σύμπας -πασα -παν whole
35 τέκνον -ου *n* child, boy
φώνημα -ατος *n* voice
ʼΟδυσσεύς -έως *m* Odysseus
ἐπῃσθόμην *aor* ἐπαισθάνομαι
   perceive, hear
σάφʼ ἴσθι *lit* know clearly *i.e.* it
   certainly is

πέλας nearby
Τροία -ας *f* Troy
πεδίον -ου *n* plain
ἀποστελῶ *fut* ἀποστέλλω send off,
   send away
βία -ας *f* force
ʼΑχιλλεύς -έως *m* Achilles
θέλω = ἐθέλω
χαίρω rejoice *transl phrase* you'll regret
   it
ἤν = ἐάν
ὀρθωθῇ *aor pass subj* ὀρθόω aim
   straight
40 ἆ ah!
μηδαμῶς in no way
πρός + *gen* in the name of
ἐφῇς *aor subj* ἐφίημι *here* shoot
μέθες *aor impv* μεθίημι let go of
   (χεῖρα *defines part affected*)
μεθείην *opt* μεθίημι
φεῦ alas!
πολέμιος -α -ον hostile
ἀφείλου *aor mid* ἀφαιρέω + μή + *inf*
   prevent from, rob of the chance to
κτανεῖν *aor inf* κτείνω kill
45 ʼΑχαιοί -ῶν *m* Achaeans, Greeks
ψευδοκῆρυξ -υκος *m* false herald,
   lying herald
αἰχμή -ῆς *f lit* spearpoint *hence*
   battle
θρασύς -εῖα -ύ bold
εἶέν well! so be it!
κοὐκ = καὶ οὐκ *(crasis) phrase lit*
   there is not that because of which *i.e.*
   there are not grounds for
μέμψις -εως *f* reproach, complaint
50 ξύμφημι agree
φύσις -εως *f* nature, origin
ἔδειξας *aor* δείκνυμι show
ἔβλαστες *aor* βλαστάνω be sprung
Σίσυφος -ου *m* Sisyphus (*notorious*
   trickster)

NE

ἀλλ᾿ ἐξ Ἀχιλλέως, ὃς μετὰ ζώντων ὅτ᾿ ἦν
ἤκου᾿ ἄριστα, νῦν δὲ τῶν τεθνηκότων.
ἤσθην πατέρα τὸν ἀμὸν εὐλογοῦντά σε
αὐτόν τ᾿ ἔμ᾿· ὧν δέ σου τυχεῖν ἐφίεμαι,   55
ἄκουσον. ἀνθρώποισι τὰς μὲν ἐκ θεῶν
τύχας δοθείσας ἔστ᾿ ἀναγκαῖον φέρειν·
ὅσοι δ᾿ ἑκουσίοισιν ἔγκεινται βλάβαις,
ὥσπερ σύ, τούτοις οὔτε συγγνώμην ἔχειν
δίκαιόν ἐστιν οὔτ᾿ ἐποικτίρειν τινά.   60
σὺ δ᾿ ἠγρίωσαι, κοὔτε σύμβουλον δέχῃ,
ἐάν τε νουθετῇ τις εὐνοίᾳ λέγων,
στυγεῖς, πολέμιον δυσμενῆ θ᾿ ἡγούμενος.
ὅμως δὲ λέξω· Ζῆνα δ᾿ ὅρκιον καλῶ·
καὶ ταῦτ᾿ ἐπίστω, καὶ γράφου φρενῶν ἔσω.   65
σὺ γὰρ νοσεῖς τόδ᾿ ἄλγος ἐκ θείας τύχης,
Χρύσης πελασθεὶς φύλακος, ὃς τὸν ἀκαλυφῆ
σηκὸν φυλάσσει κρύφιος οἰκουρῶν ὄφις·
καὶ παῦλαν ἴσθι τῆσδε μή ποτ᾿ ἂν τυχεῖν
νόσου βαρείας, ἕως ἂν αὐτὸς ἥλιος   70
ταύτῃ μὲν αἴρῃ, τῇδε δ᾿ αὖ δύνῃ πάλιν,
πρὶν ἂν τὰ Τροίας πεδί᾿ ἑκὼν αὐτὸς μόλῃς,
καὶ τῶν παρ᾿ ἡμῖν ἐντυχὼν Ἀσκληπιδῶν
νόσου μαλαχθῇς τῆσδε, καὶ τὰ πέργαμα
ξὺν τοῖσδε τόξοις ξύν τ᾿ ἐμοὶ πέρσας φανῇς.   75
ὡς δ᾿ οἶδα ταῦτα τῇδ᾿ ἔχοντ᾿ ἐγὼ φράσω.
ἀνὴρ παρ᾿ ἡμῖν ἐστιν ἐκ Τροίας ἁλούς,
Ἕλενος ἀριστόμαντις, ὃς λέγει σαφῶς
ὡς δεῖ γενέσθαι ταῦτα· καὶ πρὸς τοῖσδ᾿ ἔτι,
ὡς ἔστ᾿ ἀνάγκη τοῦ παρεστῶτος θέρους   80
Τροίαν ἁλῶναι πᾶσαν· ἢ δίδωσ᾿ ἑκὼν
κτείνειν ἑαυτόν, ἢν τάδε ψευσθῇ λέγων.
ταῦτ᾿ οὖν ἐπεὶ κάτοισθα, συγχώρει θέλων.

ζώντων *pres pple* [ζάω]   live
ἀκούω + *adv   lit* hear (oneself spoken
   of) in an X way ... *i.e.* have a X
   reputation
τεθνηκότων   *pf pple*   θνήσκω die
ἥσθην   *aor*   ἥδομαι   enjoy, take
   pleasure in
ἀμόν = ἐμόν
εὐλογέω   speak well of, praise
55 τυχεῖν   *aor inf*   τυγχάνω   meet with,
   get + *gen*
ἐφίεμαι   *here*   want + *gen* + *inf   transl*
   ... you to ...
τύχη -ης   *f*   fate, fortune
δοθείσας   *aor pass pple*   δίδωμι
ἀναγκαῖος -α -ον   necessary
ὅσοι   all those who
ἑκούσιος -α -ον   voluntary, self-
   induced
ἔγκειμαι   be involved in + *dat*
βλάβη -ης   *f*   damage, harm *(here pl*
   for sg)
συγγνώμη -ης   *f*   pardon, forgiveness
60 ἐποικτίρειν   *aor inf*   ἐποικτείρω
   have pity on
ἠγρίωσαι   *pf pass*   ἀγριόω   make
   wild *pass* be wild, be savage
σύμβουλος -ου   *m*   adviser
εὔνοια -ας   *f*   goodwill, kindness
στυγέω   hate
δυσμενής -ές   ill-disposed, hostile
ἡγέομαι   believe, consider
ὅμως   nonetheless
ὅρκιος -ον   witnessing an oath
καλέω   call upon
65 ἐπίστω   *impv*   ἐπίσταμαι   know
ἔσω + *gen*   in, inside
νοσέω   suffer from + *acc*
ἄλγος -ους   *n*   pain
θεῖος -α -ον   sent by a god
Χρύση -ης   *f*   Chryse *(small island*
   near Troy)
πελασθείς   *aor pass pple (act sense)*
   πελάζω   come near
ἀκαλυφής -ές   uncovered
σηκός -οῦ   *m*   enclosure, shrine
κρύφιος -α -ον   secret, hidden

οἰκουρέω   keep watch
ὄφις -εως   *m*   serpent, snake
παῦλα -ης   *f*   rest, respite
τυχεῖν   *aor inf*   τυγχάνω   *here* come
   about
70 ἕως ἄν + *subj*   so long as, while
αὐτός = ὁ αὐτός   the same
ἥλιος -ου   *m*   the sun
ταύτῃ μέν ... τῇδε δέ   here *(i.e. in the*
   east) ... and here *(i.e. in the west)*
αἴρω   rise
δύνω   set
πρὶν ἄν + *subj*   until
μόλῃς   *aor subj*   βλώσκω   come, go
ἐντυχών   *aor pple*   ἐντυγχάνω   meet
   with *here* + *gen*
Ἀσκληπίδαι -ῶν   *m*   sons of Asclepius
   (god of medicine) hence doctors
μαλαχθῇς   *aor pass subj*   μαλάσσω
   relieve
πέργαμα -ων   *n*   citadel
75 ξύν = σύν
πέρσας   *aor pple*   πέρθω   sack, lay
   waste
φανῇς   *aor pass subj*   φαίνω   show
   mid/pass appear + *aor part* clearly
   have done X
τῇδε   in this way
ἔχω + *adv*   be
ἁλούς   *aor pple*   ἁλίσκομαι   be
   caught
Ἕλενος -ου   *m*   Helenus *(Trojan*
   prophet, son of King Priam)
ἀριστόμαντις -εως   *m*   best of
   prophets
πρός + *dat*   in addition to
80 ἀνάγκη -ης   *f*   necessity
παρεστῶτος   *pf pple*   παρίσταμαι
   be present
θέρος -ους   *n*   summer
ἁλῶναι   *aor inf*   ἁλίσκομαι
   δίδωσ' ἑκὼν κτείνειν ἑαυτόν   *lit* he
   willingly gives himself for killing *i.e.*
   he volunteers to be killed
ψευσθῇ   *aor pass subj*   ψεύδω   *pass* lie
κάτοιδα   know
συγχωρέω   give way, concede

καλὴ γὰρ ἡ 'πίκτησις, Ἑλλήνων ἕνα
κριθέντ' ἄριστον τοῦτο μὲν παιωνίας   85
ἐς χεῖρας ἐλθεῖν, εἶτα τὴν πολύστονον
Τροίαν ἑλόντα κλέος ὑπέρτατον λαβεῖν.

Philoctetes now hesitates. He does not want to refuse his new-found friend, yet cannot bring himself to go near the Atreidae. When he asks to be taken home as he was originally promised, Neoptolemus agrees. But then events are taken out of their hands: Heracles appears above them to declare the will of Zeus, that Philoctetes must go to Troy where he will find health and fame.

ἐπίκτησις -εως f fresh gain,
  additional gain
85 κριθέντα aor pass pple κρίνω judge
  τοῦτο μέν ... εἶτα first ... then

παιώνιος -α -ον healing
πολύστονος -ον causing much grief
κλέος n nom/acc only glory
ὑπέρτατος -η -ον highest

Euripides *Bacchae*

Lines 481–508 and 800–848

Pentheus and Dionysus

Bacchae ('women of Bacchus', i.e. followers of Bacchus or Dionysus) is one of the last plays Euripides wrote. Found after his death in 406, it was produced probably in the following year. Towards the end of his life Euripides (said to have became disenchanted with his relative lack

A bacchant armed with a thyrsus.

A bacchic revel.

of success) left Athens for the court of Macedon. This last masterpiece was probably written there: Euripides may have been inspired by the primitive vigour of Dionysiac religion in the northern mountains, in contrast to its comparatively tame form in Athens. At any rate, he returned in this play to what perhaps formed the subject of the very earliest Greek tragedies: the story of Dionysus himself, the god of theatre, of wine, and of all forms of *ekstasis* – standing outside the everyday personality.

The play dramatises the original arrival of Dionysiac worship in Greece. Dionysus has come to Thebes to establish his rites. He has created havoc, driving the women of the city in a frenzy to Mount Cithaeron, to worship him there with dance and song. The young king Pentheus has rejected the new form of religion and has arrested the god, who is disguised as a young priest of his own cult. In the first passage Pentheus interrogates his captive.

ΠΕΝΘΕΥΣ   ἦλθες δὲ πρῶτα δεῦρ' ἄγων τὸν δαίμονα;
ΔΙΟΝΥΣΟΣ   πᾶς ἀναχορεύει βαρβάρων τάδ' ὄργια.
ΠΕ   φρονοῦσι γὰρ κάκιον Ἑλλήνων πολύ.
ΔΙ   τάδ' εὖ γε μᾶλλον· οἱ νόμοι δὲ διάφοροι.
ΠΕ   τὰ δ' ἱερὰ νύκτωρ ἢ μεθ' ἡμέραν τελεῖς;   5
ΔΙ   νύκτωρ τὰ πολλά· σεμνότητ' ἔχει σκότος.
ΠΕ   τοῦτ' ἐς γυναῖκας δόλιόν ἐστι καὶ σαθρόν.
ΔΙ   κἀν ἡμέρᾳ τό γ' αἰσχρὸν ἐξεύροι τις ἄν.

πρῶτα first
δεῦρο here
δαίμων -ονος m god
ἀναχορεύω dance
βάρβαρος -ου m barbarian, foreigner
ὄργια -ων n secret rites
φρονέω think, understand
κάκιον worse
τάδε . . . γε transl in this respect at least
εὖ understand φρονοῦσι
νόμος -ου m here custom, observance
διάφορος -ον different
5 ἱερά -ῶν n rituals

νύκτωρ by night
μεθ' ἡμέραν by day
τελέω perform
τὰ πολλά for the most part
σεμνότης -ητος f solemnity
σκότος -ου m darkness
ἐς = εἰς here for
δόλιος -α -ον treacherous
σαθρός -ά -όν corrupt
κἀν = καὶ ἐν (crasis)
ἐξεύροι aor opt ἐξευρίσκω find out, discover + ἄν potential someone could . . .

ΠΕ δίκην σε δοῦναι δεῖ σοφισμάτων κακῶν.
ΔΙ σὲ δ' ἀμαθίας γε κἀσεβοῦντ' ἐς τὸν θεόν.   10
ΠΕ ὡς θρασὺς ὁ βάκχος κοὐκ ἀγύμναστος λόγων.
ΔΙ εἴφ' ὅ τι παθεῖν δεῖ· τί με τὸ δεινὸν ἐργάσῃ;
ΠΕ πρῶτον μὲν ἁβρὸν βόστρυχον τεμῶ σέθεν.
ΔΙ ἱερὸς ὁ πλόκαμος· τῷ θεῷ δ' αὐτὸν τρέφω.
ΠΕ ἔπειτα θύρσον τόνδε παράδος ἐκ χεροῖν.   15
ΔΙ αὐτός μ' ἀφαιροῦ· τόνδε Διονύσῳ φορῶ.
ΠΕ εἱρκταῖσί τ' ἔνδον σῶμα σὸν φυλάξομεν.
ΔΙ λύσει μ' ὁ δαίμων αὐτός, ὅταν ἐγὼ θέλω.
ΠΕ ὅταν γε καλέσῃς αὐτὸν ἐν βάκχαις σταθείς.
ΔΙ καὶ νῦν ἃ πάσχω πλησίον παρὼν ὁρᾷ.   20
ΠΕ καὶ ποῦ 'στιν; οὐ γὰρ φανερὸς ὄμμασίν γ' ἐμοῖς.
ΔΙ παρ' ἐμοί· σὺ δ' ἀσεβὴς αὐτὸς ὢν οὐκ εἰσορᾷς.
(Pentheus turns to his soldiers)
ΠΕ λάζυσθε· καταφρονεῖ με καὶ Θήβας ὅδε.
ΔΙ αὐδῶ με μὴ δεῖν σωφρονῶν οὐ σώφροσιν.
ΠΕ ἐγὼ δὲ δεῖν γε, κυριώτερος σέθεν.   25
ΔΙ οὐκ οἶσθ' ὅ τι ζῇς, οὐδ' ὃ δρᾷς, οὐδ' ὅστις εἶ.
ΠΕ Πενθεύς, Ἀγαύης παῖς, πατρὸς δ' Ἐχίονος.
ΔΙ ἐνδυστυχῆσαι τοὔνομ' ἐπιτήδειος εἶ.

Dionysus is imprisoned, but escapes amid the miraculous collapse of the
royal house. A herdsman describes the remarkable powers of the women
on Mount Cithaeron. In the following passage the escaped prisoner is in-
terrogated again by Pentheus, but the king quickly loses his aggression,
falls under the spell of the god, and is persuaded to go to the mountain
disguised as a female follower of Dionysus, to spy on the rituals.

ΠΕ ἀπόρῳ γε τῷδε συμπεπλέγμεθα ξένῳ,
    ὃς οὔτε πάσχων οὔτε δρῶν σιγήσεται.   30
ΔΙ ὦ τᾶν, ἔτ' ἔστιν εὖ καταστῆσαι τάδε.
ΠΕ τί δρῶντα; δουλεύοντα δουλείαις ἐμαῖς;
ΔΙ ἐγὼ γυναῖκας δεῦρ' ὅπλων ἄξω δίχα.
ΠΕ οἴμοι· τόδ' ἤδη δόλιον ἔς με μηχανᾷ.
ΔΙ ποῖόν τι, σῶσαί σ' εἰ θέλω τέχναις ἐμαῖς;   35

δοῦναι *aor inf* δίδωμι
δίκην δίδωμι pay the penalty
(for + *gen*)
σόφισμα -ατος *n* trick, clever device
10 σὲ δέ *understand* δίκην δοῦναι δεῖ
ἀμαθία -ας *f* ignorance
ἀσεβέω be impious
θρασύς -εῖα -ύ bold
βάκχος -ου *m* Bacchant, follower of
Dionysus
κοὐκ = καὶ οὐκ *(crasis)*
ἀγύμναστος -ον untrained
εἴφ᾽ = εἰπέ
παθεῖν *aor inf* πάσχω suffer
ἐργάσῃ *fut* ἐργάζομαι do X *acc* to
Y *acc*
ἁβρός -ά -όν delicate, pretty
βόστρυχος -ου *m* hair
τεμῶ *fut* τέμνω cut
σέθεν = σοῦ
ἱερός -ά -όν holy
πλόκαμος -ου *m* hair
τρέφω grow *tr*
15 θύρσος -ου *m* thyrsus, Bacchic wand
παράδος *aor impv* παραδίδωμι
hand over
χεροῖν *gen dual* χείρ
ἀφαιροῦ *impv* ἀφαιρέομαι take X
acc (here it *understood)* away from Y
acc
φορέω carry
εἱρκτή -ῆς *f* prison *here pl for sg*
ἔνδον inside
ὅταν + *subj* whenever
θέλω = ἐθέλω
γε *emph prec word; tone here sarcastic*
yes, I suppose (whenever …)
καλέσῃς *aor subj* καλέω call
βάκχη -ης *f* Bacchant, female
follower of Dionysus
σταθείς *aor pass pple (intr act sense)*
ἵστημι *transl* standing
20 πλησίον nearby
φανερός -ά -όν visible
ὄμμα -ατος *n* eye

παρ᾽ ἐμοί *here ambiguous, meaning*
either beside me *or* where I am
ἀσεβής -ές impious
λάζυσθε *impv* λάζυμαι seize
καταφρονέω despise
Θῆβαι -ῶν *f pl* Thebes
αὐδάω tell, give an order (to + *dat*)
δέω bind, tie up
σωφρονέω be sensible, be sane
σώφρων -ον *gen* -ονος sensible, sane
25 ἐγώ *understand* αὐδῶ
κύριος -α -ον powerful
ζῇς *pres* [ζάω] live *transl phrase*
what your life is
δράω do
Ἀγαύη -ης *f* Agave *(mother of*
Pentheus)
Ἐχίων -ονος *m* Echion *(father of*
Pentheus)
ἐνδυστυχέω be unlucky with
τοὔνομ᾽ = τὸ ὄνομα *(crasis) transl* with
respect to your name
Dionysus points out the similarity of
Pentheus *to* πένθος grief, sorrow
ἐπιτήδειος -α -ον fit, suitable
ἄπορος -ον hard to deal with,
unmanageable
συμπεπλέγμεθα *pf pass* συμπλέκω
entwine, force together *transl* we have
got entangled
30 σιγήσεται *fut* σιγάω be silent
ὦ τᾶν sir, my good friend
(condescending)
ἔστιν + *inf* it is possible
καταστῆσαι *aor inf* καθίστημι
arrange, settle
δρῶντα … δουλεύοντα *understand* με
as sub (it is possible for me) by doing
what? by being a slave …?
δουλεία -ας *f* *here* slave
δίχα + *gen* without
οἴμοι alas!
μηχανάομαι contrive
35 σῶσαι *aor inf* σώζω save
τέχνη -ης *f* cunning device, skill

ΠΕ   ξυνέθεσθε κοινῇ τάδ', ἵνα βακχεύῃτ' ἀεί.
ΔΙ   καὶ μὴν ξυνεθέμην τοῦτό γ', ἴσθι, τῷ θεῷ.
(Pentheus speaks first to his soldiers, then to the disguised Dionysus)
ΠΕ   ἐκφέρετέ μοι δεῦρ' ὅπλα, σὺ δὲ παῦσαι λέγων.
ΔΙ   ἆ.
      βούλῃ σφ' ἐν ὄρεσι συγκαθημένας ἰδεῖν;   40
ΠΕ   μάλιστα, μυρίον γε δοὺς χρυσοῦ σταθμόν.
ΔΙ   τί δ' εἰς ἔρωτα τοῦδε πέπτωκας μέγαν;
ΠΕ   λυπρῶς νιν εἰσίδοιμ' ἂν ἐξῳνωμένας.
ΔΙ   ὅμως δ' ἴδοις ἂν ἡδέως ἅ σοι πικρά;
ΠΕ   σάφ' ἴσθι, σιγῇ γ' ὑπ' ἐλάταις καθήμενος.   45
ΔΙ   ἀλλ' ἐξιχνεύσουσίν σε, κἂν ἔλθῃς λάθρᾳ.
ΠΕ   ἀλλ' ἐμφανῶς· καλῶς γὰρ ἐξεῖπας τάδε.
ΔΙ   ἄγωμεν οὖν σε κἀπιχειρήσεις ὁδῷ;
ΠΕ   ἄγ' ὡς τάχιστα, τοῦ χρόνου δέ σοι φθονῶ.
ΔΙ   στεῖλαί νυν ἀμφὶ χρωτὶ βυσσίνους πέπλους.   50
ΠΕ   τί δὴ τόδ'; ἐς γυναῖκας ἐξ ἀνδρὸς τελῶ;
ΔΙ   μή σε κτάνωσιν, ἢν ἀνὴρ ὀφθῇς ἐκεῖ.
ΠΕ   εὖ γ' εἶπας αὖ τόδ'· ὥς τις εἶ πάλαι σοφός.
ΔΙ   Διόνυσος ἡμᾶς ἐξεμούσωσεν τάδε.
ΠΕ   πῶς οὖν γένοιτ' ἂν ἃ σύ με νουθετεῖς καλῶς;   55
ΔΙ   ἐγὼ στελῶ σε δωμάτων ἔσω μολών.
ΠΕ   τίνα στολήν; ἦ θῆλυν; ἀλλ' αἰδώς μ' ἔχει.
ΔΙ   οὐκέτι θεατὴς μαινάδων πρόθυμος εἶ.
ΠΕ   στολὴν δὲ τίνα φῂς ἀμφὶ χρῶτ' ἐμὸν βαλεῖν;
ΔΙ   κόμην μὲν ἐπὶ σῷ κρατὶ ταναὸν ἐκτενῶ.   60
ΠΕ   τὸ δεύτερον δὲ σχῆμα τοῦ κόσμου τί μοι;
ΔΙ   πέπλοι ποδήρεις· ἐπὶ κάρᾳ δ' ἔσται μίτρα.

ξυνέθεσθε *aor mid* ξυντίθημι put together
κοινῇ in common, together
βακχεύω revel, act with Bacchic frenzy
καὶ μήν and indeed, yes indeed
ἴσθι *impv* οἶδα
δεῦρο here
παῦσαι *aor impv* παύομαι
ἆ ah!
40 σφ' = σφε *acc* them
συγκάθημαι sit together
μάλιστα very much
μυρίος -α -ον countless
δούς *aor pple* δίδωμι
χρυσός -οῦ *m* gold
σταθμός -οῦ *m* weight
τί why?
ἔρως -ωτος *m* desire (for + *gen*)
πέπτωκας *pf* πίπτω fall
λυπρῶς with distress, with pain *transl phrase* I would be distressed to see ...
νιν them
ἐξῳνωμένας *pf pple* ἐξοινόομαι be thoroughly drunk
ὅμως nonetheless
ἴδοις *aor opt* ὁράω
ἡδέως gladly
πικρός -ά -όν bitter
45 σάφ' ἴσθι *lit* know clearly *i.e.* you can be sure (that I would)
σιγῇ in silence
γε *emph prec word, adding detail to Pentheus' agreement*
ἐλάτη -ης *f* pine tree
κάθημαι sit
ἐξιχνεύω track down, trace out
κἄν = καὶ ἐάν *(crasis)* even if
λάθρᾳ secretly
ἐμφανῶς openly *(understand* I will go ...)*
ἐξεῖπας = ἐξεῖπες you have spoken
ἄγωμεν *deliberative subj, pl for sg transl* am I to take you ...?
ἐπιχειρέω try + *dat*
φθονέω begrudge someone *dat* something *gen*
50 στεῖλαι *aor impv* στέλλομαι put on

ἀμφί around, on + *dat*
χρώς, χρωτός *m* skin, body
βύσσινος -η -ον made of fine linen
πέπλος -ου *m* robe
δή *emph prec word* (what) on earth?
τελῶ *fut* τελέω be classed, be enrolled
μή + *subj* lest, for fear that
κτάνωσιν *aor subj* κτείνω kill
ἤν = ἐάν
ὀφθῇς *aor pass subj* ὁράω
αὖ again
πάλαι of old
ἡμᾶς here for ἐμέ
ἐξεμούσωσεν *aor* ἐκμουσόω teach fully
55 γένοιτο *aor opt* γίγνομαι
ἅ the things which
νουθετέω advise
στελῶ *fut* στέλλω dress, fit out *tr*
ἔσω inside, into the house
μολών *aor pple* βλώσκω go
στολή -ῆς *f* clothing, garment
ἦ surely not?
θῆλυς -εια -υ female, belonging to women
αἰδώς -οῦς *f* (sense of) shame
ἔχω *here* restrain, check
οὐκέτι no longer
θεατής -οῦ *m* spectator
μαινάς -άδος *f* Bacchant, frenzied woman
πρόθυμος -ον eager
φῂς ... βαλεῖν do you say you are going to put ...?
60 κόμη -ης *f* hair
[κράς] κρατός *m* *(κάρα n used for nom/acc)* head
ταναός -ή -όν long
ἐκτενῶ *fut* ἐκτείνω stretch out
δεύτερος -α -ον second
σχῆμα -ατος *n* form, fashion
κόσμος -ου *m* adornment
πέπλος -ου *m* robe
ποδήρης -ες reaching to the feet
κάρα *alt f dat* [κράς]
μίτρα -ας *f* headband

ΠΕ ἦ καί τι πρὸς τοῖσδ' ἄλλο προσθήσεις ἐμοί;

ΔΙ θύρσον γε χειρὶ καὶ νεβροῦ στικτὸν δέρας.

ΠΕ οὐκ ἂν δυναίμην θῆλυν ἐνδῦναι στολήν.   65

ΔΙ ἀλλ' αἷμα θήσεις συμβαλὼν βάκχαις μάχην.

ΠΕ ὀρθῶς· μολεῖν χρὴ πρῶτον ἐς κατασκοπήν.

ΔΙ σοφώτερον γοῦν ἢ κακοῖς θηρᾶν κακά.

ΠΕ καὶ πῶς δι' ἄστεως εἶμι Καδμείους λαθών;

ΔΙ ὁδοὺς ἐρήμους ἵμεν· ἐγὼ δ' ἡγήσομαι.   70

ΠΕ πᾶν κρεῖσσον ὥστε μὴ 'γγελᾶν βάκχας ἐμοί.

ΔΙ ἐλθόντ' ἐς οἴκους . . .

ΠΕ   . . . ἂν δοκῇ βουλεύσομαι.

ΔΙ ἔξεστι· πάντῃ τό γ' ἐμὸν εὐτρεπὲς πάρα.

ΠΕ στείχοιμ' ἄν· ἢ γὰρ ὅπλ' ἔχων πορεύσομαι   75
    ἢ τοῖσι σοῖσι πείσομαι βουλεύμασιν.

(Pentheus goes into the house, and Dionysus turns to the Chorus)

ΔΙ γυναῖκες, ἀνὴρ ἐς βόλον καθίσταται,
    ἥξει δὲ βάκχας, οὗ θανὼν δώσει δίκην.

The ominous prophecy of Dionysus is fulfilled. Pentheus is discovered by
the frenzied women and killed. His mother bears his severed head trium-
phantly to Thebes, and only when she has recovered from her madness
finds that she has killed her son.

ἦ καί and can it be that?
πρός + dat in addition to
προσθήσεις fut προστίθημι add,
    put on
νεβρός -οῦ m fawn
στικτός -ή -όν dappled
δέρας -ατος n skin, hide
65 δυναίμην opt δύναμαι be able
ἐνδῦναι aor inf ἐνδύνω put on, wear
αἷμα -ατος n blood, bloodshed
θήσεις fut τίθημι here cause
συμβάλλω join
ὀρθῶς rightly i.e. well said
μολεῖν aor inf βλώσκω
κατασκοπή -ῆς f spying
γοῦν at any rate
θηράω hunt

Καδμεῖοι -ων m descendants of
    Cadmus, Thebans
λαθών aor pple λανθάνω escape the
    notice of, not be seen by
70 ἔρημος -ον lonely, deserted
ἡγέομαι lead
πᾶν κρεῖσσον ὥστε μή + inf anything
    is better than that X should happen
ἐγγελάω laugh at, mock + dat
ἐλθόντ' = ἐλθόντε aor pple dual
ἔρχομαι (the rest of this line, and the
    start of the next, are missing: Dionysus
    perhaps said something like 'I will dress
    you as necessary', Pentheus replying
    'Not so fast')
ἄν = ἃ ἄν (crasis) whatever things
δοκέω seem good

βουλεύομαι   consider, decide
πάντῃ   *lit* in every way *here transl*
  whatever you decide
τό γ' ἐμόν   my part, my contribution
εὐτρεπής -ές   prepared, ready
πάρα = πάρεστι   is at hand
75 στείχω   walk, go *opt + ἄν   here* I shall
  ...

βούλευμα -ατος   n   plan, advice
ἀνήρ = ὁ ἀνήρ   *(crasis)*
βόλος -ου   m   net
καθίσταμαι   *here* enter, go into
ἥξει   *fut*   ἥκω   *here tr* come to
οὗ   where
θανών   *aor pple*   θνῄσκω   die
δώσει   *fut*   δίδωμι

Aristophanes *Frogs*

Lines 164–241

Dionysus in the underworld

Aristophanes (*c.* 445–*c.* 385 BC) was the greatest writer of Athenian Old Comedy (richly topical, satirical, bawdy), and the only one whose works survive. We have eleven plays, and fragments or titles of thirty-two others. In a typical Aristophanic plot the hero (often an ordinary Athe-

Charon waits to ferry the dead across the Styx.

nian) conceives an ingenious idea and is enabled by often fantastic and surreal means to carry it to fruition. In *Frogs*, unusually, the hero is a god. The Dionysus we meet here (cowardly, mocking and mocked) is very different from the chilling figure in *Bacchae*. *Frogs* won first prize at the festival of the Lenaea in 405 BC.

As god of the theatre Dionysus, accompanied by his slave Xanthias, is making a journey to the underworld (whose marshes the frogs of the chorus inhabit) to bring back the recently dead tragic dramatist Euripides, because Athens has no good poets any more. Dionysus is (not very well) disguised as the hero Heracles, a famous and successful previous visitor to the underworld, and he has just been to call on the real Heracles (who is amused by his quest and his appearance) to get advice for his expedition.

(Dionysus replies to Heracles who has offered advice for their journey)
ΔΙΟΝΥΣΟΣ   νὴ Δία καὶ σύ γε
     ὑγίαινε.
(Heracles goes inside, and Dionysus turns to Xanthias)
     σὺ δὲ τὰ στρώματ᾽ αὖθις λάμβανε.
ΞΑΝΘΙΑΣ   πρὶν καὶ καταθέσθαι;
ΔΙ   καὶ ταχέως μέντοι πάνυ.
ΞΑ   μὴ δῆθ᾽, ἱκετεύω σ᾽, ἀλλὰ μίσθωσαί τινα
     τῶν ἐκφερομένων, ὅστις ἐπὶ τοῦτ᾽ ἔρχεται.   5
ΔΙ   ἐὰν δὲ μηὕρω;
ΞΑ   τότ᾽ ἔμ᾽ ἄγειν.
ΔΙ   καλῶς λέγεις.

νή + acc   by (a god)!
γε   emph prec word
ὑγίαινε   farewell!
στρώματα -ων   n pl   luggage
πρίν + inf   before
καταθέσθαι   aor inf   κατατίθημι put down
καὶ ... μέντοι   here yes, and ...
πάνυ   very

δῆτα   certainly
ἱκετεύω   beg
μίσθωσαι   aor impv   μισθόομαι   hire
5 τῶν ἐκφερομένων   of those being carried out *i.e.* for burial
ἐπὶ τοῦτο   for this purpose
μηὕρω = μὴ εὕρω   (crasis) transl phrase if I can't find anyone
ἄγειν   inf for impv

(a funeral cortege is seen approaching, consisting of a corpse on a stretcher
carried by bearers)
καὶ γάρ τιν' ἐκφέρουσι τουτονὶ νεκρόν.
(he approaches and addresses the corpse)
οὗτος, σὲ λέγω μέντοι, σὲ τὸν τεθνηκότα.
(the corpse sits up)
ἄνθρωπε, βούλει σκευάρι' εἰς Ἅιδου φέρειν;
ΝΕΚΡΟΣ   πόσ' ἄττα;
ΔΙ   ταυτί.
ΝΕ   δύο δραχμὰς μισθὸν τελεῖς;   10
ΔΙ   μὰ Δί', ἀλλ' ἔλαττον.
(the corpse addresses his bearers)
ΝΕ   ὑπάγεθ' ὑμεῖς τῆς ὁδοῦ.
ΔΙ   ἀνάμεινον, ὦ δαιμόνι', ἐὰν ξυμβῶ τί σοι.
ΝΕ   εἰ μὴ καταθήσεις δύο δραχμάς, μὴ διαλέγου.
ΔΙ   λάβ' ἐννέ' ὀβολούς.
ΝΕ   ἀναβιῴην νυν πάλιν.
(the corpse lies down again, and is carried off)
ΔΙ   ὡς σεμνὸς ὁ κατάρατος.
ΞΑ   οὐκ οἰμώξεται;   15
      ἐγὼ βαδιοῦμαι.
ΔΙ   χρηστὸς εἶ καὶ γεννάδας.
      χωρῶμεν ἐπὶ τὸ πλοῖον.
(a wheeled boat is seen approaching, manned by the ferryman Charon)
ΧΑΡΩΝ   ὦ ὄπ' παραβαλοῦ.
ΔΙ   τουτὶ τί ἐστι;
ΞΑ   τοῦτο; λίμνη νὴ Δία
      αὕτη 'στὶν ἣν ἔφραζε, καὶ πλοῖόν γ' ὁρῶ.
ΔΙ   νὴ τὸν Ποσειδῶ, κἄστι γ' ὁ Χάρων οὑτοσί.   20
      χαῖρ' ὦ Χάρων.
ΞΑ   χαῖρ' ὦ Χάρων.
ΔΙ καὶ ΞΑ   χαῖρ' ὦ Χάρων.
ΧΑ   τίς εἰς ἀναπαύλας ἐκ κακῶν καὶ πραγμάτων;
      τίς εἰς τὸ Λήθης πεδίον, ἢ 's Ὀνουπόκας,
      ἢ 's Κερβερίους, ἢ 's κόρακας, ἢ 'πὶ Ταίναρον;
ΔΙ   ἐγώ.

καὶ γάρ   for actually
τουτονί = τοῦτον   (emph)
νεκρός -οῦ   m   corpse
οὗτος   hey, you!
τεθνηκότα   pf pple   θνῄσκω   die
σκευάρια -ων   n pl   bits of luggage,
  equipment
εἰς Ἅιδου   to (understand the house) of
  Hades i.e. the underworld
10 ἄττα = τινά   transl phrase how many
  are there?
ταυτί = ταῦτα   (emph)
δραχμή -ῆς   f   drachma (Athenian
  coin)
μισθός -οῦ   m   wages, fee
τελεῖς   fut   τελέω   pay
μά + acc   here no, by (a god)!
ἐλάττων -ον   gen -ονος   less
ὑπάγω   proceed here + gen along
ἀνάμεινον   aor impv   ἀναμένω   wait
δαιμόνιε   my good sir!
συμβῶ   aor subj   συμβαίνω   make an
  agreement
  ἐάν ... to see if I can ...
καταθήσεις   fut   κατατίθημι   put
  down, pay
διαλέγομαι   talk, converse
ὀβολός -οῦ   m   obol (coin worth one-
  sixth of a drachma)
ἀναβιῴην   opt   ἀναβιόω   return to
  life (opt here implies I would rather ...)
πάλιν   again
15 σεμνός -ή -όν   here haughty
κατάρατος -ον   accursed
οἰμώξεται   fut   οἰμώζω   lament lit
  will he not lament? i.e. he'll regret it
βαδιοῦμαι   fut   βαδίζω   go, walk
χρηστός -ή -όν   good
γεννάδας   gen ου   m   adj   noble

χωρέω   go
πλοῖον -ου   n   boat
ὦ ὄπ   (onomatopoeic cry) aww-up!
παραβαλοῦ   aor impv   παραβάλλω
  transl bring her alongside!
τουτί = τοῦτο   (emph)
λίμνη -ης   f   lake
φράζω   mention (Heracles, who had
  told them about this, is sub)
20 νή   here yes, by ...!
Ποσειδῶν -ῶνος   m   Poseidon (god of
  the sea)
κἄστι = καὶ ἔστι   (crasis)
Χάρων -ωνος   m   Charon (ferryman
  of the Styx)
οὑτοσί = οὗτος   (emph)
χαῖρε   hello!
τίς ... εἰς   transl who wants to go
  to ...?
ἀνάπαυλα -ης   f   place of rest
πρᾶγμα -ατος   n   matter, business pl
  here troubles
Λήθη -ης   f   Lethe (river of
  forgetfulness in the underworld)
πεδίον -ου   n   plain
ἐς Ὀνουπόκας   to an ass-shearing
  (proverb for place where nothing useful
  can be found)
Κερβέριοι -ων   m   Cerberians, people
  of Cerberus (invented tribal name
  from Cerberus, dog guarding entrance
  to the underworld)
ἐς κόρακας   to the crows (popular
  saying go to the crows! implied go to
  hell!)
Ταίναρος -ου   m   Taenarus (site in
  southern Greece of supposed entrance
  to the underworld)

XA   ταχέως ἔμβαινε.
ΔI   ποῦ σχήσειν δοκεῖς;   25
XA   ἐς κόρακας.
ΔI   ὄντως;
XA   ναὶ μὰ Δία σοῦ γ' οὕνεκα.
       εἴσβαινε δή.
ΔI   παῖ, δεῦρο.
XA   δοῦλον οὐκ ἄγω,
       εἰ μὴ νεναυμάχηκε τὴν περὶ τῶν κρεῶν.
ΞΑ   μὰ τὸν Δί' οὐ γάρ, ἀλλ' ἔτυχον ὀφθαλμιῶν.
XA   οὔκουν περιθρέξει δῆτα τὴν λίμνην τρέχων;   30
ΞΑ   ποῦ δῆτ' ἀναμενῶ;
XA   παρὰ τὸν Αὐαίνου λίθον,
       ἐπὶ ταῖς ἀναπαύλαις.
ΔI   μανθάνεις;
ΞΑ   πάνυ μανθάνω·
       οἴμοι κακοδαίμων, τῷ ξυνέτυχον ἐξιών;
XA   κάθιζ' ἐπὶ κώπην. εἴ τις ἔτι πλεῖ, σπευδέτω.
       οὗτος, τί ποιεῖς;
ΔI   ὅτι ποιῶ; τί δ' ἄλλο γ' ἢ   35
       ἵζω 'πὶ κώπην, οὗπερ ἐκέλευές με σύ;
XA   οὔκουν καθεδεῖ δῆτ' ἐνθαδί, γάστρων;
ΔI   ἰδού.
XA   οὔκουν προβαλεῖ τὼ χεῖρε κἀκτενεῖς;
ΔI   ἰδού.
XA   οὐ μὴ φλυαρήσεις ἔχων, ἀλλ' ἀντιβὰς
       ἐλᾷς προθύμως.
ΔI   κᾆτα πῶς δυνήσομαι   40
       ἄπειρος ἀθαλάττωτος ἀσαλαμίνιος
       ὢν εἶτ' ἐλαύνειν;
XA   ῥᾷστ'· ἀκούσει γὰρ μέλη
       κάλλιστ', ἐπειδὰν ἐμβάλῃς ἅπαξ.
ΔI   τίνων;
XA   βατράχων κύκνων θαυμαστά.
ΔI   κατακέλευε δή.
XA   ὦ ὄπ· ὄπ. ὦ ὄπ· ὄπ.   45

25 ἐμβαίνω get in, embark
σχήσειν fut inf ἔχω here put in
δοκέω expect
ὄντως really
ναὶ μά + acc yes, by (a god)!
οὔνεκα + gen because of *(usu foll noun
  or pronoun)*
εἰσβαίνω get in, embark
δή emph prec word
δεῦρο (come) here!
νεναυμάχηκε pf ναυμαχέω fight a
  sea-battle
κρέα -ῶν n flesh *(with τήν*
  understand μάχην lit the battle about
  the flesh *i.e.* matter of life and death;
  at the battle of Arginusae in 406 BC the
  Athenians had, unusually, employed
  slaves to row in the fleet, and
  afterwards freed them)*
οὐ γάρ here no indeed
ἔτυχον aor τυγχάνω happen
  to + pple
ὀφθαλμιάω have sore eyes
30 οὔκουν therefore ... not *transl phrase*
  you must ...
περιθρέξει fut περιτρέχω run
  round
τρέχω run
τὸν Αὑαίνου λίθον lit the stone of
  Hauainos *(comic invented name from*
  αὑαίνω wither *transl* the Withering
  Stone)*
μανθάνω here understand
οἴμοι alas!
κακοδαίμων -ον unlucky *(understand*
  I am ...)*
τῷ = τίνι
ξυντυγχάνω meet with + dat *lit what*
  did I meet with when I came out? *i.e.*
  it's not my day
καθίζω sit
ἐπί + acc to or on *(foll joke depends on*
  confusion of these meanings)*
κώπη -ης f oar
πλέω sail

σπευδέτω impv (3 sg) σπεύδω hurry
  transl let him ...
35 ὅτι what *transl* (you ask) what I am
  doing?
ἵζω sit
οὗπερ where
καθεδεῖ fut καθέζομαι sit
ἐνθαδί here
γάστρων -ωνος m fat-guts
ἰδού = ἰδοῦ *(modified accent stresses*
  exclamation) aor mid impv ὁράω
  transl see (I am sitting)!
προβαλεῖ fut προβάλλομαι put out
τὼ χεῖρε (two) hands *(dual)*
ἐκτενεῖς fut ἐκτείνω stretch out
  (κἀκτενεῖς = καὶ ἐκτενεῖς crasis)
οὐ μή + fut do not ...
φλυαρέω play the fool
ἔχων with another verb keep on ...
ἀντιβάς aor pple ἀντιβαίνω lit go
  against *here* press feet against
  crosspiece to aid rowing
40 ἐλᾷς fut ἐλαύνω here row *(fut as*
  impv)*
προθύμως energetically
κᾆτα = καὶ εἶτα *(crasis) and then*
δυνήσομαι fut δύναμαι be able
ἄπειρος -ον inexperienced
ἀθαλάττωτος -ον never having been to
  sea
ἀσαλαμίνιος -ον not having been at
  Salamis *(great Athenian naval victory*
  over Persians, 480 BC: see Sections 3
  and 4)*
ῥᾷστα very easily
μέλος -ους n song
ἐπειδὰν ... ἅπαξ lit when once *i.e.* as
  soon as
ἐμβάλῃς aor subj ἐμβάλλω here
  pull (on the oar)
βάτραχος -ου m frog
κύκνος -ου m swan
θαυμαστός -ή -όν marvellous
κατακελεύω give the word of
  command, keep time

(the frogs of the chorus begin to leap into view)
ΧΟΡΟΣ
ΒΑΤΡΑΧΩΝ   βρεκεκεκὲξ κοὰξ κοάξ.

βρεκεκεκὲξ κοὰξ κοάξ.
λιμναῖα κρηνῶν τέκνα,
ξύναυλον ὕμνων βοὰν
φθεγξώμεθ', εὔγηρυν ἐμὰν ἀοιδάν,   50
κοὰξ κοάξ,
ἣν ἀμφὶ Νυσήϊον
Διὸς Διόνυσον ἐν
λίμναισιν ἰαχήσαμεν,
ἡνίχ' ὁ κραιπαλόκωμος   55
τοῖς ἱεροῖσι Χύτροις χω-
ρεῖ κατ' ἐμὸν τέμενος λαῶν ὄχλος.
βρεκεκεκὲξ κοὰξ κοάξ.

ΔΙ   ἐγὼ δέ γ' ἀλγεῖν ἄρχομαι
τὸν ὄρρον, ὦ κοὰξ κοάξ.   60
ΧΟ   βρεκεκεκὲξ κοὰξ κοάξ.
ΔΙ   ὑμῖν δ' ἴσως οὐδὲν μέλει.
ΧΟ   βρεκεκεκὲξ κοὰξ κοάξ.
ΔΙ   ἀλλ' ἐξόλοισθ' αὐτῷ κοάξ·

---

45 βρεκεκεκὲξ κοὰξ κοάξ   (onomatopoeic
  sound imitating croaking of frogs)
λιμναῖος -α -ον   of the marshes
κρήνη -ης f spring, stream
τέκνον -ου n child
ξύναυλος -ον   harmonious
ὕμνος -ου m song, hymn
50 φθεγξώμεθα aor subj φθέγγομαι utter
  jussive let us ...
βοά = βοή here sound (Doric form,
  used in choral lyrics)
εὔγηρυς -υ sweet-sounding
ἐμάν = ἐμήν (Doric)
ἀοιδή -ῆς f singing (ἀοιδά Doric)
ἀμφί + acc here in honour of
Νυσήϊος -ον of Mount Nysa (where
  Dionysus was born from the thigh of
  Zeus)
ἰαχήσα aor ἰάχω sing
55 ἡνίκα when

κραιπαλόκωμος -ον with a hangover
ἱερός -ά -όν holy
Χύτροι -ων m pl Feast of Pots
  (spring celebration of Dionysus)
χωρέω go
κατά + acc here through
τέμενος -ους n precinct, piece of
  land sacred to a god
λαός -οῦ m people
ὄχλος -ου m crowd
ἀλγέω feel pain
ἄρχομαι begin
60 ὄρρος -ου m bottom, backside (acc
  denotes part affected)
ἴσως perhaps
οὐδὲν μέλει it is no concern
ἐξόλοισθε aor mid opt ἐξόλλυμι in
  mid perish transl may you ...!
αὐτῷ κοάξ lit with the (cry of) koax
  itself i.e. koax and all

οὐδὲν γάρ ἐστ᾽ ἀλλ᾽ ἢ κοάξ.   65
XO εἰκότως γ᾽, ὦ πολλὰ πράττων.
    ἐμὲ γὰρ ἔστερξαν εὔλυροί τε Μοῦσαι
    καὶ κεροβάτας Πὰν ὁ καλαμόφθογγα παίζων,
    προσεπιτέρπεται δ᾽ ὁ φορμικτὰς Ἀπόλλων,
    ἕνεκα δόνακος, ὃν ὑπολύριον   70
      ἔνυδρον ἐν λίμναις τρέφω.
    βρεκεκεκεκὲξ κοὰξ κοάξ.
ΔΙ ἐγὼ δὲ φλυκταίνας γ᾽ ἔχω,
    χὠ πρωκτὸς ἰδίει πάλαι,
    κᾆτ᾽ αὐτίκ᾽ ἐκκύψας ἐρεῖ –   75
XO βρεκεκεκεκὲξ κοὰξ κοάξ.
ΔΙ ἀλλ᾽ ὦ φιλῳδὸν γένος,
    παύσασθε.

The subsequent journey is eventful, but Dionysus and Xanthias finally
reach the part of the underworld where Euripides is disputing the claim of
the more traditional Aeschylus to the throne of tragedy. After witnessing
their contest, Dionysus decides to take Aeschylus rather than Euripides
back to Athens.

[65] οὐδὲν ... ἐστ᾽ ἀλλ᾽ ἤ   you are nothing
  else but
εἰκότως   rightly
πολλὰ πράττω   lit do many things
  hence interfere
ἔστερξαν   aor   στέργω   love
εὔλυρος -ον   playing the lyre beautifully
Μοῦσα -ης   f   Muse (goddess of music
  and the arts)
κεροβάτης   gen ου   m adj   horn-
  hoofed (epithet of Pan; κεροβάτας
  Doric)
Πάν, Πανός   m   Pan (god of
  countryside, with goat's feet, horns, and
  shaggy hair)
καλαμόφθογγος -ον   played on a reed
παίζω   play
προσεπιτέρπομαι   enjoy as well

φορμικτής -οῦ   m   lyre-player
  (φορμικτάς Doric)
Ἀπόλλων -ωνος   m   Apollo
[70] ἕνεκα + gen   because of, for the sake of
δόναξ -ακος   m   reed
ὑπολύριος -ον   for lyre-making (strings
  rested on a bridge of reeds)
ἔνυδρος -ον   living in water
τρέφω   grow tr
φλύκταινα -ης   f   blister
χὠ = καὶ ὁ (crasis)
πρωκτός -οῦ   m   arse
ἰδίω   sweat
πάλαι   for a long time
[75] αὐτίκα   any minute now
ἐκκύψας   aor pple   ἐκκύπτω   peep
  out
ἐρεῖ   fut   λέγω
φιλῳδός -όν   fond of singing

Plato *Apology of Socrates*

Sections 39e–42a

Socrates and the nature of death

Plato (427–347 BC) was the greatest of the Greek philosophers, and also one of the greatest prose-writers. He was hugely influenced by the life, teaching and death of Socrates, who himself wrote nothing. Plato wrote about twenty-five philosophical dialogues, in most of which Socrates is the principal figure. It is a matter of controversy how far Plato portrays the historical Socrates, and how far Socrates is made mouthpiece for his own views. Central ideas (the importance of philosophical enquiry, the notion that virtue is a matter of knowledge) seem however to have been held by both.

In Athens in 399 BC Socrates was put on trial, accused of not believing in the gods Athens believed in but of introducing new gods, and of corrupting the youth of the city. Plato gives us a version of Socrates' speech in his own defence (ἀπολογία) in which he ridicules the arguments of the prosecutors and makes no attempt to be conciliatory. Not surprisingly, perhaps, Socrates was condemned to death, and, although his friends per-

Ballot discs used by jurors in the Athenian law-courts.

86

Portrait head of Plato.

suaded him to propose a large fine as an alternative to the death penalty, the jury rejected this and confirmed the death penalty by a majority vote. Socrates then warned those who voted for his condemnation that they would not make their lives easier by getting rid of him, and that they would themselves be condemned by posterity. Finally he turns to those who voted to acquit him and speaks of his feelings as he faces the prospect of death.

τοῖς δὲ ἀποψηφισαμένοις ἡδέως ἂν διαλεχθείην ὑπὲρ τοῦ γεγο-
νότος τουτουὶ πράγματος, ἐν ᾧ οἱ ἄρχοντες ἀσχολίαν ἄγουσι
καὶ οὔπω ἔρχομαι οἷ ἐλθόντα με δεῖ τεθνάναι. ἀλλά μοι, ὦ ἄν-
δρες, παραμείνατε τοσοῦτον χρόνον· οὐδὲν γὰρ κωλύει δια-
μυθολογῆσαι πρὸς ἀλλήλους ἕως ἔξεστιν. ὑμῖν γὰρ ὡς φίλοις   5
οὖσιν ἐπιδεῖξαι ἐθέλω τὸ νυνί μοι συμβεβηκὸς τί ποτε νοεῖ. ἐμοὶ
γάρ, ὦ ἄνδρες δικασταί – ὑμᾶς γὰρ δικαστὰς καλῶν ὀρθῶς ἂν
καλοίην – θαυμάσιόν τι γέγονεν. ἡ γὰρ εἰωθυῖά μοι μαντικὴ ἡ
τοῦ δαιμονίου ἐν μὲν τῷ πρόσθεν χρόνῳ παντὶ πάνυ πυκνὴ ἀεὶ
ἦν καὶ πάνυ ἐπὶ σμικροῖς ἐναντιουμένη, εἴ τι μέλλοιμι μὴ ὀρθῶς   10
πράξειν. νυνὶ δὲ συμβέβηκέ μοι ἅπερ ὁρᾶτε καὶ αὐτοί, ταυτὶ ἅ
γε δὴ οἰηθείη ἄν τις καὶ νομίζεται ἔσχατα κακῶν εἶναι· ἐμοὶ δὲ
οὔτε ἐξιόντι ἕωθεν οἴκοθεν ἠναντιώθη τὸ τοῦ θεοῦ σημεῖον,
οὔτε ἡνίκα ἀνέβαινον ἐνταυθοῖ ἐπὶ τὸ δικαστήριον, οὔτε ἐν τῷ
λόγῳ οὐδαμοῦ μέλλοντί τι ἐρεῖν. καίτοι ἐν ἄλλοις λόγοις πολ-   15
λαχοῦ δή με ἐπέσχε λέγοντα μεταξύ· νῦν δὲ οὐδαμοῦ περὶ
ταύτην τὴν πρᾶξιν οὔτ᾽ ἐν ἔργῳ οὐδενὶ οὔτ᾽ ἐν λόγῳ ἠναντίωταί
μοι. τί οὖν αἴτιον εἶναι ὑπολαμβάνω; ἐγὼ ὑμῖν ἐρῶ· κινδυνεύει
γάρ μοι τὸ συμβεβηκὸς τοῦτο ἀγαθὸν γεγονέναι, καὶ οὐκ ἔσθ᾽
ὅπως ἡμεῖς ὀρθῶς ὑπολαμβάνομεν, ὅσοι οἰόμεθα κακὸν εἶναι τὸ   20
τεθνάναι. μέγα μοι τεκμήριον τούτου γέγονεν· οὐ γὰρ ἔσθ᾽ ὅπως
οὐκ ἠναντιώθη ἄν μοι τὸ εἰωθὸς σημεῖον, εἰ μή τι ἔμελλον ἐγὼ
ἀγαθὸν πράξειν.

ἐννοήσωμεν δὲ καὶ τῇδε ὡς πολλὴ ἐλπίς ἐστιν ἀγαθὸν αὐτὸ
εἶναι. δυοῖν γὰρ θάτερόν ἐστιν τὸ τεθνάναι· ἢ γὰρ οἷον μηδὲν εἶ-   25
ναι μηδὲ αἴσθησιν μηδεμίαν μηδενὸς ἔχειν τὸν τεθνεῶτα, ἢ

ἀποψηφισαμένοις aor pple
ἀποψηφίζομαι acquit
transl phrase to those who voted for
    my acquittal
ἡδέως lit sweetly here gladly
διαλεχθείην aor opt διαλέγομαι
    talk with + dat
opt + ἄν potential I would ...
γεγονότος pf pple γίγνομαι
τουτουί = τούτου (emph)

πρᾶγμα -ατος n event, affair
ἐν ᾧ while (lit in which understand
    time)
οἱ ἄρχοντες the magistrates
ἀσχολία -ας f occupation, business
ἀσχολίαν ἄγω be busy
οὔπω not yet
οἷ to the place where
τεθνάναι pf inf θνῄσκω die
μοι here ethic dative, almost please

παραμείνατε *aor impv* παραμένω
  wait
κωλύω prevent
διαμυθολογῆσαι *aor inf*
  διαμυθολογέω converse
5 πρὸς ἀλλήλους with each other
ἕως while, as long as
ἐπιδεῖξαι *aor inf* ἐπιδείκνυμι show,
  explain
νυνί = νῦν (*emph*)
συμβεβηκός *pf pple* συμβαίνει it
  happens
  transl phrase the thing that has now
  happened to me
νοέω *lit* notice, think *here* mean
δικαστής -οῦ *m* juryman
καλέω call
ὀρθῶς rightly, correctly
καλοίην *opt* καλέω
θαυμάσιος -α -ον remarkable
γέγονεν *pf* γίγνομαι
εἰωθυῖα *pple* εἴωθα *pf with pres
  sense* be accustomed
μαντικός -ή -όν prophetic
  f here as noun (*understand* τέχνη
  skill *or* φωνή voice: *Socrates
  believed this stopped him if he was
  about to do wrong*)
  phrases divide: ἡ γὰρ εἰωθυῖά μοι
  μαντικὴ ἡ τοῦ δαιμονίου ... ἐν
  μὲν τῷ πρόσθεν χρόνῳ παντί ...
  πάνυ πυκνὴ ἀεὶ ἦν καί ...
  ἐναντιουμένη
δαιμόνιον -ου *n* deity, divine being
πρόσθεν previously
πάνυ very
πυκνός -ή -όν frequent
10 σμικρός = μικρός
ἐναντιόομαι oppose
μέλλω intend, be about to
συμβέβηκε *pf* συμβαίνει
ἅπερ things which
ταυτί = ταῦτα (*emph*)
γε δή *emph prec pronoun* indeed, the
  very ...
οἰηθείη *aor opt* οἴομαι think *transl
  phrase* the very things which a person
  would think

καὶ νομίζεται *transl* and are in fact
  thought
ἔσχατος -η -ον extreme
ἔωθεν at dawn
οἴκοθεν from the house
ἠναντιώθη *aor* ἐναντιόομαι
σημεῖον -ου *n* sign
ἡνίκα when
ἀναβαίνω come up
ἐνταυθοῖ to this place
δικαστήριον -ου *n* lawcourt
15 οὐδαμοῦ *lit* nowhere *here transl*
  (*emph double neg with* οὔτε) anywhere
  note pattern: ἐμοὶ δὲ οὔτε ἐξιόντι ...
  οὔτε ἡνίκα ἀνέβαινον ... οὔτε ...
  μέλλοντί τι ἐρεῖν
ἐρεῖν *fut inf* λέγω
καίτοι and yet
πολλαχοῦ many times, often
δή indeed *emph prec word*
ἐπέσχε *aor* ἐπέχω check, restrain
μεταξύ in the midst of
πρᾶξις -εως *f* business, affair
ἠναντίωται *pf* ἐναντιόομαι
ὑπολαμβάνω suppose
κινδυνεύω *lit* run the risk *here* + *inf*
  be likely to
γεγονέναι *pf inf* γίγνομαι
οὐκ ἔσθ᾽ ὅπως *lit* there is not how
  transl there is no way that
20 τεκμήριον -ου *n* evidence
ἠναντιώθη *aor* ἐναντιόομαι *transl
  phrase* would not have opposed (*past
  unfulfilled condition*)
ἐννοήσωμεν *aor subj* ἐννοέω
  consider *jussive* let us ...
τῇδε in this way
ἐλπίς -ίδος *f* hope
25 δυοῖν *gen dual* of two things
θάτερον = τὸ ἕτερον one (of two)
τὸ τεθνάναι *inf as noun* death
ἤ ... ἤ either ... or
οἷον like, such that + *acc* + *inf*
αἴσθησις -εως *f* perception
  transl phrase no perception of
  anything (*reinforcing negs*)
τεθνεῶτα *pf pple* θνῄσκω

κατὰ τὰ λεγόμενα μεταβολή τις τυγχάνει οὖσα καὶ μετοίκησις
τῇ ψυχῇ τοῦ τόπου τοῦ ἐνθένδε εἰς ἄλλον τόπον. καὶ εἴτε δὴ
μηδεμία αἴσθησίς ἐστιν ἀλλ᾽ οἷον ὕπνος ἐπειδάν τις καθεύδων
μηδ᾽ ὄναρ μηδὲν ὁρᾷ, θαυμάσιον κέρδος ἂν εἴη ὁ θάνατος – ἐγὼ   30
γὰρ ἂν οἶμαι, εἴ τινα ἐκλεξάμενον δέοι ταύτην τὴν νύκτα ἐν ᾗ
οὕτω κατέδαρθεν ὥστε μηδὲ ὄναρ ἰδεῖν, καὶ τὰς ἄλλας νύκτας
τε καὶ ἡμέρας τὰς τοῦ βίου τοῦ ἑαυτοῦ ἀντιπαραθέντα ταύτῃ τῇ
νυκτὶ δέοι σκεψάμενον εἰπεῖν πόσας ἄμεινον καὶ ἥδιον ἡμέρας
καὶ νύκτας ταύτης τῆς νυκτὸς βεβίωκεν ἐν τῷ ἑαυτοῦ βίῳ, οἶ-   35
μαι ἂν μὴ ὅτι ἰδιώτην τινά, ἀλλὰ τὸν μέγαν βασιλέα εὐαρ-
ιθμήτους ἂν εὑρεῖν αὐτὸν ταύτας πρὸς τὰς ἄλλας ἡμέρας καὶ
νύκτας – εἰ οὖν τοιοῦτον ὁ θάνατός ἐστιν, κέρδος ἔγωγε λέγω·
καὶ γὰρ οὐδὲν πλείων ὁ πᾶς χρόνος φαίνεται οὕτω δὴ εἶναι ἢ
μία νύξ. εἰ δ᾽ αὖ οἷον ἀποδημῆσαί ἐστιν ὁ θάνατος ἐνθένδε εἰς   40
ἄλλον τόπον, καὶ ἀληθῆ ἐστιν τὰ λεγόμενα, ὡς ἄρα ἐκεῖ εἰσι
πάντες οἱ τεθνεῶτες, τί μεῖζον ἀγαθὸν τούτου εἴη ἄν, ὦ ἄνδρες
δικασταί; εἰ γάρ τις ἀφικόμενος εἰς Ἅιδου, ἀπαλλαγεὶς τουτωνὶ
τῶν φασκόντων δικαστῶν εἶναι, εὑρήσει τοὺς ὡς ἀληθῶς δι-
καστάς, οἵπερ καὶ λέγονται ἐκεῖ δικάζειν, Μίνως τε καὶ Ῥαδά-   45
μανθυς καὶ Αἰακὸς καὶ Τριπτόλεμος καὶ ἄλλοι ὅσοι τῶν ἡμι-
θέων δίκαιοι ἐγένοντο ἐν τῷ ἑαυτῶν βίῳ, ἆρα φαύλη ἂν εἴη ἡ
ἀποδημία; ἢ αὖ Ὀρφεῖ συγγενέσθαι καὶ Μουσαίῳ καὶ Ἡσιόδῳ
καὶ Ὁμήρῳ ἐπὶ πόσῳ ἄν τις δέξαιτ᾽ ἂν ὑμῶν; ἐγὼ μὲν γὰρ πολ-
λάκις ἐθέλω τεθνάναι εἰ ταῦτ᾽ ἔστιν ἀληθῆ. ἐπεὶ ἔμοιγε καὶ   50
αὐτῷ θαυμαστὴ ἂν εἴη ἡ διατριβὴ αὐτόθι, ὁπότε ἐντύχοιμι

κατὰ τὰ λεγόμενα   lit in accordance with the things said *transl* as people say

μεταβολή -ῆς *f* change

τυγχάνω happen + *pple*

μετοίκησις -εως *f* removal (from + *gen*)

ψυχή -ῆς *f* soul

τόπος -ου *m* place

ἐνθένδε from here

εἴτε here if

ὕπνος -ου *m* sleep

ἐπειδάν = ἐπειδὴ ἄν when, whenever

καθεύδω sleep

30 ὄναρ *n* *nom/acc only* dream

κέρδος -ους *n* benefit, advantage

οἶμαι = οἴομαι

εἴ τινα ... δέοι *transl* if it were necessary for someone
note pattern: ἐκλεξάμενον ... ἀντιπαραθέντα ... σκεψάμενον ... εἰπεῖν *(with repeated* δέοι*)*

ἐκλεξάμενον *aor pple* ἐκλέγομαι choose

κατέδαρθεν *aor* καταδαρθάνω sleep

ἀντιπαραθέντα *aor pple* ἀντιπαρατίθημι set alongside, compare

σκεψάμενον *aor pple* σκέπτομαι consider

ἄμεινον καὶ ἥδιον better and more pleasantly *(comp advs)*

35 βεβίωκεν *pf* βιόω live

μὴ ὅτι not only, not to mention

ἰδιώτης -ου *m* private individual

τὸν μέγαν βασιλέα the Great King *(i.e. of Persia)*

εὐαρίθμητος -ον easy to count

ἂν εὑρεῖν *(unfulfilled condition) transl* would find

πρός + *acc* here in contrast to

τοιοῦτον here *n* *transl* such a thing

ἔγωγε I at least, I for my part *(emph)*

40 ἀποδημῆσαι *aor inf* ἀποδημέω migrate

εἰς Ἅιδου at *(understand* the house*)* of Hades *(i.e. the underworld)*

ἀπαλλαγείς *aor pass pple* ἀπαλλάττω release (from + *gen*)

φάσκω claim

ὡς ἀληθῶς (how) truly

45 δικάζω give judgement

Μίνως -ω *m* Minos *(king of Crete and one of the judges in the underworld, with Rhadamanthys, Aeacus, and Triptolemus)*

Ῥαδάμανθυς -υος *m* Rhadamanthys *(brother of Minos)*

Αἰακός -οῦ *m* Aeacus *(a hero)*

Τριπτόλεμος -ου *m* Triptolemus *(a hero, and teacher of agriculture to mankind)*

ἡμίθεος -ου *m* demigod

φαῦλος -η -ον bad

ἀποδημία -ας *f* removal, migration

αὖ again, furthermore

Ὀρφεύς -έως *m* Orpheus *(mythical pre-Homeric Thracian bard)*

συγγενέσθαι *aor inf* συγγίγνομαι associate with + *dat*

Μουσαῖος -ου *m* Musaeus *(another mythical bard, pupil of Orpheus)*

Ἡσίοδος -ου *m* Hesiod *(epic/didactic poet, about 700 BC)*

Ὅμηρος -ου *m* Homer

ἐπὶ πόσῳ lit at what price?
transl phrase how much would one of you give for the chance to ...?

50 θαυμαστός -ή -όν wonderful, marvellous

διατριβή -ῆς *f* spending of time; conversation

αὐτόθι there

ὁπότε whenever

ἐντύχοιμι *aor opt* ἐντυγχάνω meet + *dat*

Παλαμήδει καὶ Αἴαντι τῷ Τελαμῶνος καὶ εἴ τις ἄλλος τῶν
παλαιῶν διὰ κρίσιν ἄδικον τέθνηκεν, ἀντιπαραβάλλοντι τὰ
ἐμαυτοῦ πάθη πρὸς τὰ ἐκείνων – ὡς ἐγὼ οἶμαι, οὐκ ἂν ἀηδὲς
εἴη – καὶ δὴ τὸ μέγιστον, τοὺς ἐκεῖ ἐξετάζοντα καὶ ἐρευνῶντα   55
ὥσπερ τοὺς ἐνταῦθα διάγειν, τίς αὐτῶν σοφός ἐστιν καὶ τίς
οἴεται μέν, ἔστιν δ' οὔ. ἐπὶ πόσῳ δ' ἄν τις, ὦ ἄνδρες δικασταί,
δέξαιτο ἐξετάσαι τὸν ἐπὶ Τροίαν ἀγαγόντα τὴν πολλὴν στρατ-
ιὰν ἢ Ὀδυσσέα ἢ Σίσυφον ἢ ἄλλους μυρίους ἄν τις εἴποι καὶ
ἄνδρας καὶ γυναῖκας, οἷς ἐκεῖ διαλέγεσθαι καὶ συνεῖναι καὶ ἐξ-   60
ετάζειν ἀμήχανον ἂν εἴη εὐδαιμονίας; πάντως οὐ δήπου τούτου
γε ἕνεκα οἱ ἐκεῖ ἀποκτείνουσι· τά τε γὰρ ἄλλα εὐδαιμονέστεροί
εἰσιν οἱ ἐκεῖ τῶν ἐνθάδε, καὶ ἤδη τὸν λοιπὸν χρόνον ἀθάνατοί
εἰσιν, εἴπερ γε τὰ λεγόμενα ἀληθῆ.

ἀλλὰ καὶ ὑμᾶς χρή, ὦ ἄνδρες δικασταί, εὐέλπιδας εἶναι πρὸς   65
τὸν θάνατον, καὶ ἕν τι τοῦτο διανοεῖσθαι ἀληθές, ὅτι οὐκ ἔστιν
ἀνδρὶ ἀγαθῷ κακὸν οὐδὲν οὔτε ζῶντι οὔτε τελευτήσαντι, οὐδὲ
ἀμελεῖται ὑπὸ θεῶν τὰ τούτου πράγματα· οὐδὲ τὰ ἐμὰ νῦν ἀπὸ
τοῦ αὐτομάτου γέγονεν, ἀλλά μοι δῆλόν ἐστι τοῦτο, ὅτι ἤδη
τεθνάναι καὶ ἀπηλλάχθαι πραγμάτων βέλτιον ἦν μοι. διὰ τοῦτο   70
καὶ ἐμὲ οὐδαμοῦ ἀπέτρεψεν τὸ σημεῖον, καὶ ἔγωγε τοῖς κα-
ταψηφισαμένοις μου καὶ τοῖς κατηγόροις οὐ πάνυ χαλεπαίνω.
καίτοι οὐ ταύτῃ τῇ διανοίᾳ κατεψηφίζοντό μου καὶ κατηγόρ-
ουν, ἀλλ' οἰόμενοι βλάπτειν· τοῦτο αὐτοῖς ἄξιον μέμφεσθαι. το-
σόνδε μέντοι αὐτῶν δέομαι· τοὺς υἱεῖς μου, ἐπειδὰν ἡβήσωσι,   75
τιμωρήσασθε, ὦ ἄνδρες, ταὐτὰ ταῦτα λυποῦντες ἅπερ ἐγὼ
ὑμᾶς ἐλύπουν, ἐὰν ὑμῖν δοκῶσιν ἢ χρημάτων ἢ ἄλλου του πρό-
τερον ἐπιμελεῖσθαι ἢ ἀρετῆς, καὶ ἐὰν δοκῶσί τι εἶναι μηδὲν

Παλαμήδης -ους m Palamedes
(Trojan War hero, framed by Odysseus
as traitor)
Αἴας -αντος m Ajax (Trojan War
hero, beaten by Odysseus in contest for
armour of Achilles)
Τελαμών -ῶνος m Telamon (father
of Ajax; gen indicates son of)
παλαιός -ά -όν of old
κρίσις -εως f judgement
ἀντιπαραβάλλω compare
πάθος -ους n suffering, experience
ἀηδής -ές unpleasant
55 δή indeed
ἐξετάζω examine
ἐρευνάω investigate
ἐνταῦθα here
διάγω spend time
ἐξετάσαι aor inf ἐξετάζω
τὸν ... ἀγαγόντα i.e. Agamemnon
Τροία -ας f Troy
στρατιά -ᾶς f army, expedition
Ὀδυσσεύς -έως m Odysseus
Σίσυφος -ου m Sisyphus (mythical
trickster)
μυρίος -α -ον countless
60 ἀμήχανος -ον lit unable to cope/hard
to cope with here inconceivable
εὐδαιμονία -ας f happiness
transl phrase an inconceivable amount
of happiness
πάντως at any rate
δήπου surely
ἕνεκα + gen on account of (usu foll
noun or pronoun)
εὐδαίμων -ον gen -ονος fortunate
ἐνθάδε here
λοιπός -ή -όν remaining, rest of
ἀθάνατος -ον immortal
εἴπερ if indeed
65 εὔελπις gen -ιδος hopeful, cheerful
διανοέομαι think over, keep in mind

ζῶντι pres pple [ζάω] live
τελευτήσαντι aor pple τελευτάω
die
ἀμελέω neglect
ἀπὸ τοῦ αὐτομάτου naturally, by
chance
δῆλος -η -ον clear
70 ἀπηλλάχθαι pf pass inf ἀπαλλάττω
πράγματα -ων n pl here troubles
βελτίων -ον gen -ονος better
ἀπέτρεψεν aor ἀποτρέπω turn
away tr, check
καταψηφισαμένοις aor pple
καταψηφίζομαι vote to
condemn + gen
κατήγορος -ου m accuser
πάνυ here at all
χαλεπαίνω be angry (with + dat)
καίτοι and yet
διάνοια -ας f intention
κατηγορέω accuse
βλάπτω harm
μέμφομαι reproach X dat for Y acc
τοσόνδε this much
75 δέομαι beg + gen
υἱός -οῦ (nom and acc pl here υἱεῖς) m
son
ἡβήσωσι aor subj ἡβάω reach
adolescence
τιμωρήσασθε aor impv τιμωρέομαι
punish
ταὐτά = τὰ αὐτά (crasis)
transl phrase in the same way
λυπέω cause pain (to + acc)
δοκέω seem; consider oneself
χρήματα -ων n pl money
του = τινός (indef) transl phrase
anything else
πρότερον before, sooner
ἐπιμελέομαι care for + gen
ἀρετή -ῆς f virtue, excellence

ὄντες, ὀνειδίζετε αὐτοῖς ὥσπερ ἐγὼ ὑμῖν, ὅτι οὐκ ἐπιμελοῦνται
ὧν δεῖ, καὶ οἴονταί τι εἶναι ὄντες οὐδενὸς ἄξιοι. καὶ ἐὰν ταῦτα   80
ποιῆτε, δίκαια πεπονθὼς ἐγὼ ἔσομαι ὑφ' ὑμῶν αὐτός τε καὶ οἱ
ὑεῖς. ἀλλὰ γὰρ ἤδη ὥρα ἀπιέναι, ἐμοὶ μὲν ἀποθανουμένῳ, ὑμῖν
δὲ βιωσομένοις· ὁπότεροι δὲ ἡμῶν ἔρχονται ἐπὶ ἄμεινον
πρᾶγμα, ἄδηλον παντὶ πλὴν ἢ τῷ θεῷ.

The execution of Socrates was delayed for a month, since the state trireme
was away on an annual sacred embassy to Delos, commemorating The-
seus' slaying of the Minotaur, and during this time no execution was
allowed to pollute the city. In other dialogues Plato records the con-
versations of Socrates with his friends during his time in prison. Escape
would probably have been fairly easy, but Socrates refused to escape and
died by drinking the hemlock as required.

ὀνειδίζω   reproach + *dat*
80 ὧν δεῖ   *transl* the things they should
    πεπονθώς   *pf pple* πάσχω   here
    experience, receive
    pf pple + *fut* εἰμί = *fut pf*
    ἀλλὰ γάρ   but the fact is that

ὥρα -ας   *f*   time
ἀποθανουμένῳ   *fut pple* ἀποθνῄσκω
βιωσομένοις   *fut pple* βιόω
ὁπότερος -α -ον   which (of two)
ἄδηλος -ον   unclear
πλήν   except

Aristophanes *Ecclesiazusae* (Assemblywomen)

Lines 163–244

Power to women?

Ecclesiazusae (produced probably in 392 BC) is one of the last plays Aristophanes wrote. It represents in style and content a transitional stage between the Old Comedy of the fifth century and the New Comedy of Menander (see Section 17): there is still a political theme, still a comic hero (here female); but the sustained attacks on individual politicians have gone, the chorus has a reduced role, and a new style of quiet, witty dialogue has emerged.

The women of Athens led by Praxagora have decided to seize political power from the men, convinced that they can deal better with the problems of the city. Having dressed in their husbands' clothes and left their homes surreptitiously, they are holding a rehearsal for their takeover of the Assembly. It has not been going well, as the women constantly give themselves away by unconsidered words. Praxagora is here in conversation with two unnamed women, A and B.

ΓΥΝΗ Β   φέρε τὸν στέφανον· ἐγὼ γὰρ αὖ λέξω πάλιν.
οἶμαι γὰρ ἤδη μεμελετηκέναι καλῶς.
(she mounts the platform and puts on the garland)
ἐμοὶ γὰρ, ὦ γυναῖκες αἱ καθήμεναι, –

φέρε *here* give me!	οἶμαι (= οἴομαι) think
στέφανος -ου m garland (*worn by*	μεμελετηκέναι pf inf μελετάω
speakers in Assembly)	practise *here transl inf* that I have
αὖ in turn	practised
πάλιν again	κάθημαι sit

Women weaving at the loom.

ΠΡΑΞΑΓΟΡΑ

γυναῖκας αὖ, δύστηνε, τοὺς ἄνδρας λέγεις;
(Woman B points to the audience)

ΓΥ Β   δι' Ἐπίγονόν γ' ἐκεῖνον· ἐπιβλέψασα γὰρ   5
ἐκεῖσε πρὸς γυναῖκας ᾠόμην λέγειν.

ΠΡΑ   ἄπερρε καὶ σὺ καὶ κάθησ' ἐντευθενί·
(Woman B sits down)

αὐτὴ γὰρ ὑμῶν γ' ἕνεκά μοι λέξειν δοκῶ
τονδὶ λαβοῦσα. τοῖς θεοῖς μὲν εὔχομαι
τυχεῖν κατορθώσασα τὰ βεβουλευμένα.   10
(she addresses the theatre audience as well as the women)

ἐμοὶ δ' ἴσον μὲν τῆσδε τῆς χώρας μέτα
ὅσονπερ ὑμῖν· ἄχθομαι δὲ καὶ φέρω
τὰ τῆς πόλεως ἅπαντα βαρέως πράγματα.
ὁρῶ γὰρ αὐτὴν προστάταισι χρωμένην
ἀεὶ πονηροῖς· κἄν τις ἡμέραν μίαν   15
χρηστὸς γένηται, δέκα πονηρὸς γίγνεται.

δύστηνος -ον wretched
λέγω here call
5 Ἐπίγονος -ου m Epigonus (an
    effeminate Athenian)
γε emph prec word
ἐπιβλέψασα aor pple ἐπιβλέπω
    look
ἐκεῖσε in that direction
ᾠόμην impf οἴομαι
ἄπερρε be off!
κάθησο impv κάθημαι
ἐντευθενί over there
ἕνεκα + gen because of (usu foll noun
    or pronoun)
δοκέω lit seem   here + μοι + inf
    transl think that I will …
τονδί = τόνδε (emph, ref to the
    garland)
εὔχομαι pray

10 τυχεῖν aor inf τυγχάνω   lit hit the
    mark here succeed
κατορθώσασα aor pple κατορθόω
    manage well
βεβουλευμένα pf pass pple βουλεύω
    plan
ἴσος -η -ον equal
μέτα = μέτεστι + dat   lit there is to X
    dat a share   i.e. X has a share
    (in + gen)
ὅσονπερ as much as
ἄχθομαι be vexed, be discontented
βαρέως φέρω be grieved at
ἅπαντα = πάντα (emph)
πρᾶγμα -ατος n affair
προστάτης -ου m leader
15 πονηρός -ά -όν wicked
κἄν = καὶ ἐάν (crasis)
χρηστός -ή -όν good, decent
γένηται aor subj γίγνομαι

ἐπέτρεψας ἑτέρῳ; πλεῖον᾽ ἔτι δράσει κακά.
χαλεπὸν μὲν οὖν ἄνδρας δυσαρέστους νουθετεῖν,
οἳ τοὺς φιλεῖν μὲν βουλομένους δεδοίκατε,
τοὺς δ᾽ οὐκ ἐθέλοντας ἀντιβολεῖθ᾽ ἑκάστοτε.   20
ἐκκλησίαισιν ἦν ὅτ᾽ οὐκ ἐχρώμεθα
οὐδὲν τὸ παράπαν· ἀλλὰ τόν γ᾽ Ἀγύρριον
πονηρὸν ἡγούμεσθα· νῦν δὲ χρωμένων
ὁ μὲν λαβὼν ἀργύριον ὑπερεπήνεσεν,
ὁ δ᾽ οὐ λαβὼν εἶναι θανάτου φῆσ᾽ ἀξίους   25
τοὺς μισθοφορεῖν ζητοῦντας ἐν τῇκκλησίᾳ.
ΓΥΝΗ Α   νὴ τὴν Ἀφροδίτην εὖ γε ταυταγὶ λέγεις.
ΠΡΑ   τάλαιν᾽ Ἀφροδίτην ὤμοσας; χαρίεντά γ᾽ ἂν
ἔδρασας, εἰ τοῦτ᾽ εἶπας ἐν τῇκκλησίᾳ.
ΓΥ Α   ἀλλ᾽ οὐκ ἂν εἶπον.
ΠΡΑ   μηδ᾽ ἐθίζου νῦν λέγειν.   30
τὸ συμμαχικὸν αὖ τοῦθ᾽, ὅτ᾽ ἐσκοπούμεθα,
εἰ μὴ γένοιτ᾽, ἀπολεῖν ἔφασκον τὴν πόλιν.
ὅτε δὴ δ᾽ ἐγένετ᾽, ἤχθοντο, τῶν δὲ ῥητόρων
ὁ τοῦτ᾽ ἀναπείσας εὐθὺς ἀποδρὰς ᾤχετο.
ναῦς δεῖ καθέλκειν· τῷ πένητι μὲν δοκεῖ,   35
τοῖς πλουσίοις δὲ καὶ γεωργοῖς οὐ δοκεῖ.
Κορινθίοις ἄχθεσθε, κἀκεῖνοί γέ σοι·
νῦν εἰσὶ χρηστοί – ‘καὶ σύ νυν χρηστὸς γενοῦ᾽.
Ἀργεῖος ἀμαθής, ἀλλ᾽ Ἱερώνυμος σοφός·
σωτηρία παρέκυψεν, ἀλλ᾽ ὀργίζεται   40
Θρασύβουλος αὐτὸς οὐχὶ παρακαλούμενος.
ΓΥ Α   ὡς ξυνετὸς ἀνήρ.
ΠΡΑ   νῦν καλῶς ἐπήνεσας.
ὑμεῖς γάρ ἐστ᾽, ὦ δῆμε, τούτων αἴτιοι.
τὰ δημόσια γὰρ μισθοφοροῦντες χρήματα

ἐπέτρεψας aor ἐπιτρέπω entrust
things to + dat
you entrusted *i.e. when a typical
citizen did so*
ἕτερος -α -ον another, a second
δράω do
δυσάρεστος -ον hard to please
νουθετέω advise
δέδοικα *pf with pres sense* fear
20 ἀντιβολέω entreat, beg
ἑκάστοτε at all times
ἦν ὅτε there was a time when
οὐδέν *here reinforcing neg with* οὐ ...
τὸ παράπαν
τὸ παράπαν at all
Ἀγύρριος -ου m Agyrrhius *(political
leader prominent in 390s and 380s;
introduced assembly pay)*
ἡγέομαι believe
χρωμένων *(understand* ἡμῶν *and*
ἐκκλησίαις) now that we do have
assemblies
ἀργύριον -ου n money, payment
ὑπερεπήνεσεν aor ὑπερεπαινέω
praise to excess
25 μισθοφορέω receive wages *(Praxagora
asserts that people unable to attend the
assembly pretend to object to pay in
principle, but in fact resent receiving
none)*
ζητέω seek, aim
τῇκκλησίᾳ = τῇ ἐκκλησίᾳ *(crasis)*
νή + acc by (a god)!
Ἀφροδίτη -ης f Aphrodite *(goddess
of love; oath used by women)*
ταυταγί = ταῦτα *(emph)*
τάλας -αινα -αν wretched
ὤμοσας aor ὄμνυμι swear
χαρίεις -εσσα -εν gen -εντος
pleasant *(here ironic)*
ἂν ἔδρασας ... οὐκ ἂν εἶπον transl
you would have done ... I would not
have said
εἶπας = εἶπες
30 ἐθίζομαι get into the habit
συμμαχικόν -οῦ n alliance *(probably
ref to a recent one with Corinth, Argos

and others against Sparta)
σκοπέομαι consider
γένοιτο aor opt γίγνομαι
ἀπολεῖν fut inf ἀπόλλυμι destroy
φάσκω say
δή indeed, in fact
ἀναπείσας aor pple ἀναπείθω
impose an opinion, recommend
ἀποδράς aor pple ἀποδιδράσκω
run away
οἴχομαι be gone
35 καθέλκω launch
πένης gen -ητος poor *(poorer
Athenians could expect employment as
rowers)*
δοκεῖ it seems good
πλούσιος -α -ον rich
γεωργός -οῦ m farmer
Κορίνθιοι -ων m pl Corinthians,
people of Corinth
κἀκεῖνοι = καὶ ἐκεῖνοι *(crasis)*
γενοῦ aor impv γίγνομαι *(phrase lit
You now be decent too, as if quoting a
pro-Corinthian politician, i.e. you're
told to be ...; anti-Spartan democrats
had recently taken power in Corinth)*
Ἀργεῖος -ου m Argive, representative
of Argos *(Ἀργεῖος = ὁ Ἀργεῖος
crasis)*
ἀμαθής -ές stupid
Ἱερώνυμος -ου m Hieronymus
*(politician; context implies a recent
proposal made by him had been
approved when a similar one from the
Argives had been rejected)*
40 σωτηρία -ας f safety, salvation
παρέκυψε aor παρακύπτω peep
out, appear briefly
Θρασύβουλος -ου m Thrasybulus
*(prominent politician and naval
commander)*
παρακαλέω invite, summon to help
ξυνετός -ή -όν clever
ἀνήρ = ὁ ἀνήρ *(crasis)*
ἐπήνεσας aor ἐπαινέω praise
δημόσιος -α -ον public

ἰδίᾳ σκοπεῖσθ' ἕκαστος ὅ τι τις κερδανεῖ,   45
τὸ δὲ κοινὸν ὥσπερ Αἴσιμος κυλίνδεται.
ἦν οὖν ἐμοὶ πίθησθε, σωθήσεσθ' ἔτι.
ταῖς γὰρ γυναιξὶ φημὶ χρῆναι τὴν πόλιν
ἡμᾶς παραδοῦναι. καὶ γὰρ ἐν ταῖς οἰκίαις
ταύταις ἐπιτρόποις καὶ ταμίαισι χρώμεθα.   50
ΓΥ Α   εὖ γ', εὖ γε νὴ Δί', εὖ γε.
ΓΥ Β   λέγε, λέγ', ὦγαθέ.
ΠΡΑ   ὡς δ' εἰσὶν ἡμῶν τοὺς τρόπους βελτίονες
ἐγὼ διδάξω. πρῶτα μὲν γὰρ τἄρια
βάπτουσι θερμῷ κατὰ τὸν ἀρχαῖον νόμον
ἁπαξάπασαι, κοὐχὶ μεταπειρωμένας   55
ἴδοις ἂν αὐτάς. ἡ δ' Ἀθηναίων πόλις,
εἰ τοῦτο χρηστῶς εἶχεν, οὐκ ἂν ἐσῴζετο,
εἰ μή τι καινὸν ἄλλο περιηργάζετο.
καθήμεναι φρύγουσιν ὥσπερ καὶ πρὸ τοῦ·
ἐπὶ τῆς κεφαλῆς φέρουσιν ὥσπερ καὶ πρὸ τοῦ·   60
τὰ Θεσμοφόρι' ἄγουσιν ὥσπερ καὶ πρὸ τοῦ·
πέττουσι τοὺς πλακοῦντας ὥσπερ καὶ πρὸ τοῦ·
τοὺς ἄνδρας ἐπιτρίβουσιν ὥσπερ καὶ πρὸ τοῦ·
μοιχοὺς ἔχουσιν ἔνδον ὥσπερ καὶ πρὸ τοῦ·
αὑταῖς παροψωνοῦσιν ὥσπερ καὶ πρὸ τοῦ·   65
οἶνον φιλοῦσ' εὔζωρον ὥσπερ καὶ πρὸ τοῦ·
βινούμεναι χαίρουσιν ὥσπερ καὶ πρὸ τοῦ.
ταύταισιν οὖν, ὦνδρες, παραδόντες τὴν πόλιν
μὴ περιλαλῶμεν, μηδὲ πυνθανώμεθα
τί ποτ' ἄρα δρᾶν μέλλουσιν, ἀλλ' ἁπλῷ τρόπῳ   70
ἐῶμεν ἄρχειν, σκεψάμενοι ταυτὶ μόνα,
ὡς τοὺς στρατιώτας πρῶτον οὖσαι μητέρες
σῴζειν ἐπιθυμήσουσιν· εἶτα σιτία
τίς τῆς τεκούσης θᾶττον ἐπιπέμψειεν ἄν;
χρήματα πορίζειν εὐπορώτατον γυνή,   75
ἄρχουσά τ' οὐκ ἂν ἐξαπατηθείη ποτέ·
αὐταὶ γάρ εἰσιν ἐξαπατᾶν εἰθισμέναι.
τὰ δ' ἄλλ' ἐάσω· ταῦτ' ἐὰν πίθησθέ μοι,
εὐδαιμονοῦντες τὸν βίον διάξετε.

45 ἰδίᾳ   privately
κερδανεῖ   *fut*   κερδαίνω   make profit
τὸ κοινόν   the public interest
Αἴσιμος -ου   *m*   Aesimus *(politician
   out of favour)*
κυλίνδομαι   get kicked around
ἤν = ἐάν
πίθησθε   *aor subj*   πείθομαι
σωθήσεσθε   *fut pass*   σῴζω   save
χρῆναι   *inf* χρή   it is necessary
παραδοῦναι   *aor inf*   παραδίδωμι
   hand over
50 ἐπίτροπος -ου   *m*   manager, guardian
ταμίας -ου   *m*   steward
ὦγαθέ = ὦ ἀγαθέ   *(crasis)*
ἡμῶν   *gen of comparison* than us (men),
   Praxagora speaking as if a man
τρόπος -ου   *m*   way, habit *(acc of
   respect, transl* in their ...*)*
ἔρια -ων   *n pl*   wool *(τἄρια = τὰ ἔρια*
   crasis)
βάπτω   dye
θερμός -ή -όν   hot *(here understand
   water)*
ἀρχαῖος -α -ον   ancient
55 ἁπαξάπασαι   all at once, all together
μεταπειράομαι   try in a different way
ἴδοις   *aor opt*   ὁράω
   οὐκ ἴδοις ἄν ... οὐκ ἂν ἐσῴζετο
   transl you would not see ... it would
   not keep ...
Ἀθηναῖος -α -ον   Athenian
χρηστῶς εἶχεν   was satisfactory
   ἔχω + *adv*   be
καινός -ή -όν   new
περιεργάζομαι   be employed
   unnecessarily with + *acc*
φρύγω   parch (corn) *(i.e. prepare food,
   seen as a typical activity of women)*
πρὸ τοῦ   before this time, in the past
60 κεφαλή -ῆς   *f*   head
Θεσμοφόρια -ων   *n pl*   the
   Thesmophoria *(a women-only festival
   of Demeter)*
ἄγω   *here* hold, celebrate

πέττω   bake
πλακοῦς -οῦντος   *m*   flat cake
ἐπιτρίβω   grind down, harass
μοιχός -οῦ   *m*   lover
ἔνδον   inside, in the house
65 παροψωνέω   buy extra food
οἶνος -ου   *m*   wine
εὔζωρος -ον   unmixed, undiluted
βινέω   screw, have sex *(vulgar slang)*
χαίρω   enjoy
παραδόντες   *aor pple*   παραδίδωμι
περιλαλέω   chatter too much
μὴ περιλαλῶμεν ... μηδὲ
   πυνθανώμεθα   *jussive subjs*   let us
   not ... nor
70 δράω   do
μέλλω   intend
ἁπλοῦς -ῆ -οῦν   simple
τρόπος -ου   *m*   way, manner
ἐάω   allow
ἄρχω   rule, govern
σκεψάμενοι   *aor pple*   σκέπτομαι
   look at, consider
ταυτί = ταῦτα   *(emph)*
ἐπιθυμέω   be eager
εἶτα = ἔπειτα   then, next
σιτία -ων   *n pl*   food
τεκοῦσα -ης   *f*   mother *(aor pple
   τίκτω* give birth)
θᾶττον   more quickly
ἐπιπέμψειεν   *aor opt*   ἐπιπέμπω
   send in addition
75 χρήματα -ων   *n pl*   money
πορίζω   provide, supply
εὔπορος -ον   resourceful *(n sup lit* a
   most resourceful thing)
ἐξαπατηθείη   *aor pass opt*
ἐξαπατάω   deceive thoroughly
εἰθισμέναι   *pf pple*   ἐθίζομαι   be
   accustomed
ἐάω   *here* pass over
ταῦτ' ἐὰν πίθησθέ μοι   *transl* if you
   follow my advice in this matter
εὐδαιμονέω   be happy
διάγω   spend (time), live

ΓΥ Α   εὖ γ᾽ ὦ γλυκυτάτη Πραξαγόρα καὶ δεξιῶς.   80
πόθεν, ὦ τάλαινα, ταῦτ᾽ ἔμαθες οὕτω καλῶς;
ΠΡΑ   ἐν ταῖς φυγαῖς μετὰ τἀνδρὸς ᾤκησ᾽ ἐν πυκνί·
ἔπειτ᾽ ἀκούουσ᾽ ἐξέμαθον τῶν ῥητόρων.

Despite this unpromising start and other obstacles the women succeed in
their plans, introducing communism of property and (to considerable
comic effect) of sexual partners.

80 γλυκύς -εῖα -ύ sweet
δεξιῶς cleverly *(understand* you have
   spoken)
ἐν ταῖς φυγαῖς in the refugee time *(lit*
   in the flights, *referring to the aftermath*
   of the defeat at Aegospotami in 405
   when Athens was overcrowded with

people who had left allied states*)*
ᾤκησα aor οἰκέω live
πνύξ, πυκνός f the Pnyx *(hillside*
   where the Athenian assembly met)
ἐξέμαθον aor ἐκμανθάνω learn
   thoroughly

Xenophon *Oeconomicus* (The estate manager)

Sections 7.16–7.32.2

The duties of husband and wife

Xenophon (*c.* 428–*c.* 354 BC) was a historian and miscellaneous writer, a military leader, and a disciple of Socrates. He seems however to

The grave stone of Theano, showing husband and wife together.

Gold ring engraved with the
head of a woman.

have had a limited grasp of philosophy: the Socrates he presents is essen-
tially a dispenser of practical advice, perhaps rather like Xenophon him-
self.

This short treatise *The Estate Manager* takes the form of a Socratic dia-
logue. In it Xenophon describes a conversation which Socrates had with
Critobulus ('I once heard him discussing estate management as follows
...') in which he establishes the various qualities required by the estate
manager. It is agreed that the estate manager should be 'a truly good man'.
In the second part of the dialogue Socrates reports to Critobulus the
words of 'a truly good man', Ischomachus, who owns a small estate and
has recently married a young wife. He tells Socrates how he runs his estate
and how he has trained his wife to undertake her share of the respon-
sibilites. In this section we have three layers of narration: 'Xenophon says
that Socrates said that Ischomachus said that ...' Much of the time in the
description of Ischomachus' conversation with his wife direct speech is
used, though occasionally ἔφη φάναι (he said that he said), or just φάναι,
is inserted to remind us that this is a reported narrative.

Ischomachus' wife was 'not yet fifteen years old' when he married
her, with no experience of life outside her own home. Ischomachus was
probably in his mid-thirties, and regarded himself as responsible for
training her, in the same way as he would have trained his horses, his
servants or his overseers. It is agreed that a 'truly good man' like Ischo-
machus can train his wife (or his foreman or his horse) to be a good and
useful asset. An underlying theme of the dialogue is the question whether
good qualities are innate or can be taught.

'καὶ τί δή', ἔφη, 'ὁρᾷς', ἡ γυνή, 'ὅ τι ἂν ἐγὼ ποιοῦσα συναύξ-
οιμι τὸν οἶκον;'
'ναὶ μὰ Δί'', ἔφην ἐγώ, 'ἅ τε οἱ θεοὶ ἔφυσάν σε δύνασθαι καὶ ὁ
νόμος συνεπαινεῖ, ταῦτα πειρῶ ὡς βέλτιστα ποιεῖν.'
'καὶ τί δὴ ταῦτ' ἐστιν;' ἔφη ἐκείνη.   5
'οἶμαι μὲν ἔγωγε,' ἔφην, 'οὐ τὰ ἐλαχίστου ἄξια, εἰ μή πέρ γε
καὶ ἡ ἐν τῷ σμήνει ἡγεμὼν μέλιττα ἐπ' ἐλαχίστου ἀξίοις ἔργοις
ἐφέστηκεν. ἐμοὶ γάρ τοι, ἔφη φάναι, καὶ οἱ θεοί, ὦ γύναι, δο-
κοῦσι πολὺ διεσκεμμένως μάλιστα τὸ ζεῦγος τοῦτο συντεθει-
κέναι ὃ καλεῖται θῆλυ καὶ ἄρρεν, ὅπως ὅτι ὠφελιμώτατον ᾖ   10

δή   then, indeed
συναύξω   join in increasing
οἶκος -ου   m   household, property
   transl sentence 'Can you see' asked my
   wife 'what there is that I could do to
   help increase our property?'
ναί   yes
μά + acc   by (a god)!
ἅ τε ...   *picked up by* ταῦτα
φύω   make grow, cause to be
δύναμαι   be able (to do)
νόμος -ου   m   custom
συνεπαινέω   join in approving
πειρῶ   *impv (2 sg)* πειράομαι   try
ὡς βέλτιστα   as well as possible
   transl sentence 'Yes, by Zeus' I said 'try
   to do as well as possible the things
   that the gods made you capable of
   doing, and that custom also
   approves'
5 οἶμαι   think
ἔγωγε   I at least, I for my part
ἐλάχιστος -η -ον   least
   τὰ ἐλαχίστου ἄξια   things worth
   very little
περ   *emph prec word* εἰ μή περ   here
   unless indeed
γε   at least

σμῆνος -ους   n   hive
μέλιττα -ης   f   bee
ἡγεμὼν μέλιττα   *transl* queen bee
ἐφέστηκεν   *pf* ἐφίστημι   put in
   charge   *intr pf* be in charge
   (of + ἐπί + dat)
τοι   indeed
ἔφη φάναι   he (Socrates) said that he
   (Ischomachus) said (*see introduction to
   this passage: parenthetic phrase not
   affecting construction*)
δοκέω   seem
πολύ   very
διεσκεμμένως   prudently (*adv from pf
   pple* διασκοπέω   consider)
ζεῦγος -ους   n   *lit* yoke-pair (*of
   animals to plough or pull vehicle*) here
   couple
συντεθεικέναι   *pf inf* συντίθημι   put
   together
10 καλέω   call
θῆλυς -εια -υ   female
ἄρρην -εν   *gen* -ενος   male
ὅτι + sup   as ... as possible
ὠφέλιμος -η -ον   useful *transl phrase*
   so that it may be as useful as possible
   to itself

αὐτῷ εἰς τὴν κοινωνίαν. πρῶτον μὲν γὰρ τοῦ μὴ ἐκλιπεῖν ζῴων
γένη τοῦτο τὸ ζεῦγος κεῖται μετ' ἀλλήλων τεκνοποιούμενον,
ἔπειτα τὸ γηροβοσκοὺς κεκτῆσθαι ἑαυτοῖς ἐκ τούτου τοῦ ζεύ-
γους τοῖς γοῦν ἀνθρώποις πορίζεται· ἔπειτα δὲ καὶ ἡ δίαιτα τοῖς
ἀνθρώποις οὐχ ὥσπερ τοῖς κτήνεσίν ἐστιν ἐν ὑπαίθρῳ, ἀλλὰ   15
στεγῶν δεῖται δηλονότι. δεῖ μέντοι τοῖς μέλλουσιν ἀνθρώποις
ἕξειν ὅ τι εἰσφέρωσιν εἰς τὸ στεγνὸν τοῦ ἐργασομένου τὰς ἐν τῷ
ὑπαίθρῳ ἐργασίας. καὶ γὰρ νεατὸς καὶ σπόρος καὶ φυτεία καὶ
νομαὶ ὑπαίθρια ταῦτα πάντα ἔργα ἐστίν· ἐκ τούτων δὲ τὰ ἐπι-
τήδεια γίγνεται. δεῖ δ' αὖ, ἐπειδὰν ταῦτα εἰσενεχθῇ εἰς τὸ   20
στεγνόν, καὶ τοῦ σώσοντος ταῦτα καὶ τοῦ ἐργασομένου δ' ἃ τῶν
στεγνῶν ἔργα δεόμενά ἐστι. στεγνῶν δὲ δεῖται καὶ ἡ τῶν νε-
ογνῶν τέκνων παιδοτροφία, στεγνῶν δὲ καὶ αἱ ἐκ τοῦ καρποῦ
σιτοποιίαι δέονται· ὡσαύτως δὲ καὶ ἡ τῆς ἐσθῆτος ἐκ τῶν ἐρίων
ἐργασία. ἐπεὶ δ' ἀμφότερα ταῦτα καὶ ἔργων καὶ ἐπιμελείας δεῖ-   25
ται τά τε ἔνδον καὶ τὰ ἔξω, καὶ τὴν φύσιν, φάναι, εὐθὺς παρ-
εσκεύασεν ὁ θεός, ὡς ἐμοὶ δοκεῖ, τὴν μὲν τῆς γυναικὸς ἐπὶ τὰ
ἔνδον ἔργα καὶ ἐπιμελήματα, τὴν δὲ τοῦ ἀνδρὸς ἐπὶ τὰ ἔξω.
῾ρίγη μὲν γὰρ καὶ θάλπη καὶ ὁδοιπορίας καὶ στρατείας τοῦ
ἀνδρὸς τὸ σῶμα καὶ τὴν ψυχὴν μᾶλλον δύνασθαι καρτερεῖν κα-   30
τεσκεύασεν· ὥστε τὰ ἔξω ἐπέταξεν αὐτῷ ἔργα· τῇ δὲ γυναικὶ
ἧττον τὸ σῶμα δυνατὸν πρὸς ταῦτα φύσας τὰ ἔνδον ἔργα αὐτῇ,
φάναι ἔφη, προστάξαι μοι δοκεῖ ὁ θεός. εἰδὼς δὲ ὅτι τῇ γυναικὶ

κοινωνία -ας *f* partnership, mutual service

τοῦ μή + *inf* expresses neg purpose

ἐκλιπεῖν *aor inf* ἐκλείπω *intr here* fail, die out

ζῷον -ου *n* living being, creature
   transl phrase so that the various kinds of living things may not die out

κεῖμαι be established

μετ᾽ ἀλλήλων with each other

τεκνοποιέομαι breed children

τό with κεκτῆσθαι

γηροβοσκός -όν caring for the old

κεκτῆσθαι *pf inf* κτάομαι acquire

γοῦν at any rate

πορίζω provide

δίαιτα -ης *f* way of life

15 κτήνεα -ῶν *n pl* beasts

ἐν ὑπαίθρῳ in the open air

στέγος -ους *n* roof, house

δέομαι need + *gen*

δηλονότι clearly

δεῖ *construction here* there is need to X *dat* for Y *gen i.e.* X needs ...

μέλλω + *fut inf* intend

ἕξειν *fut inf* ἔχω

ὅ τι εἰσφέρωσιν εἰς ... *lit* what they may carry into ... *i.e.* stores/produce to fill ...

στεγνός -ή -όν covered *n as noun* covered place, shelter

τοῦ (*gen after* δεῖ) + *fut pple* *transl* a man who will ..., someone to ...

ἐργάζομαι work, perform

ἐργασία -ας *f* work, business, occupation

νεατός -οῦ *m* ploughing

σπόρος -ου *m* sowing

φυτεία -ας *f* planting

νομή -ῆς *f* pasturing

ὑπαίθριος -ον in the open air

ἐπιτήδεια -ων *n pl* supplies, food

20 αὖ again, besides

ἐπειδάν + *subj* when, as soon as

εἰσενεχθῇ *aor pass subj* εἰσφέρω bring in

σώσοντος *fut pple* σῴζω *here* keep safe, look after

ἃ τῶν στεγνῶν ἔργα δεόμενά ἐστι tasks that need (to be done under) cover

νεογνός -όν newborn

τέκνον -ου *n* child

παιδοτροφία -ας *f* nursing, rearing

καρπός -οῦ *m* corn, produce

σιτοποιία -ας *f* breadmaking, food preparation

ὡσαύτως similarly

ἐσθής -ῆτος *f* clothing

ἔρια -ων *n pl* wool

25 ἐργασία *here* making, manufacture

ἀμφότεροι -αι -α both

ἐπιμέλεια -ας *f* care, attention

ἔνδον inside, indoors

ἔξω outside, outdoors

φύσις -εως *f* nature

φάναι *here for* ἔφη φάναι

εὐθύς *lit* immediately *here* from the first

παρεσκεύασεν *aor* παρασκευάζω prepare, make, adapt

δοκέω seem

ὡς ἐμοὶ δοκεῖ as it seems to me, I think

ἐπί + *acc* *here* to, for

ἐπιμέλημα -ατος *n* care, task

ῥῖγος -ους *n* frost, cold

θάλπος -ους *n* heat

ὁδοιπορία -ας *f* journey, march

στρατεία -ας *f* expedition, campaign

30 ψυχή -ῆς *f* mind

καρτερέω endure

κατεσκεύασεν *aor* κατασκευάζω prepare, make

ἐπέταξεν *aor* ἐπιτάττω assign X *acc* to Y *dat*

ἧττον less

δυνατός -ή -όν able

φύσας *aor pple* φύω

προστάξαι *aor inf* προστάττω assign X *acc* to Y *dat*

εἰδώς *pple* οἶδα

καὶ ἐνέφυσε καὶ προσέταξε τὴν τῶν νεογνῶν τέκνων τροφήν,
καὶ τοῦ στέργειν τὰ νεογνὰ βρέφη πλέον αὐτῇ ἐδάσατο ἢ τῷ　35
ἀνδρί. ἐπεὶ δὲ καὶ τὸ φυλάττειν τὰ εἰσενεχθέντα τῇ γυναικὶ
προσέταξε, γιγνώσκων ὁ θεὸς ὅτι πρὸς τὸ φυλάττειν οὐ κάκιόν
ἐστι φοβερὰν εἶναι τὴν ψυχὴν πλέον μέρος καὶ τοῦ φόβου ἐδά-
σατο τῇ γυναικὶ ἢ τῷ ἀνδρί. εἰδὼς δὲ ὅτι καὶ ἀρήγειν αὖ δεήσει,
ἐάν τις ἀδικῇ, τὸν τὰ ἔξω ἔργα ἔχοντα, τούτῳ αὖ πλέον μέρος　40
τοῦ θράσους ἐδάσατο. ὅτι δ᾽ ἀμφοτέρους δεῖ καὶ διδόναι καὶ
λαμβάνειν, τὴν μνήμην καὶ τὴν ἐπιμέλειαν εἰς τὸ μέσον ἀμφο-
τέροις κατέθηκεν. ὥστε οὐκ ἂν ἔχοις διελεῖν πότερα τὸ ἔθνος τὸ
θῆλυ ἢ τὸ ἄρρεν τούτων πλεονεκτεῖ. καὶ τὸ ἐγκρατεῖς δὲ εἶναι
ὧν δεῖ εἰς τὸ μέσον ἀμφοτέροις κατέθηκε, καὶ ἐξουσίαν ἐποίη-　45
σεν ὁ θεὸς ὁπότερος ἂν ᾖ βελτίων, εἴθ᾽ ὁ ἀνὴρ εἴθ᾽ ἡ γυνή, τοῦ-
τον καὶ πλέον φέρεσθαι τούτου τοῦ ἀγαθοῦ. διὰ δὲ τὸ τὴν φύσιν
μὴ πρὸς πάντα ταὐτὰ ἀμφοτέρων εὖ πεφυκέναι, διὰ τοῦτο καὶ
δέονται μᾶλλον ἀλλήλων καὶ τὸ ζεῦγος ὠφελιμώτερον ἑαυτῷ
γεγένηται, ἃ τὸ ἕτερον ἐλλείπεται τὸ ἕτερον δυνάμενον.　50
‘ταῦτα δέ᾽, ἔφην, ‘δεῖ ἡμᾶς, ὦ γύναι, εἰδότας, ἃ ἑκατέρῳ
ἡμῶν προστέτακται ὑπὸ τοῦ θεοῦ, πειρᾶσθαι ὅπως βέλτιστα τὰ
προσήκοντα ἑκάτερον ἡμῶν διαπράττεσθαι. συνεπαινεῖ δέ, ἔφη
φάναι, καὶ ὁ νόμος αὐτά, συζευγνὺς ἄνδρα καὶ γυναῖκα· καὶ
κοινωνοὺς ὥσπερ τῶν τέκνων ὁ θεὸς ἐποίησεν, οὕτω καὶ ὁ　55
νόμος τοῦ οἴκου κοινωνοὺς καθίστησι. καὶ καλὰ δὲ εἶναι ὁ
νόμος ἀποδείκνυσιν ἃ καὶ ὁ θεὸς ἔφυσεν ἑκάτερον μᾶλλον δύ-
νασθαι. τῇ μὲν γὰρ γυναικὶ κάλλιον ἔνδον μένειν ἢ θυραυλεῖν,
τῷ δὲ ἀνδρὶ αἴσχιον ἔνδον μένειν ἢ τῶν ἔξω ἐπιμελεῖσθαι. εἰ δέ
τις παρ᾽ ἃ ὁ θεὸς ἔφυσε ποιεῖ, ἴσως τι καὶ ἀτακτῶν τοὺς θεοὺς　60
οὐ λήθει καὶ δίκην δίδωσιν ἀμελῶν τῶν ἔργων τῶν ἑαυτοῦ ἢ
πράττων τὰ τῆς γυναικὸς ἔργα. δοκεῖ δέ μοι, ἔφην, καὶ ἡ τῶν
μελιττῶν ἡγεμὼν τοιαῦτα ἔργα ὑπὸ τοῦ θεοῦ προστεταγμένα
διαπονεῖσθαι.᾽

ἐνέφυσε aor ἐμφύω implant X acc
in Y dat
τροφή -ῆς f rearing
35 τοῦ + inf partit gen with πλέον
στέργω love
βρέφος -ους n baby
ἐδάσατο aor δατέομαι give (as) a
share
εἰσενεχθέντα aor pass pple εἰσφέρω
οὐ κάκιόν ἐστι ... εἶναι lit it is not
a worse thing to be ... i.e. it is no
disadvantage
φοβερός -ά -όν fearful
μέρος -ους n share
ἀρήγω defend
δεήσει fut δεῖ (here as
usu + acc + inf)
40 ἀδικέω do wrong
θράσος -ους n boldness, courage
μνήμη -ης f memory
εἰς τὸ μέσον lit into the middle i.e. for
common use, impartially
κατέθηκεν aor κατατίθημι lit put
down here assign
ἔχω + inf be able
διελεῖν aor inf διαιρέω distinguish
πότερα whether
ἔθνος -ους n here sex
πλεονεκτέω have a larger share
of + gen
ἐγκρατής -ές in control
45 ἐξουσία -ας f power
ὁπότερος -α -ον which (of two)
εἴτε ... εἴτε whether ... or
φέρομαι win

πεφυκέναι pf inf φύω (intr, pf and
mid) be by nature, be formed
διὰ δὲ τό ... lit on account of the
fact that the nature of both (sexes)
is not well formed towards all the
same things, i.e. because they do not
have the same aptitudes
50 γεγένηται pf γίγνομαι
ἅ the respects in which
ἐλλείπω leave out mid here fall short
ἑκάτερος -α -ον each of two
προστέτακται pf pass προστάττω
πειράομαι try
ὅπως βέλτιστα as well as possible
τὰ προσήκοντα what is fitting
διαπράττομαι accomplish, carry out
συζευγνύς pres pple συζεύγνυμι
yoke together, join in marriage
55 κοινωνός -οῦ m/f sharer
καθίστημι appoint, make
ἀποδείκνυμι declare
θυραυλέω live outdoors
αἴσχιον more shameful
ἐπιμελέομαι look after + gen
60 παρά + acc contrary to
ἴσως perhaps
ἀτακτέω be disorderly, be
undisciplined
λήθω escape the attention of
δίκην δίδωμι pay the penalty
ἀμελέω neglect + gen
προστεταγμένα pf pass pple
προστάττω
διαπονέομαι work hard at, practise

Demosthenes *On the Crown*

Sections 169–173.2

News of disaster at Elatea

Demosthenes (384–322 BC) was the greatest of the Athenian orators. After studying rhetoric and legal procedure, he became a speechwriter for both public and private trials. Sixty-one speeches attributed to him have survived (the authenticity of some is in doubt). He became prominent as a politician and leader of the resistance to the encroachments of Philip II of Macedon (father of Alexander the Great). Demosthenes was awarded a gold crown for public services on the proposal of Ctesiphon. Aeschines, the leading orator of the opposing party, then prosecuted Ctesiphon for unconstitutional action. In this speech Demosthenes defends Ctesiphon, and uses the opportunity to explain and justify his own political stance, even though by the time the speech was delivered (330 BC) that policy had failed. In this passage he describes the panic in Athens when news arrives that King Philip has seized the town of Elatea, leaving in no doubt his aggressive plans against the whole of Greece.

ἑσπέρα μὲν γὰρ ἦν, ἧκε δ' ἀγγέλλων τις ὡς τοὺς πρυτάνεις ὡς
Ἐλάτεια κατείληπται. καὶ μετὰ ταῦτα οἱ μὲν εὐθὺς ἐξ-
αναστάντες μεταξὺ δειπνοῦντες τούς τ' ἐκ τῶν σκηνῶν τῶν

ἑσπέρα -ας f evening
ἧκε impf ἥκω (have) come
πρυτάνεις -ων m presiding
  councillors *(committee of fifty members*
  of the Boule or Council of 500, serving
  in rotation by tribal group)
Ἐλάτεια -ας f Elatea *(town in Phocis,*
  central Greece, commanding pass into

Boeotia and road to Athens)
κατείληπται pf pass καταλαμβάνω
  seize, take possession of
ἐξαναστάντες aor pple ἐξανίσταμαι
  rise from one's seat
μεταξύ while, in the middle of
δειπνέω have dinner
σκηνή -ῆς f booth, stall

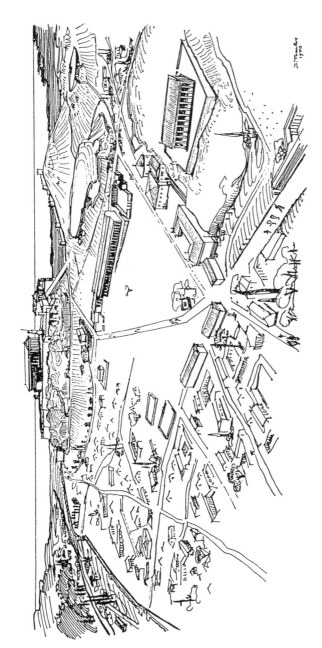

Plan of the Agora from northwest.

κατὰ τὴν ἀγορὰν ἐξεῖργον καὶ τὰ γέρρα ἐνεπίμπρασαν, οἱ δὲ
τοὺς στρατηγοὺς μετεπέμποντο καὶ τὸν σαλπιγκτὴν ἐκάλουν·   5
καὶ θορύβου πλήρης ἦν ἡ πόλις. τῇ δ' ὑστεραίᾳ, ἅμα τῇ ἡμέρᾳ,
οἱ μὲν πρυτάνεις τὴν βουλὴν ἐκάλουν εἰς τὸ βουλευτήριον, ὑμεῖς
δ' εἰς τὴν ἐκκλησίαν ἐπορεύεσθε, καὶ πρὶν ἐκείνην χρηματίσαι
καὶ προβουλεῦσαι πᾶς ὁ δῆμος ἄνω καθῆτο. καὶ μετὰ ταῦτα ὡς
ἦλθεν ἡ βουλὴ καὶ ἀπήγγειλαν οἱ πρυτάνεις τὰ προσηγγελμέν'   10
ἑαυτοῖς καὶ τὸν ἥκοντα παρήγαγον κἀκεῖνος εἶπεν, ἠρώτα μὲν
ὁ κῆρυξ 'τίς ἀγορεύειν βούλεται;' παρῄει δ' οὐδείς. πολλάκις
δὲ τοῦ κήρυκος ἐρωτῶντος οὐδὲν μᾶλλον ἀνίστατ' οὐδείς,
ἁπάντων μὲν τῶν στρατηγῶν παρόντων, ἁπάντων δὲ τῶν
ῥητόρων, καλούσης δὲ τῇ κοινῇ τῆς πατρίδος φωνῇ τὸν ἐροῦνθ'   15
ὑπὲρ σωτηρίας· ἦν γὰρ ὁ κῆρυξ κατὰ τοὺς νόμους φωνὴν
ἀφίησι, ταύτην κοινὴν τῆς πατρίδος δίκαιον ἡγεῖσθαι. καίτοι εἰ
μὲν τοὺς σωθῆναι τὴν πόλιν βουλομένους παρελθεῖν ἔδει,
πάντες ἂν ὑμεῖς καὶ οἱ ἄλλοι Ἀθηναῖοι ἀναστάντες ἐπὶ τὸ βῆμ'
ἐβαδίζετε· πάντες γὰρ οἶδ' ὅτι σωθῆναι αὐτὴν ἐβούλεσθε· εἰ δὲ   20
τοὺς πλουσιωτάτους, οἱ τριακόσιοι· εἰ δὲ τοὺς ἀμφότερα ταῦτα,
καὶ εὔνους τῇ πόλει καὶ πλουσίους, οἱ μετὰ ταῦτα τὰς μεγάλας
ἐπιδόσεις ἐπιδόντες· καὶ γὰρ εὐνοίᾳ καὶ πλούτῳ τοῦτ' ἐποίησαν.
ἀλλ' ὡς ἔοικεν, ἐκεῖνος ὁ καιρὸς καὶ ἡ ἡμέρα 'κείνη οὐ μόνον
εὔνουν καὶ πλούσιον ἄνδρ' ἐκάλει, ἀλλὰ καὶ παρηκολουθηκότα   25
τοῖς πράγμασιν ἐξ ἀρχῆς, καὶ συλλελογισμένον ὀρθῶς τίνος εἵ-
νεκα ταῦτ' ἔπραττεν ὁ Φίλιππος καὶ τί βουλόμενος· ὁ γὰρ μὴ
ταῦτ' εἰδὼς μηδ' ἐξητακὼς πόρρωθεν, οὔτ' εἰ εὔνους ἦν οὔτ' εἰ
πλούσιος, οὐδὲν μᾶλλον ἔμελλ' ὅ τι χρὴ ποιεῖν εἴσεσθαι οὐδ'
ὑμῖν ἕξειν συμβουλεύειν. ἐφάνην τοίνυν οὗτος ἐν ἐκείνῃ τῇ   30
ἡμέρᾳ ἐγώ, καὶ παρελθὼν εἶπον εἰς ὑμᾶς.

κατά + acc all over, throughout
ἐξείργω thrust out
γέρρον -ου n wicker hurdle (perhaps
  normally used to build temporary
  barriers or market stalls)
ἐνεπίμπρασαν aor ἐμπίμπρημι set
  on fire (hurdles were burned to raise
  the alarm and to clear the area)
5 μεταπέμπομαι summon
σαλπιγκτής -οῦ m trumpeter

καλέω call for
θόρυβος -ου m commotion
πλήρης -ες full
ὑστεραία -ας f next day
ἅμα τῇ ἡμέρᾳ at dawn
βουλευτήριον -ου n council chamber
ἐκείνην i.e. the Council
χρηματίσαι aor inf χρηματίζω
  proceed to business

Demosthenes goes on to claim that he did not desert the post of patriotism in the hour of peril. His losing battle for a small democracy against a successful military autocrat has sometimes been condemned as ill-advised and hopeless, but more often has attracted sympathetic admiration.

προβουλεῦσαι aor inf προβουλεύω
  prepare an agenda
ἄνω lit upwards here on the hill (i.e. the
  Pnyx, where the Assembly met)
κάθημαι sit
10 ἀπήγγειλαν aor ἀπαγγέλλω
  announce
προσηγγελμένα pf pass pple
  προσαγγέλλω report
τὸν ἥκοντα i.e. the messenger who had
  brought the news about Elatea
παρήγαγον aor παράγω bring
  forward, introduce
κἀκεῖνος = καὶ ἐκεῖνος (crasis)
κῆρυξ -υκος m herald
ἀγορεύω speak in the Assembly (the
  phrase was the regular formula for
  opening a debate)
παρῄει impf πάρειμι come forward
οὐδὲν μᾶλλον ... οὐδείς transl still ...
  no one
ἀνίσταμαι stand up
ἅπας = πᾶς (emph)
15 κοινός -ή -όν common, shared
πατρίς -ίδος f country
ἐροῦντα fut pple λέγω transl phrase
  the man to speak
σωτηρία -ας f deliverance, safety
κατά + acc in accordance with
φωνή -ῆς f voice
ἀφίημι raise, utter
ἡγέομαι regard
καίτοι and yet
σωθῆναι aor pass inf σῴζω save
παρελθεῖν aor inf παρέρχομαι
  come forward
Ἀθηναῖος -α -ον Athenian
ἀναστάντες aor pple ἀνίσταμαι
βῆμα -ατος n speakers' platform,
  rostrum

20 βαδίζω go, walk
οἶδ' ὅτι parenthetic, transl I know well
εἰ δέ understand ἔδει παρελθεῖν each
  time
πλούσιος -α -ον wealthy
τριακόσιοι -αι -α 300 (ref to the group
  of wealthiest citizens under the
  Athenian taxation system)
ἀμφότεροι -αι -α both
εὔνους -ουν well-disposed, benevolent
ἐπίδοσις -εως f voluntary
  contribution
ἐπιδόντες aor pple ἐπιδίδωμι freely
  give
εὔνοια -ας f good will
πλοῦτος -ου m wealth
ἔοικε(ν) it seems
καιρός -οῦ m crucial time, crisis
25 παρηκολουθηκότα pf pple
  παρακολουθέω follow closely + dat
πρᾶγμα -ατος n matter, event
ἀρχή -ῆς f beginning
συλλελογισμένον pf pple
  συλλογίζομαι infer, work out
τίνος εἵνεκα for what reason
Φίλιππος -ου m Philip
εἰδώς pple οἶδα
ἐξητακώς pf pple ἐξετάζω
  examine well
πόρρωθεν lit from afar hence long in
  advance
οὐδὲν μᾶλλον transl any more
μέλλω be about to
εἴσεσθαι fut inf οἶδα
30 ἕξειν fut inf ἔχω with inf be able
συμβουλεύω advise + dat
ἐφάνην aor φαίνομαι appear
τοίνυν so then, accordingly
παρελθών aor pple παρέρχομαι

Demosthenes *Against Conon*

Sections 3–6

Harassment on military service

In contrast to the grand public speech *On the Crown*, the following passage comes from a private speech for a case of assault, *Against Conon*. The speaker Ariston describes the outrageous behaviour of Conon's sons when they were on garrison duty together on the borders of Attica in 343 BC. The court action probably took place two years later.

Portrait head of Demosthenes.

ἐξῆλθον ἔτος τουτὶ τρίτον εἰς Πάνακτον φρουρᾶς ἡμῖν προ-
γραφείσης. ἐσκήνωσαν οὖν οἱ υἱεῖς οἱ Κόνωνος τουτουὶ ἐγγὺς
ἡμῶν, ὡς οὐκ ἂν ἐβουλόμην· ἡ γὰρ ἐξ ἀρχῆς ἔχθρα καὶ τὰ
προσκρούματ' ἐκεῖθεν ἡμῖν συνέβη· ἐξ ὧν δέ, ἀκούσεσθε. ἔπινον
ἑκάστοθ' οὗτοι τὴν ἡμέραν, ἐπειδὴ τάχιστ' ἀριστήσαιεν, ὅλην,   5
καὶ τοῦθ', ἕως περ ἦμεν ἐν τῇ φρουρᾷ, διετέλουν ποιοῦντες.
ἡμεῖς δ' ὥσπερ ἐνθάδ' εἰώθειμεν, οὕτω διήγομεν καὶ ἔξω. ἦν
οὖν δειπνοποιεῖσθαι τοῖς ἄλλοις ὥραν συμβαίνοι, ταύτην ἂν ἤδη
ἐπαρῴνουν οὗτοι, τὰ μὲν πόλλ' εἰς τοὺς παῖδας ἡμῶν τοὺς ἀκο-

ἔτος ... lit this (is) the third year i.e.
two years ago
τουτί = τοῦτο (emph)
Πάνακτον -ου n Panactum (small
hill-station on borders of Attica and
Boeotia)
φρουρά -ᾶς f guard duty
προγραφείσης aor pass pple
προγράφω give public notice of
(lists of military duties were posted in
the Agora)
ἐσκήνωσαν aor σκηνόω pitch tent,
encamp
υἱός -οῦ pl υἱεῖς m son
Κόνων -ωνος m Conon
τουτουί = τούτου (emphatic form)
ἐγγύς + gen near
ὡς οὐκ ἂν ἐβουλόμην transl as I
would not have wished
ἀρχή -ῆς f beginning
ἔχθρα -ας f feud, hostility
πρόσκρουμα -ατος n clash, offence
ἐκεῖθεν from there, from that point
συνέβη aor συμβαίνω happen
πίνω drink
5 ἑκάστοτε at all times
ἐπειδὴ τάχιστα as soon as

ἀριστήσαιεν aor opt ἀριστάω have
breakfast (opt expresses indef
frequency)
ὅλος -η -ον whole
ἕως while, all the time that
περ emph prec word
διατελέω continue
ὥσπερ just as
ἐνθάδε here (i.e. in civilian life in
Athens)
εἰώθειμεν plpf (impf sense) εἴωθα
be accustomed
διάγω live
ἔξω outside, away from home
δειπνοποιέομαι have dinner
ὥρα -ας f hour, time
συμβαίνοι opt συμβαίνω
ταύτην picks up ἥν ... ὥραν at the
time X, (at this time) Y
ἄν + opt here denotes repeated action
παροινέω behave with drunken
violence; (tr, line 26) treat with ...
τὰ μὲν πολλά for the most part
εἰς here against
παῖς, παιδός m here slave
ἀκόλουθος -ου m follower, attendant

λούθους, τελευτῶντες δὲ καὶ εἰς ἡμᾶς αὐτούς. φήσαντες γὰρ   10
καπνίζειν αὐτοὺς ὀψοποιουμένους τοὺς παῖδας ἢ κακῶς λέγειν,
ὅ τι τύχοιεν, ἔτυπτον καὶ τὰς ἀμίδας κατεσκεδάννυον καὶ προσ-
εούρουν, καὶ ἀσελγείας καὶ ὕβρεως οὐδ᾽ ὁτιοῦν ἀπέλειπον.
ὁρῶντες δ᾽ ἡμεῖς ταῦτα καὶ λυπούμενοι τὸ μὲν πρῶτον
ἀπεπεμψάμεθα, ὡς δ᾽ ἐχλεύαζον ἡμᾶς καὶ οὐκ ἐπαύοντο, τῷ   15
στρατηγῷ τὸ πρᾶγμ᾽ εἴπομεν κοινῇ πάντες οἱ σύσσιτοι
προσελθόντες, οὐκ ἐγὼ τῶν ἄλλων ἔξω. λοιδορηθέντος δ᾽ αὐτοῖς
ἐκείνου καὶ κακίσαντος αὐτοὺς οὐ μόνον περὶ ὧν εἰς ἡμᾶς
ἠσέλγαινον, ἀλλὰ καὶ περὶ ὧν ὅλως ἐποίουν ἐν τῷ στρατοπέδῳ,
τοσούτου ἐδέησαν παύσασθαι ἢ αἰσχυνθῆναι, ὥστ᾽ ἐπειδὴ θᾶτ-   20
τον συνεσκότασεν, εὐθὺς ὡς ἡμᾶς εἰσεπήδησαν ταύτῃ τῇ ἑσ-
πέρᾳ, καὶ τὸ μὲν πρῶτον κακῶς ἔλεγον, τελευτῶντες δὲ καὶ
πληγὰς ἐνέτειναν ἐμοί, καὶ τοσαύτην κραυγὴν καὶ θόρυβον περὶ
τὴν σκηνὴν ἐποίησαν ὥστε καὶ τὸν στρατηγὸν καὶ τοὺς ταξι-
άρχους ἐλθεῖν καὶ τῶν ἄλλων στρατιωτῶν τινάς, οἵπερ ἐκώλυ-   25
σαν μηδὲν ἡμᾶς ἀνήκεστον παθεῖν μηδ᾽ αὐτοὺς ποιῆσαι παροι-
νουμένους ὑπὸ τουτουί. τοῦ δὲ πράγματος εἰς τοῦτο
προελθόντος, ὡς δεῦρ᾽ ἐπανήλθομεν, ἦν ἡμῖν, οἷον εἰκός, ἐκ
τούτων ὀργὴ καὶ ἔχθρα πρὸς ἀλλήλους. μὰ τοὺς θεοὺς οὐ μὴν
ἔγωγ᾽ ᾤμην δεῖν οὔτε δίκην λαχεῖν αὐτοῖς οὔτε λόγον ποιεῖσθαι   30
τῶν συμβάντων οὐδένα, ἀλλ᾽ ἐκεῖν᾽ ἁπλῶς ἐγνώκειν τὸ λοιπὸν
εὐλαβεῖσθαι καὶ φυλάττεσθαι μὴ πλησιάζειν τοῖς τοιούτοις.
πρῶτον μὲν οὖν τούτων ὧν εἴρηκα βούλομαι τὰς μαρτυρίας

10 τελευτάω   end up doing
φήσαντες   *aor pple* φημί   say
καπνίζω   annoy with smoke
ὀψοποιέομαι   make a meal
κακῶς λέγω   insult
τύχοιεν   *aor opt* τυγχάνω   happen
   understand λέγοντες   *transl phrase*
   whatever they happened to say
τύπτω   beat, thump
ἀμίς -ίδος   *f*   chamber-pot
κατασκεδαννύω   scatter, overturn
προσουρέω   urinate on
ἀσέλγεια -ας   *f*   shamelessness
ὕβρις -εως   *f*   outrageous behaviour
ὁτιοῦν   *lit* anything whatever *transl* any
   type
ἀπολείπω   leave out
λυπέομαι   be distressed
15 ἀποπέμπομαι   *here* ignore (*understand*
   their behaviour *as obj*)
χλενάζω   mock, ridicule
πρᾶγμα -ατος   *n*   matter, business
κοινῇ   jointly, together
σύσσιτος -ου   *m*   messmate
προσελθόντες   *aor pple*
   προσέρχομαι   go to, approach
ἔξω + *gen*   *here* without, apart from
λοιδορηθέντος   *aor pple*
   λοιδορέομαι   rebuke + *dat*
κακίσαντος   *aor pple* κακίζω
   reproach
περὶ ὧν   *transl* about the acts ... which
ἀσελγαίνω   do outrageous acts
ὅλως   generally, altogether
20 τοσούτου ἐδέησαν ... ὥστε   *transl* so
   far were they from ... that
αἰσχυνθῆναι   *aor inf* αἰσχύνομαι   be
   ashamed
ἐπειδὴ θᾶττον   as soon as
συνεσκότασεν   *aor* συσκοτάζει   it
   grows dark
εἰσπηδάω   burst in
ἑσπέρα -ας   *f*   evening
πληγή -ῆς   *f*   blow
ἐνέτειναν   *aor* ἐντείνω   deal
κραυγή -ῆς   *f*   shouting

θόρυβος -ου   *m*   uproar, commotion
σκηνή -ῆς   *f*   tent
ταξίαρχος -ου   *m*   captain
25 κωλύω   prevent
μηδέν   *here redundant neg transl*
   anything
ἀνήκεστος -ον   incurable, irreparable
παθεῖν   *aor inf* πάσχω   suffer
μηδ᾽ αὐτοὺς ποιῆσαι   *transl* (and
   prevented) us doing (*understand*
   anything incurable to them) αὐτούς
   (*with* ἡμᾶς understood again) sub of
   ποιῆσαι
παροινουμένους   (*pass*) agrees with
   ἡμᾶς
προελθόντος   *aor pple*   προέρχομαι
   advance, reach
δεῦρο   (to) here (*i.e.* to Athens)
ἐπανήλθομεν   *aor*   ἐπανέρχομαι
   return
οἷον εἰκός   as was reasonable
ἀλλήλους -ας -α   each other
μά + *acc*   by, in the name of
μήν   indeed
30 ἔγωγε = ἐγώ   (*emph*)
ᾤμην   *impf* οἶμαι (= οἴομαι)   think
οὔτε ... οὔτε   *here reinforcing negs*
   after οὐ; *transl* either ... or
λαχεῖν   *aor inf* λαγχάνω   obtain with
   δίκην   obtain permission to bring a
   lawsuit against + *dat*
λόγον ποιεῖσθαι   to take account
συμβάντων   *aor pple* συμβαίνω
οὐδένα   *here reinforcing neg transl* any
ἁπλῶς   simply
ἐγνώκειν   *plpf* (1 sg)   γιγνώσκω *here*
   determine, resolve
τὸ λοιπόν   for the future
εὐλαβέομαι   be careful
φυλάττομαι   be on one's guard
πλησιάζω   come near + *dat*
ὧν   *for* ἅ   (*rel attracted into case of*
   antecedent) *transl phrase* of the things
   which I have said
εἴρηκα   *pf* λέγω
μαρτυρία -ας   *f*   evidence

παρασχόμενος, μετὰ ταῦθ' οἷ' ὑπ' αὐτοῦ τούτου πέπονθ' ἐπι-
δεῖξαι, ἵν' εἰδῆθ' ὅτι ᾧ προσῆκεν τοῖς τὸ πρῶτον ἁμαρτηθεῖσιν   35
ἐπιτιμᾶν, οὗτος αὐτὸς πρότερος πολλῷ δεινότερ' εἴργασται.

Ariston goes on to describe how he was attacked, robbed and almost
killed by Conon, his sons and friends. He anticipates that Conon will try to
dismiss the affair as high spirits: the jury should not be taken in by this,
but should take it as seriously as if they themselves had been the victims.

παρασχόμενος   aor mid pple
  παρέχω   provide
οἷα   what sort of things
πέπονθα   pf   πάσχω   suffer
ἐπιδεῖξαι   aor inf   ἐπιδείκνυμι   show
35 εἰδῆτε   subj   οἶδα
  ᾧ   with   προσῆκεν
προσῆκε   impf   προσῆκει   it is right
  (for + dat) transl phrase the man who
  ought to have

ἁμαρτηθεῖσιν   aor pass pple
  ἁμαρτάνω   do wrong transl phrase
  the offences committed in the first
  place
ἐπιτιμάω   criticise + dat
πρότερος -α -ον   lit preceding,
  previous here implies as instigator, as
  ringleader
εἴργασται   pf   ἐργάζομαι   commit

Aristotle *Poetics*

Sections 1452b30–1453b11

Tragic action and the tragic hero

Aristotle (384–322 BC) is one of the most wide-ranging authors of the ancient world. He was essentially a philosopher, but he wrote on many subjects: logic, metaphysics, natural science, ethics, politics, rhetoric and poetry. Born at Stagira in North Greece, he came to Athens in 367. Here he was taught by Plato. Later he was tutor to the thirteen-year-old Alexander the Great, and in 335 he founded the Lyceum in Athens, a philosophical school intended to rival Plato's Academy there. It may be that the *Poetics*, from which we give an excerpt, has come down to us in the form of notes of lectures given at the Lyceum. This would account for some of its oddities of expression. It remains however perhaps the most influential work of criticism in European literature.

In this famous passage Aristotle comments on some aspects of the nature of Greek tragedy. He has already argued that the function of tragedy is to arouse feelings of pity and fear in the spectators and thus purge them of these emotions (the theory of *catharsis*).

ἐπειδὴ οὖν δεῖ τὴν σύνθεσιν εἶναι τῆς καλλίστης τραγῳδίας μὴ
ἁπλῆν ἀλλὰ πεπλεγμένην καὶ ταύτην φοβερῶν καὶ ἐλεεινῶν εἶ-
ναι μιμητικήν (τοῦτο γὰρ ἴδιον τῆς τοιαύτης μιμήσεώς ἐστιν),

σύνθεσις -εως f structure
τραγῳδία -ας f tragedy
ἁπλοῦς -ῆ -οῦν single, simple
πεπλεγμένην pf pass pple πλέκω lit
  weave here transl complex
καὶ ταύτην and (moreover) that this
  (*i.e.* the tragedy's structure)

φοβερός -ά -όν fearful
ἐλεεινός -ή -όν pitiful
εἶναι understand δεῖ
μιμητικός -ή -όν imitative of + gen
ἴδιος -α -ον lit private here
  distinctive
μίμησις -εως f imitation

Tragic mask (Attic bronze).

πρῶτον μὲν δῆλον ὅτι οὔτε τοὺς ἐπιεικεῖς ἄνδρας δεῖ μετα-
βάλλοντας φαίνεσθαι ἐξ εὐτυχίας εἰς δυστυχίαν, οὐ γὰρ φο-   5
βερὸν οὐδὲ ἐλεεινὸν τοῦτο ἀλλὰ μιαρόν ἐστιν· οὔτε τοὺς μοχθη-
ροὺς ἐξ ἀτυχίας εἰς εὐτυχίαν, ἀτραγῳδότατον γὰρ τοῦτ᾽ ἐστὶ
πάντων, οὐδὲν γὰρ ἔχει ὧν δεῖ, οὔτε γὰρ φιλάνθρωπον οὔτε ἐλ-
εεινὸν οὔτε φοβερόν ἐστιν· οὐδ᾽ αὖ τὸν σφόδρα πονηρὸν ἐξ εὐτυ-
χίας εἰς δυστυχίαν μεταπίπτειν· τὸ μὲν γὰρ φιλάνθρωπον ἔχοι   10
ἂν ἡ τοιαύτη σύστασις ἀλλ᾽ οὔτε ἔλεον οὔτε φόβον, ὁ μὲν γὰρ
περὶ τὸν ἀνάξιόν ἐστιν δυστυχοῦντα, ὁ δὲ περὶ τὸν ὅμοιον, ἔλεος
μὲν περὶ τὸν ἀνάξιον, φόβος δὲ περὶ τὸν ὅμοιον, ὥστε οὔτε ἐλ-

εειand comments…

ἐεινὸν οὔτε φοβερὸν ἔσται τὸ συμβαῖνον. ὁ μεταξὺ ἄρα τούτων
λοιπός. ἔστι δὲ τοιοῦτος ὁ μήτε ἀρετῇ διαφέρων καὶ δικαιοσύνῃ   15
μήτε διὰ κακίαν καὶ μοχθηρίαν μεταβάλλων εἰς τὴν δυστυχίαν
ἀλλὰ δι’ ἁμαρτίαν τινά, τῶν ἐν μεγάλῃ δόξῃ ὄντων καὶ εὐτυχίᾳ,
οἷον Οἰδίπους καὶ Θυέστης καὶ οἱ ἐκ τῶν τοιούτων γενῶν ἐπι-
φανεῖς ἄνδρες.

ἀνάγκη ἄρα τὸν καλῶς ἔχοντα μῦθον ἁπλοῦν εἶναι μᾶλλον ἢ   20
διπλοῦν, ὥσπερ τινές φασι, καὶ μεταβάλλειν οὐκ εἰς εὐτυχίαν
ἐκ δυστυχίας ἀλλὰ τοὐναντίον ἐξ εὐτυχίας εἰς δυστυχίαν μὴ διὰ

δῆλον (it is) clear
ἐπιεικής -ές good
μεταβάλλω change
5 εὐτυχία -ας f good fortune
δυστυχία -ας f bad fortune
μιαρός -ά -όν repulsive
μοχθηρός -ά -όν bad, wicked
ἀτυχία -ας f bad fortune
ἀτράγῳδος -ον untragic
ὧν δεῖ of the things which are
  necessary
φιλάνθρωπος -ον appealing to human
  feeling
αὖ again
σφόδρα very, exceedingly
πονηρός -ά -όν evil, wicked
10 μεταπίπτω fall, change suddenly
  (again understand δεῖ)
σύστασις -εως f lit standing
  together here structure of plot
ἔλεος -ου m pity
ὁ μέν ... ὁ δέ i.e. pity and fear
  respectively
περί + acc here directed towards
ἀνάξιος -ον unworthy, undeserving
δυστυχέω have bad fortune
ὅμοιος -α -ον like (here ourselves)
συμβαίνει impsnl it happens transl
  phrase what happens (in such a plot-
  structure)

μεταξύ + gen between
ἄρα then, therefore
15 λοιπός -ή -όν left (i.e. as the most
  satisfactory)
ἀρετή -ῆς f virtue
διαφέρω lit be different here be
  outstanding
κακία -ας f evil
μοχθηρία -ας f wickedness
ἁμαρτία -ας f flaw, sin, error,
  fallibility
δόξα -ης f reputation, esteem
οἷον such as
Οἰδίπους -ου/-οδος m Oedipus (king
  of Thebes who unwittingly killed his
  father and married his mother)
Θυέστης -ου m Thyestes (was
  unwittingly fed the flesh of his own
  child by his brother Atreus whose wife
  he had seduced)
ἐπιφανής -ές notable
20 ἀνάγκη understand ἐστί it is
  necessary
ἔχω + adv be
μῦθος -ου m lit story here plot
διπλοῦς -ῆ -οῦν double
τοὐναντίον = τὸ ἐναντίον (crasis) on
  the contrary

μοχθηρίαν ἀλλὰ δι' ἁμαρτίαν μεγάλην ἢ οἵου εἴρηται ἢ βελ-
τίονος μᾶλλον ἢ χείρονος. σημεῖον δὲ καὶ τὸ γιγνόμενον· πρῶτον
μὲν γὰρ οἱ ποιηταὶ τοὺς τυχόντας μύθους ἀπηρίθμουν, νῦν δὲ   25
περὶ ὀλίγας οἰκίας αἱ κάλλισται τραγῳδίαι συντίθενται, οἷον
περὶ Ἀλκμέωνα καὶ Οἰδίπουν καὶ Ὀρέστην καὶ Μελέαγρον καὶ
Θυέστην καὶ Τήλεφον καὶ ὅσοις ἄλλοις συμβέβηκεν ἢ παθεῖν
δεινὰ ἢ ποιῆσαι.

ἡ μὲν οὖν κατὰ τὴν τέχνην καλλίστη τραγῳδία ἐκ ταύτης τῆς   30
συστάσεώς ἐστι. διὸ καὶ οἱ Εὐριπίδῃ ἐγκαλοῦντες τὸ αὐτὸ
ἁμαρτάνουσιν ὅτι τοῦτο δρᾷ ἐν ταῖς τραγῳδίαις καὶ αἱ πολλαὶ
αὐτοῦ εἰς δυστυχίαν τελευτῶσιν. τοῦτο γάρ ἐστιν ὥσπερ εἴρη-
ται ὀρθόν· σημεῖον δὲ μέγιστον· ἐπὶ γὰρ τῶν σκηνῶν καὶ τῶν
ἀγώνων τραγικώταται αἱ τοιαῦται φαίνονται, ἂν κατορθω-   35
θῶσιν, καὶ ὁ Εὐριπίδης, εἰ καὶ τὰ ἄλλα μὴ εὖ οἰκονομεῖ, ἀλλὰ
τραγικώτατός γε τῶν ποιητῶν φαίνεται.

δευτέρα δ' ἡ πρώτη λεγομένη ὑπὸ τινῶν ἐστιν σύστασις, ἡ
διπλῆν τε τὴν σύστασιν ἔχουσα καθάπερ ἡ Ὀδύσσεια καὶ
τελευτῶσα ἐξ ἐναντίας τοῖς βελτίοσι καὶ χείροσιν. δοκεῖ δὲ   40
εἶναι πρώτη διὰ τὴν τῶν θεάτρων ἀσθένειαν· ἀκολουθοῦσι γὰρ
οἱ ποιηταὶ κατ' εὐχὴν ποιοῦντες τοῖς θεαταῖς. ἔστιν δὲ οὐχ αὕτη
ἀπὸ τραγῳδίας ἡδονὴ ἀλλὰ μᾶλλον τῆς κωμῳδίας οἰκεία· ἐκεῖ
γὰρ οἳ ἂν ἔχθιστοι ὦσιν ἐν τῷ μύθῳ, οἷον Ὀρέστης καὶ Αἴ-
γισθος, φίλοι γενόμενοι ἐπὶ τελευτῆς ἐξέρχονται, καὶ ἀποθνή-   45
σκει οὐδεὶς ὑπ' οὐδενός.

ἔστιν μὲν οὖν τὸ φοβερὸν καὶ ἐλεεινὸν ἐκ τῆς ὄψεως γίγνεσ-
θαι, ἔστιν δὲ καὶ ἐξ αὐτῆς τῆς συστάσεως τῶν πραγμάτων,
ὅπερ ἐστὶ πρότερον καὶ ποιητοῦ ἀμείνονος. δεῖ γὰρ καὶ ἄνευ τοῦ

εἴρηται *pf pass* λέγω
οἷον εἴρηται on the part of the sort
  of person that has been indicated
βελτίων -ον *gen* -ονος better
χείρων -ον *gen* -ονος worse
  (comparatives here imply than the sort
  of person that has been indicated*)*
σημεῖον -ου *n* sign *i.e.* evidence
τὸ γιγνόμενον *i.e.* in the tragedies
25 ποιητής -οῦ *m* poet
τυχόντας *aor pple* τυγχάνω
  happen, chance *here* that happened
  to turn up, 'any old'
ἀπαριθμέω recount
συντίθημι construct
Ἀλκμέων -ωνος *m* Alcmaeon
  *(avenged his father Amphiaraus by
  killing his mother Eriphyle)*
Ὀρέστης -ου *m* Orestes *(avenged his
  father Agamemnon by killing his
  mother Clytemnestra)*
Μελέαγρος -ου *m* Meleager *(killed
  his mother's brothers, and died when
  she in revenge burned the brand on
  which his life depended)*
Τήλεφος -ου *m* Telephus *(king of
  Mysia, subject of many lost tragedies,
  especially a famous play by Euripides)*
ὅσοις ἄλλοις *lit* to as many others as it
  has happened *i.e.* to all the others who
  happen (to have …)
συμβέβηκε *pf* συμβαίνει
παθεῖν *aor inf* πάσχω suffer
30 τέχνη -ης *f* art, skill *transl phrase*
  by the yardstick of the art of
  poetry
διό for this reason
Εὐριπίδης -ου *m* Euripides
ἐγκαλέω … ὅτι criticise X *dat* …
  because
ἁμαρτάνω make a mistake
δράω do
πολλαὶ αὐτοῦ many of his (tragedies)
τελευτάω end
ὀρθός -ή -όν correct, legitimate
σκηνή -ῆς *f* stage
35 ἀγών -ῶνος *m* competition

transl phrase in the dramatic
  competitions
ἄν = ἐάν
κατορθωθῶσι *aor pass subj*
κατορθόω direct well *here* if they
  are properly produced
εἰ καί even if
οἰκονομέω manage
τραγικός -ή -όν tragic
δευτέρα … σύστασις the second-best
  plot-structure
ὑπὸ τινῶν with λεγομένη
καθάπερ like
Ὀδύσσεια -ας *f* the *Odyssey*
40 τελευτάω end, turn out
ἐξ ἐναντίας in opposite ways
θέατρον -ου *n* *lit* theatre *here*
  audience
ἀσθένεια -ας *f* weakness
ἀκολουθέω go along with + *dat*
κατά + *acc* *here* in accordance with
εὐχή -ῆς *f* prayer, wish *transl phrase*
  giving them what they want
θεατής -οῦ *m* spectator
ἀπό + *gen* *i.e.* properly derived from
ἡδονή -ῆς *f* pleasure
κωμῳδία -ας *f* comedy
οἰκεῖος -α -ον belonging to, suited
  to + *gen*
ἐκεῖ there *(i.e.* in comedy)
ὦσιν *subj* εἰμί
Αἴγισθος -ου *m* Aegisthus
  *(adulterous lover of Clytemnestra,
  whom he helped plan the murder of
  Agamemnon)*
45 τελευτή -ῆς *f* end *transl phrase* at
  the end
ἐξέρχονται *i.e.* off the stage
ἔστιν = ἔξεστιν
ὄψις -εως *f* spectacle
πρᾶγμα -ατος *n* event
ὅπερ a thing which *(i.e. the structure of
  events)*
πρότερος -α -ον *here* more important
ἀμείνων -ον *gen* ονος better *gen here*
  implies the task (of)
ἄνευ + *gen* without

ὁρᾶν οὕτω συνεστάναι τὸν μῦθον ὥστε τὸν ἀκούοντα τὰ πράγ-   50
ματα γινόμενα καὶ φρίττειν καὶ ἐλεεῖν ἐκ τῶν συμβαινόντων·
ἅπερ ἂν πάθοι τις ἀκούων τὸν τοῦ Οἰδίπου μῦθον. τὸ δὲ διὰ τῆς
ὄψεως τοῦτο παρασκευάζειν ἀτεχνότερον καὶ χορηγίας δεόμε-
νόν ἐστιν. οἱ δὲ μὴ τὸ φοβερὸν διὰ τῆς ὄψεως ἀλλὰ τὸ τερ-
ατῶδες μόνον παρασκευάζοντες οὐδὲν τραγῳδίᾳ κοινωνοῦσιν·   55
οὐ γὰρ πᾶσαν δεῖ ζητεῖν ἡδονὴν ἀπὸ τραγῳδίας ἀλλὰ τὴν οἰ-
κείαν.

---

50 συνεστάναι   pf inf (intr)   συνίστημι
   here be composed
γινόμενα = γιγνόμενα
φρίττω   shudder with fear
ἐλεέω   feel pity
ἐκ τῶν συμβαινόντων   as a result of
   the events
πάθοι   aor opt   πάσχω
παρασκευάζω   prepare, produce

τὸ ... τοῦτο παρακευάζειν   to
   produce this effect
ἄτεχνος -ον   inartistic
δέομαι   need + *gen*
χορηγία -ας   *f*   duty of sponsor *(of
   play at Athens), hence* material
   resources, extraneous aids
τερατώδης -ες   sensational
55 κοινωνέω   have to do with + *dat*
ζητέω   seek

Menander *Perikeiromene* (The girl with the cut hair)

Lines 486–525

How to get your mistress to forgive you

Menander (342–*c.* 292 BC) was the leading writer of Athenian New Comedy, a genre which replaced the world of Aristophanes' Old Comedy with a more romantic one in which love entanglements, abandoned or kidnapped children and recognition through trinkets play an important part. New Comedy also established character types such as the bragging soldier, the quick-witted slave and the angry father, which have been central to comedy in the modern world. However complicated Menander's plots may be, the situations and the characters still appear natural. One ancient scholar, Aristophanes of Byzantium, exclaimed: 'O Menander and Life, which of you copied the other?'

Menander's plays were lost in the seventh and eighth centuries AD, but much of his work, including substantial fragments of this play, came to light in the twentieth century on newly-found papyri.

Polemon, a young mercenary soldier, has quarrelled with his girlfriend Glycera as a result of a misunderstanding. He has already cut off her hair with his sword and she has left him. Now, as he plans to regain her by violent means, their mutual friend Pataecus tries to persuade him to take a more diplomatic line.

ΠΑΤΑΙΚΟΣ εἰ μέν τι τοιοῦτ᾿ ἦν, Πολέμων, οἷόν φατε
ὑμεῖς τὸ γεγονός, καὶ γαμετὴν γυναῖκά σου –

τι τοιοῦτο something like this	γαμετὴ γυνή a wedded wife *(Pataecus*
οἷος -α -ον of the sort which	*would have gone on to say something*
τὸ γεγονός pf pple γίγνομαι *here*	*like* you had lost *had not Polemon*
sub of ἦν	*interrupted him)*

Mosaic portrait of Menander.

ΠΟΛΕΜΩΝ   οἷον λέγεις, Πάταικε.
ΠΑ   διαφέρει δέ τι.
ΠΟ   ἐγὼ γαμετὴν νενόμικα ταύτην.
ΠΑ   μὴ βόα.
     τίς δ' ἔσθ' ὁ δούς;
ΠΟ   ἐμοὶ τίς; αὐτή.
ΠΑ   πάνυ καλῶς.   5
     ἤρεσκες αὐτῇ τυχὸν ἴσως, νῦν δ' οὐκέτι·
     ἀπελήλυθεν δ' οὐ κατὰ τρόπον σου χρωμένου
     αὐτῇ.
ΠΟ   τί φής; οὐ κατὰ τρόπον; τουτί με τῶν
     πάντων λελύπηκας μάλιστ' εἰπών.
ΠΑ   ἐρᾷς·
     τοῦτ' οἶδ' ἀκριβῶς· ὥσθ' ὃ μὲν νυνὶ ποεῖς   10
     ἀπόπληκτόν ἐστιν. ποῖ φέρει γάρ; ἢ τίνα
     ἄξων; ἑαυτῆς ἐστ' ἐκείνη κυρία.
     λοιπὸν τὸ πείθειν τῷ κακῶς διακειμένῳ
     ἐρῶντί τ' ἐστίν.
ΠΟ   ὁ δὲ διεφθαρκὼς ἐμοῦ
     ἀπόντος αὐτὴν οὐκ ἀδικεῖ με;
ΠΑ   ὥστ' ἐγκαλεῖν   15

---

oἷον   (line 3) what a thing!
διαφέρω   differ *transl phrase* it is a bit
  different
νενόμικα   pf νομίζω   regard
5 δούς   aor pple δίδωμι
πάνυ καλῶς   very well
ἀρέσκω   please, be pleasing to + *dat*
τυχὸν ἴσως   perhaps
οὐκέτι   no longer
ἀπελήλυθεν   pf ἀπέρχομαι   go away
τρόπος -ου   m   way, manner *transl*
  phrase in an unfitting way
χράομαι   here treat + *dat*
τουτί = τοῦτο   (emph)
λελύπηκας   pf λυπέω   distress, cause
  grief to
ἐράω   love, be in love
10 ἀκριβῶς   lit precisely   here for certain
ὥσθ' = ὥστε

ποεῖς = ποιεῖς
ἀπόπληκτος -ον   crazy
φέρομαι   here rush
ἄξων   fut pple ἄγω   here expressing
  purpose in order to capture
κύριος -α -ον   having authority over, in
  charge of + *gen*
λοιπός -ή -όν   left   here the one thing
  left
διάκειμαι + *adv*   be in a X state   *transl*
  phrase the man in a bad state
διεφθαρκώς   pf pple διαφθείρω
  here corrupt
15 ἄπειμι   be away
ἀδικέω   wrong, do wrong to
ἐγκαλέω   bring a charge against + *dat*
ὥστε ἐγκαλεῖν   here (enough) for
  you to bring a charge against (him)

ἀδικεῖ σ' ἐκεῖνος, ἄν ποτ' ἔλθῃς εἰς λόγους.
εἰ δ' ἐκβιάσει, δίκην ὀφλήσεις· οὐκ ἔχει
τιμωρίαν γὰρ τἀδίκημ', ἔγκλημα δέ.

ΠΟ   οὐδ' ἄρα νῦν;

ΠΑ   οὐδ' ἄρα νῦν.

ΠΟ   οὐκ οἶδ' ὅ τι
λέγω, μὰ τὴν Δήμητρα, πλὴν ἀπάγξομαι.   20
Γλυκέρα με καταλέλοιπε, καταλέλοιπέ με
Γλυκέρα, Πάταικ'. ἀλλ' εἴπερ οὕτω σοι δοκεῖ
πράττειν – συνήθης ἦσθα γὰρ καὶ πολλάκις
λελάληκας αὐτῇ πρότερον – ἐλθὼν διαλέγου,
πρέσβευσον, ἱκετεύω σε.

ΠΑ   τοῦτό μοι δοκεῖ,   25
ὁρᾷς, ποεῖν.

ΠΟ   δύνασαι δὲ δήπουθεν λέγειν,
Πάταικε;

ΠΑ   μετρίως.

ΠΟ   ἀλλὰ μήν, Πάταικε, δεῖ.
αὕτη 'στιν ἡ σωτηρία τοῦ πράγματος.
ἐγὼ γὰρ εἴ τι πώποτ' ἠδίκηχ' ὅλως –
εἰ μὴ διατελῶ πάντα φιλοτιμούμενος –   30
τὸν κόσμον αὐτῆς εἰ θεωρήσαις –

ΠΑ   καλῶς
ἔχει.

ΠΟ   θεώρησον, Πάταικε, πρὸς θεῶν·
μᾶλλον μ' ἐλεήσεις.

ΠΑ   ὦ Πόσειδον.

ΠΟ   δεῦρ' ἴθι.
ἐνδύμαθ' οἶ'· οἷα δὲ φαίνεθ' ἡνίκ' ἂν
λάβῃ τι τούτων· οὐ γὰρ ἑοράκεις ἴσως.   35

ΠΑ   ἔγωγε.

ΠΟ   καὶ γὰρ τὸ μέγεθος δήπουθεν ἦν
ἄξιον ἰδεῖν. ἀλλὰ τί φέρω νῦν εἰς μέσον
τὸ μέγεθος, ἐμβρόντητος, ὑπὲρ ἄλλων λαλῶν;

ΠΑ   μὰ τὸν Δία.

ΠΟ   οὐ γάρ; ἀλλὰ δεῖ Πάταικέ σε
ἰδεῖν. βάδιζε δεῦρο.

ΠΑ   πάραγ᾿· εἰσέρχομαι.   40

The lovers are eventually reconciled.

ἄν = ἐάν
ἔλθῃς aor subj ἔρχομαι transl
  phrase come to argument
ἐκβιάσει fut ἐκβιάζω kidnap
  (someone) by force
ὀφλήσεις fut ὀφλισκάνω incur
  δίκην ὀφλήσεις lit you will incur
  justice i.e. they'll have the law on
  you
οὐκ ἔχει lit does not have i.e. is not a
  matter for
τιμωρία -ας f (private) vengeance
ἀδίκημα -ατος n wrong
ἔγκλημα -ατος n formal complaint,
  accusation (brought to magistrate)
οὐδ᾿ ἄρα νῦν; not even now? (implying
  now that she has left me)
20 λέγω I am to say (deliberative subj)
μά + acc by (a god)!
Δημήτηρ -τρος f Demeter (goddess
  of fertility)
πλήν except
ἀπάγξομαι fut mid ἀπάγχω
  strangle transl I shall strangle myself
Γλυκέρα -ας f Glycera
καταλέλοιπε pf καταλείπω leave,
  abandon
εἴπερ = εἰ (emph)
δοκεῖ + dat it seems right to X to …
συνήθης -ες intimate (here with her)
λελάληκας pf λαλέω chat
πρότερον before now
διαλέγομαι talk with
25 πρέσβευσον aor impv πρεσβεύω be
  an ambassador, negotiate
ἱκετεύω beseech
δύναμαι be able
δήπουθεν doubtless, I presume
λέγω here make a speech
μετρίως reasonably well
ἀλλὰ μήν but indeed, but truly
σωτηρία -ας f way of saving
πρᾶγμα -ατος n affair, situation

πώποτε ever yet
ἠδίκηκα pf ἀδικέω
ὅλως here at all, in any way
30 διατελέω continue
φιλοτιμέομαι earnestly endeavour
  (here to love her)
κόσμος -ου m finery (i.e. her clothes
  and jewels)
θεωρήσαις aor opt θεωρέω come
  and see
καλῶς ἔχει that is fine (a polite way of
  refusing)
θεώρησον aor impv θεωρέω
πρός + gen by, in the name of
ἐλεήσεις fut ἐλεέω pity
Ποσειδῶν -ῶνος m Poseidon (god of
  the sea)
δεῦρο (to) here
ἔνδυμα -ατος n dress transl phrase
  what dresses!
φαίνεθ᾿ = φαίνεται transl phrase what
  she looks like!
ἡνίκα when
35 λάβῃ aor subj λαμβάνω
ἑοράκεις plpf ὁράω
ἴσως perhaps
ἔγωγε understand ἑόρακα
μέγεθος -ους n grandeur (of Glycera
  in her dresses)
φέρω εἰς μέσον bring into the
  discussion
ἐμβρόντητος -ον thunderstruck,
  stupefied
ὑπὲρ ἄλλων lit concerning other things
  i.e. beside the point
  with μὰ τὸν Δία understand not at
  all (Pataecus is politely reassuring)
οὐ γάρ transl you think not?
40 βαδίζω step
δεῦρο this way
πάραγ᾿ = πάραγε impv παράγω
  lead the way

Plutarch *Life of Antony*

Sections 84–86.2

The death of Cleopatra

Plutarch (*c.* AD 46–*c.* 120), biographer, historian and moral philosopher, was born in Boeotia in central Greece, studied at Athens,

A portrait head, said to be of Cleopatra.

Mummy portrait of a young woman.

visited Egypt and Italy, and spent the last thirty years of his life in Boeotia and Delphi. His most famous work is his *Parallel Lives*, in which the life of an eminent Greek is paired with that of a famous Roman with whom there were points of resemblance. For example, the *Life of Antony* is given in parallel with that of Demetrius I of Macedon (336–283 BC): both are presented as great generals but flawed men and the victims of great changes of fortune.

The most famous translation of Plutarch's *Lives* is that by Sir Thomas North (1579), which was Shakespeare's major source for *Julius Caesar*, *Coriolanus* and, of course, *Antony and Cleopatra*.

The Roman world was torn apart in the 30s BC by its two most powerful figures, Caesar Octavianus (later known as Augustus, but here referred to as Caesar), and Marcus Antonius (Antony), who was involved in a passionate love affair with Cleopatra, the queen of Egypt. After Octavian had defeated Antony and Cleopatra off Actium in NW Greece in 31 BC, they fled to Egypt where Antony committed suicide. Cleopatra was cornered by Caesar in Alexandria.

ἦν δὲ Κορνήλιος Δολαβέλλας ἐπιφανὴς νεανίσκος ἐν τοῖς Καίσαρος ἑταίροις. οὗτος εἶχε πρὸς τὴν Κλεοπάτραν οὐκ ἀηδῶς· καὶ τότε χαριζόμενος αὐτῇ δεηθείσῃ κρύφα πέμψας ἐξήγγειλεν, ὡς αὐτὸς μὲν ὁ Καῖσαρ ἀναζεύγνυσι πεζῇ διὰ Συρίας, ἐκείνην δὲ μετὰ τῶν τέκνων ἀποστέλλειν εἰς ῾Ρώμην εἰς τρίτην ἡμέραν   5
ἔγνωκεν. ἡ δ' ἀκούσασα ταῦτα πρῶτον μὲν ἐδεήθη Καίσαρος ὅπως αὐτὴν ἐάσῃ χοὰς ἐπενεγκεῖν Ἀντωνίῳ· καὶ συγχωρήσαντος, ἐπὶ τὸν τάφον κομισθεῖσα καὶ περιπεσοῦσα τῇ σορῷ μετὰ τῶν συνήθων γυναικῶν 'ὦ φίλ' Ἀντώνιε' εἶπεν 'ἔθαπτον μέν σε πρῴην ἔτι χερσὶν ἐλευθέραις, σπένδω δὲ νῦν αἰχμάλωτος   10
οὖσα καὶ φρουρουμένη μήτε κοπετοῖς μήτε θρήνοις αἰκίσασθαι τὸ δοῦλον τοῦτο σῶμα καὶ τηρούμενον ἐπὶ τοὺς κατὰ σοῦ θριάμβους. ἄλλας δὲ μὴ προσδέχου τιμὰς ἢ χοάς· ἀλλ' αὗταί σοι τελευταῖαι Κλεοπάτρας ἀγομένης. ζῶντας μὲν γὰρ ἡμᾶς οὐθὲν ἀλλήλων διέστησε, κινδυνεύομεν δὲ τῷ θανάτῳ διαμείψασθαι   15
τοὺς τόπους, σὺ μὲν ὁ ῾Ρωμαῖος ἐνταῦθα κείμενος, ἐγὼ δ' ἡ δύστηνος ἐν Ἰταλίᾳ, τοσοῦτο τῆς σῆς μεταλαβοῦσα χώρας

Κορνήλιος Δολαβέλλας   m   Cornelius
  Dolabella
ἐπιφανής -ές   conspicuous
νεανίσκος -ου   m   young man
Καῖσαρ -αρος   m   Caesar (i.e.
  Octavian)
ἑταῖρος -ου   m   companion
εἶχε ... οὐκ ἀηδῶς   was on very
  affectionate terms
ἔχω + adv   be
Κλεοπάτρα -ας   f   Cleopatra
χαρίζομαι + dat   do a favour to
δεηθείσῃ   aor pple   δέομαι   ask
κρύφα   secretly
ἐξήγγειλεν   aor   ἐξαγγέλλω   report
ἀναζεύγνυμι   start out
πεζῇ   by land, with land forces
Συρία -ας   f   Syria (Roman province)
5 τέκνον -ου   n   child
ἀποστέλλω   send
Ῥώμη -ης   f   Rome (Octavian planned
  to include the captive Cleopatra in the
  procession at his Triumph)
εἰς   (second time) on
ἔγνωκεν   pf   γιγνώσκω   here resolve
ἐδεήθη   aor   δέομαι + gen
  ὅπως + subj   ask (someone) to ...
ἐάσῃ   aor subj   ἐάω   allow
χοή -ῆς   f   libation
ἐπενεγκεῖν   aor inf   ἐπιφέρω   bring
Ἀντώνιος -ου   m   Antony
συγχωρήσαντος   aor pple
  συγχωρέω   agree understand αὐτοῦ
τάφος -ου   m   tomb
κομισθεῖσα   aor pass pple   κομίζω
  bring
περιπεσοῦσα   aor pple
  περιπίπτω + dat   fall upon
σορός -οῦ   f   funerary urn (containing
  ashes)

συνήθης -ες   familiar, intimate
θάπτω   bury
10 πρώην   recently
σπένδω   pour libations
αἰχμάλωτος -ου   m/f   captive
φρουρέω   guard
μήτε ... μήτε + inf   here so that I
  cannot ... by either ... or
κοπετός -οῦ   m   beating
θρῆνος -ου   m   lamentation
αἰκίσασθαι   aor inf   αἰκίζομαι   spoil,
  injure
δοῦλος -η -ον   of a slave
τηρέω   keep watch over, guard
καί here links δοῦλον and
  τηρούμενον, both describing
  σῶμα
ἐπί + acc here for (the purpose of)
κατά + gen   here over
θρίαμβος -ου   m   triumph, Roman
  triumphal procession here pl for sg
προσδέχομαι   expect
τελευταῖος -α -ον   final
ἀγομένης   i.e. to Rome
ζῶντας   pres pple   [ζάω]   live
οὐθέν = οὐδέν
15 ἀλλήλων   from each other
διέστησε   aor   διίστημι   separate
κινδυνεύω   be likely
διαμείψασθαι   aor inf   διαμείβομαι
  exchange
τόπος -ου   m   place
Ῥωμαῖος -α -ον   Roman
ἐνταῦθα   here (i.e. in Egypt)
κεῖμαι   lie
δύστηνος -ον   wretched
Ἰταλία -ας   f   Italy
μεταλαβοῦσα   aor pple
  μεταλαμβάνω + gen   get a share in

μόνον. ἀλλ᾽ εἰ δή τις τῶν ἐκεῖ θεῶν ἀλκὴ καὶ δύναμις (οἱ γὰρ
ἐνταῦθα προὔδωκαν ἡμᾶς) μὴ προῇ ζῶσαν τὴν σεαυτοῦ γυ-
ναῖκα, μηδ᾽ ἐν ἐμοὶ περιίδῃς θριαμβευόμενον σεαυτόν, ἀλλ᾽ ἐν-   20
ταῦθά με κρύψον μετὰ σεαυτοῦ καὶ συνθάψον, ὡς ἐμοὶ μυρίων
κακῶν ὄντων οὐδὲν οὕτω μέγα καὶ δεινόν ἐστιν, ὡς ὁ βραχὺς
χρόνος ὃν σοῦ χωρὶς ἔζηκα.᾽
    τοιαῦτ᾽ ὀλοφυραμένη καὶ στέψασα καὶ κατασπασαμένη τὴν
σορόν, ἐκέλευσεν λουτρὸν αὐτῇ γενέσθαι. λουσαμένη δὲ καὶ κα-   25
τακλιθεῖσα, λαμπρὸν ἄριστον ἠρίστα. καί τις ἧκεν ἀπ᾽ ἀγροῦ
κίστην τινὰ κομίζων· τῶν δὲ φυλάκων ὅ τι φέροι πυνθανομένων,
ἀνοίξας καὶ ἀφελὼν τὰ θρῖα σύκων ἐπιπλέων τὸ ἀγγεῖον ἔδειξε.
θαυμασάντων δὲ τὸ κάλλος καὶ τὸ μέγεθος, μειδιάσας παρ-
εκάλει λαβεῖν· οἱ δὲ πιστεύσαντες ἐκέλευον εἰσενεγκεῖν. μετὰ δὲ   30
τὸ ἄριστον ἡ Κλεοπάτρα δέλτον ἔχουσα γεγραμμένην καὶ κα-
τασεσημασμένην ἀπέστειλε πρὸς Καίσαρα, καὶ τοὺς ἄλλους
ἐκποδὼν ποιησαμένη πλὴν τῶν δυεῖν ἐκείνων γυναικῶν, τὰς
θύρας ἔκλεισε. Καῖσαρ δὲ λύσας τὴν δέλτον, ὡς ἐνέτυχε λιταῖς
καὶ ὀλοφυρμοῖς δεομένης αὐτὴν σὺν Ἀντωνίῳ θάψαι, ταχὺ   35
συνῆκε τὸ πεπραγμένον. καὶ πρῶτον μὲν αὐτὸς ὥρμησε βοη-
θεῖν, ἔπειτα τοὺς σκεψομένους κατὰ τάχος ἔπεμψεν. ἐγεγόνει δ᾽
ὀξὺ τὸ πάθος. δρόμῳ γὰρ ἐλθόντες, καὶ τοὺς μὲν φυλάττοντας
οὐδὲν ᾐσθημένους καταλαβόντες, τὰς δὲ θύρας ἀνοίξαντες,
εὗρον αὐτὴν τεθνηκυῖαν ἐν χρυσῇ κατακειμένην κλίνῃ κε-   40

ἐκεῖ there *(i.e. in the underworld)*
ἀλκή -ῆς *f* strength
δύναμις -εως *f* power
οἱ understand θεοί
ἐνταῦθα *(line 19)* in this world
προὔδωκαν *aor* προδίδωμι betray
προῇ *aor subj* προίημι forsake
20 περιίδῃς *aor subj* περιοράω
   overlook, allow
θριαμβεύω lead in triumph *pass pple*
   here being triumphed over
ἐνταῦθα *(line 20)* here (in Egypt)
κρύψον *aor impv* κρύπτω hide
συνθάψον *aor impv* συνθάπτω bury
   with
μυρίοι -αι -α countless
βραχύς -εῖα -ύ short
χωρίς + *gen* apart from
ἔζηκα *pf* [ζάω]
ὀλοφυραμένη *aor pple* ὀλοφύρομαι
   lament
στέψασα *aor pple* στέφω wreathe,
   garland
κατασπασαμένη *aor pple*
   κατασπάζομαι embrace, kiss
25 λουτρόν -οῦ *n* bath
λουσαμένη *aor pple* λούομαι wash
   oneself
κατακλιθεῖσα *aor pple*
   κατακλίνομαι recline
λαμπρός -ά -όν splendid
ἄριστον -ου *n* dinner
ἀριστάω eat, have dinner
ἧκεν *impf* ἥκω (have) come
ἀγρός -οῦ *m lit* field *here*
   countryside
κίστη -ης *f* basket
ἀνοίξας *aor pple* ἀνοίγνυμι open
ἀφελών *aor pple* ἀφαιρέω take off,
   remove
θρῖον -ου *n* fig-leaf *(here covering
   contents of the basket)*
σῦκον -ου *n* fig
ἐπίπλεως -ων full of + *gen*
ἀγγεῖον -ου *n* vessel, dish *(here
   inside the basket)*

θαυμασάντων *aor pple* θαυμάζω
   marvel at *supply* the guards *as sub*
κάλλος -ους *n* beauty
μέγεθος -ους *n* size
μειδιάσας *aor pple* μειδιάω smile
παρακαλέω invite
30 λαβεῖν understand some figs *as obj*
εἰσενεγκεῖν *aor inf* εἰσφέρω bring
   in
δέλτος -ου *f* writing tablet
γεγραμμένην *pf pass pple* γράφω
   transl (already) written upon
κατασεσημασμένην *pf pass pple*
   κατασημαίνω seal
ἀπέστειλε *aor* ἀποστέλλω send
ἐκποδών out of the way
δυεῖν = δυοῖν
θύρα -ας *f* door
κλείω lock
ἐνέτυχε *aor* ἐντυγχάνω + *dat* meet
   with, find
λίτη -ης *f* prayer
35 ὀλοφυρμός -οῦ *m* lamentation
δεομένης understand her *as sub*, him
   as obj
ταχύ quickly
συνῆκε *aor* συνίημι understand
πεπραγμένον *pf pass pple* πράττω
ὥρμησε *aor* ὁρμάω start
βοηθέω help
σκέπτομαι investigate *fut pple
   expressing purpose* people to ...
κατὰ τάχος speedily
ἐγεγόνει *plpf* γίγνομαι
ὀξύς -εῖα -ύ *lit* sharp *here* swift
πάθος -ους *n* suffering
δρόμος -ου *m* running *dat here* at a
   run
ᾐσθημένους *pf pple* αἰσθάνομαι
   perceive, notice
καταλαμβάνω find
40 τεθνηκυῖαν *pf pple* θνῄσκω die
χρυσοῦς -ῆ -οῦν golden
κατάκειμαι lie
κλίνη -ης *f* couch

κοσμημένην βασιλικῶς. τῶν δὲ γυναικῶν ἡ μὲν Εἰρὰς λεγομένη
πρὸς τοῖς ποσὶν ἀπέθνῃσκεν, ἡ δὲ Χάρμιον ἤδη σφαλλομένη καὶ
καρηβαροῦσα κατεκόσμει τὸ διάδημα τὸ περὶ τὴν κεφαλὴν
αὐτῆς. εἰπόντος δέ τινος ὀργῇ· 'καλὰ ταῦτα, Χάρμιον;' 'κάλ-
λιστα μὲν οὖν' ἔφη 'καὶ πρέποντα τῇ τοσούτων ἀπογόνῳ βασι-   45
λέων'. πλέον δ' οὐδὲν εἶπεν, ἀλλ' αὐτοῦ παρὰ τὴν κλίνην ἔπεσε.
λέγεται δὲ τὴν ἀσπίδα κομισθῆναι σὺν τοῖς σύκοις ἐκείνοις
καὶ τοῖς θρίοις ἄνωθεν ἐπικαλυφθεῖσαν, οὕτω γὰρ τὴν Κλεοπά-
τραν κελεῦσαι, μηδὲ αὐτῆς ἐπισταμένης τῷ σώματι προσπεσεῖν
τὸ θηρίον· ὡς δὲ ἀφαιροῦσα τῶν σύκων εἶδεν, εἰπεῖν 'ἐνταῦθα   50
ἦν ἄρα τοῦτο', καὶ τὸν βραχίονα παρασχεῖν τῷ δήγματι
γυμνώσασαν.

κεκοσμημένην *pf pass pple* κοσμέω
  adorn
βασιλικῶς *like a queen*
Εἰράς *f* Iras *(attendant woman of*
  Cleopatra)
λεγομένη *here* called
πούς, ποδός *m* foot
Χάρμιον *f* Charmion *(another*
  attendant woman)
σφάλλομαι *totter*
καρηβαρέω *be heavy in the head, have*
  a bad headache
κατακοσμέω *set in place*
διάδημα -ατος *n* diadem
κεφαλή -ῆς *f* head
45 μὲν οὖν *indeed (Charmion corrects the*
  questioner: not just καλά *but*
  κάλλιστα)
πρέπει + *dat* it is fitting for
ἀπόγονος -ον + *gen* descended from
αὐτοῦ *there*
ἔπεσε *aor* πίπτω *fall*

ἀσπίς -ίδος *f here* asp, Egyptian
  cobra
κομισθῆναι *aor pass inf* κομίζω
ἄνωθεν *above*
ἐπικαλυφθεῖσαν *aor pass pple*
ἐπικαλύπτω *cover up, hide*
ἐπισταμένης *pple* ἐπίσταμαι *know,*
  be aware
προσπεσεῖν *aor inf* προσπίπτω *fall*
  upon, attack + *dat*
  inf after κελεῦσαι *transl that the*
  creature should ...
50 θηρίον -ου *n* beast, wild animal
ἀφαιρέω *take away, remove*
τῶν *gen implies some of ...*
ἄρα *so then, you see*
βραχίων -ονος *m* arm
παρασχεῖν *aor inf* παρέχω *offer,*
  hold out
δῆγμα -ατος *n* bite
γυμνώσασαν *aor pple* γυμνόω *bare*
  tr

Plutarch *On the Decline of Oracles*

Sections 419B–420A

Great Pan is dead

This dialogue is set in Delphi in about AD 83. A group of learned men are discussing how oracular prophecy works, and why oracles have become less vocal and important than in the classical past. The conversation has turned to *daimones* (divine spirits, spoken of by Hesiod and Plato as intermediaries between gods and men); the question whether divine beings can die elicits from a historian called Philip the haunting story of the death of Pan. Because the events described took place during the reign

The temple of Apollo at Delphi.

of the Roman emperor Tiberius (AD 14–37), Christian legend was later
able to claim that they coincided in time with the crucifixion of Jesus, and
represented the demise of paganism.

This story, and the general theme of the dialogue, have had con-
siderable literary influence. John Milton wrote in his *Hymn: On the Morn-
ing of Christ's Nativity*:

> The oracles are dumb,
> No voice or hideous hum
> Runs through the arched roofs in words deceiving.

And Elizabeth Barrett Browning in *The Dead Pan* (1844) reworked Plu-
tarch:

> And that dismal cry rose slowly,
> And sank slowly through the air,
> Full of spirit's melancholy
> And eternity's despair!
> And they heard the words it said –
> Pan is dead – Great Pan is dead –
>   Pan, Pan is dead.

In the final part of the passage the contribution of the grammarian De-
metrius, who is on his way home from Britain to Tarsus, throws interest-
ing light on the exploration of the British Isles during the governorship of
Agricola (AD 77–85).

ʽπερὶ δὲ θανάτου τῶν τοιούτων ἀκήκοα λόγον ἀνδρὸς οὐκ
ἄφρονος οὐδ᾽ ἀλαζόνος. Αἰμιλιανοῦ γὰρ τοῦ ῥήτορος, οὗ καὶ
ὑμῶν ἔνιοι διακηκόασιν, Ἐπιθέρσης ἦν πατήρ, ἐμὸς πολίτης
καὶ διδάσκαλος γραμματικῶν. οὗτος ἔφη ποτὲ πλέων εἰς Ἰταλ-
ίαν ἐπιβῆναι νεὼς ἐμπορικὰ χρήματα καὶ συχνοὺς ἐπιβάτας   5
ἀγούσης· ἑσπέρας δ᾽ ἤδη περὶ τὰς Ἐχινάδας νήσους ἀποσβῆναι
τὸ πνεῦμα, καὶ τὴν ναῦν διαφερομένην πλησίον γενέσθαι
Παξῶν· ἐγρηγορέναι δὲ τοὺς πλείστους, πολλοὺς δὲ καὶ πίνειν
ἔτι δεδειπνηκότας· ἐξαίφνης δὲ φωνὴν ἀπὸ τῆς νήσου τῶν
Παξῶν ἀκουσθῆναι, Θαμοῦν τινος βοῇ καλοῦντος, ὥστε θαυ-   10

μάζειν. ὁ δὲ Θαμοῦς Αἰγύπτιος ἦν κυβερνήτης οὐδὲ τῶν ἐμ-
πλεόντων γνώριμος πολλοῖς ἀπ' ὀνόματος. δὶς μὲν οὖν κληθέντα
σιωπῆσαι, τὸ δὲ τρίτον ὑπακοῦσαι τῷ καλοῦντι· κἀκεῖνον ἐπι-
τείναντα τὴν φωνὴν εἰπεῖν, "ὁπόταν γένῃ κατὰ τὸ Παλῶδες,
ἀπάγγειλον ὅτι Πὰν ὁ μέγας τέθνηκε." τοῦτ' ἀκούσαντας ὁ   15
Ἐπιθέρσης ἔφη πάντας ἐκπλαγῆναι· καὶ διδόντας ἑαυτοῖς λόγον

ἀκήκοα pf ἀκούω
ἄφρων -ον gen -ονος foolish
ἀλαζών gen -όνος deceitful
Αἰμιλιανός -οῦ m Aemilianus
ἔνιοι -αι -α some
διακούω hear, listen to
Ἐπιθέρσης m Epitherses
γραμματικά -ῶν n pl grammar
ἔφη ... the narrative down to line 30 is
    in reported speech
πλέω sail
Ἰταλία -ας f Italy
5 ἐπιβαίνω board, embark on + gen
ἐμπορικός -ή -όν for import/export,
    commercial
χρήματα -ων n pl here goods
συχνός -ή -όν much pl many
ἐπιβάτης -ου m passenger
ἄγω here carry
ἑσπέρα -ας f evening
Ἐχινάδες -ων f pl Echinades (group
    of islands in north-west Greece)
ἀποσβῆναι aor inf (intr)
ἀποσβέννυμι quench intr here (of
    wind) drop
πνεῦμα -ατος n wind
διαφέρω carry different ways pass (of
    ship) drift
πλησίον + gen near
Παξοί -ῶν f pl Paxi (pair of small
    islands between the Echinades and
    Corcyra)
ἐγρηγορέναι pf inf (intr) ἐγείρω
    waken intr be awake
πίνω drink

δεδειπνηκότας pf pple δειπνέω
    dine
ἐξαίφνης suddenly
φωνή -ῆς f voice
10 ἀκουσθῆναι aor pass inf ἀκούω
Θαμοῦς m Thamus
καλέω call
Αἰγύπτιος -α -ον Egyptian
κυβερνήτης -ου m helmsman, pilot
ἐμπλέω be on board
γνώριμος -ον known
δίς twice
κληθέντα aor pass pple καλέω
σιωπῆσαι aor inf σιωπάω be silent
ὑπακούω answer
κἀκεῖνον = καὶ ἐκεῖνον (crasis) ref to
    the caller
ἐπιτείναντα aor pple ἐπιτείνω here
    (of voice) raise
ὁπόταν + subj when
γένῃ aor subj γίγνομαι
κατά + acc here opposite
Παλῶδες n Palodes (coastal town in
    modern Albania)
15 ἀπάγγειλον aor impv ἀπαγγέλλω
    announce
Πάν, Πανός m Pan (god of
    countryside, with goat's feet, horns and
    shaggy hair)
τέθνηκε pf θνῄσκω die
ἐκπλαγῆναι aor pass inf ἐκπλήττω
    astound
διδόντας ἑαυτοῖς λόγον transl phrase
    reasoning among themselves

εἴτε ποιῆσαι βέλτιον εἴη τὸ προστεταγμένον εἴτε μὴ πολυ-
πραγμονεῖν ἀλλ᾽ ἐᾶν, οὕτως γνῶναι τὸν Θαμοῦν, εἰ μὲν εἴη
πνεῦμα, παραπλεῖν ἡσυχίαν ἔχοντα, νηνεμίας δὲ καὶ γαλήνης
περὶ τὸν τόπον γενομένης ἀνειπεῖν ὃ ἤκουσεν. ὡς οὖν ἐγένετο   20
κατὰ τὸ Παλῶδες, οὔτε πνεύματος ὄντος οὔτε κλύδωνος, ἐκ
πρύμνης βλέποντα τὸν Θαμοῦν πρὸς τὴν γῆν εἰπεῖν, ὥσπερ
ἤκουσεν, ὅτι Πὰν ὁ μέγας τέθνηκεν, οὐ φθῆναι δὲ παυσάμενον
αὐτὸν καὶ γενέσθαι μέγαν οὐχ ἑνὸς ἀλλὰ πολλῶν στεναγμὸν
ἅμα θαυμασμῷ μεμειγμένον. οἷα δὲ πολλῶν ἀνθρώπων   25
παρόντων, ταχὺ τὸν λόγον ἐν Ῥώμῃ σκεδασθῆναι, καὶ τὸν Θαμοῦν
γενέσθαι μετάπεμπτον ὑπὸ Τιβερίου Καίσαρος. οὕτω δὲ πισ-
τεῦσαι τῷ λόγῳ τὸν Τιβέριον, ὥστε διαπυνθάνεσθαι καὶ ζητεῖν
περὶ τοῦ Πανός· εἰκάζειν δὲ τοὺς περὶ αὐτὸν φιλολόγους συχ-
νοὺς ὄντας τὸν ἐξ Ἑρμοῦ καὶ Πηνελόπης γεγενημένον.᾽   30

ὁ μὲν οὖν Φίλιππος εἶχε καὶ τῶν παρόντων ἐνίους μάρτυρας,
Αἰμιλιανοῦ τοῦ γέροντος ἀκηκοότας.

ὁ δὲ Δημήτριος ἔφη τῶν περὶ τὴν Βρεττανίαν νήσων εἶναι
πολλὰς ἐρήμους σποράδας, ὧν ἐνίας δαιμόνων καὶ ἡρώων ὀνο-
μάζεσθαι· πλεῦσαι δὲ αὐτὸς ἱστορίας καὶ θέας ἔνεκα πομπῇ τοῦ   35
βασιλέως εἰς τὴν ἔγγιστα κειμένην τῶν ἐρήμων, ἔχουσαν οὐ
πολλοὺς ἐποικοῦντας ἱεροὺς δὲ καὶ ἀσύλους πάντας ὑπὸ τῶν
Βρεττανῶν ὄντας. ἀφικομένου δ᾽ αὐτοῦ νεωστί, σύγχυσιν μεγά-
λην περὶ τὸν ἀέρα καὶ διοσημίας πολλὰς γενέσθαι καὶ πνεύ-
ματα καταρραγῆναι καὶ πεσεῖν πρηστῆρας· ἐπεὶ δ᾽ ἐλώφησε,   40
λέγειν τοὺς νησιώτας ὅτι τῶν κρειττόνων τινὸς ἔκλειψις γέγο-
νεν. ὡς γὰρ λύχνος ἀναπτόμενος᾽, φάναι, ᾽δεινὸν οὐδὲν ἔχει
σβεννύμενος δὲ πολλοῖς λυπηρός ἐστιν, οὕτως αἱ μεγάλαι ψυχαὶ

εἴτε ... εἴτε   whether ... or
προστεταγμένον   *pf pass pple*
  προστάττω   order
πολυπραγμονέω   meddle
ἐάω   *lit* allow   *here* let alone
γνῶναι   *aor inf*   γιγνώσκω   *here*
  decide
παραπλέω   sail past
ἡσυχία -ας   *f*   quiet
  ἡσυχίαν ἔχω   keep quiet
νηνεμία -ας   *f*   stillness
γαλήνη -ης   *f*   calm
20 τόπος -ου   *m*   place
ἀνειπεῖν   *inf*   ἀνεῖπον   announce
κλύδων -ωνος   *m*   wave
πρύμνα -ης   *f*   stern
βλέπω   look
φθῆναι   *aor inf*   φθάνω   *lit* come
  before, be first
  οὐ φθάνω + *pple* + καί ... *transl* no
  sooner ... than
στεναγμός -οῦ   *m*   groaning
25 θαυμασμός -οῦ   *m*   cry of amazement
μεμειγμένον   *pf pass pple*   μίγνυμι
  mix
οἷα   as *(implying* is natural when ...)
ταχύ   soon, quickly
Ῥώμη -ης   *f*   Rome
σκεδασθῆναι   *aor pass inf*
  σκεδάννυμι   spread abroad
μετάπεμπτος -ον   sent for
Τιβέριος -ου   *m*   Tiberius *(Roman*
  emperor AD *14–37)*
Καῖσαρ -αρος   *m*   Caesar
διαπυνθάνομαι   make enquiry
ζητέω   seek, investigate
εἰκάζω   conjecture
φιλόλογος -ου   *m*   scholar
30 Ἑρμῆς -οῦ   *m*   Hermes *(messenger*
  and god of travellers and secrecy)
Πηνελόπη -ης   *f*   Penelope *(a nymph)*
γεγενημένον   *pf pple*   γίγνομαι   *here*
  be born
Φίλιππος -ου   *m*   Philip
μάρτυς -υρος   *m*   witness

ἀκηκοότας   *pf pple*   ἀκούω   *here*
  transl pupils
Δημήτριος -ου   *m*   Demetrius
Βρεττανία -ας   *f*   Britain
ἐρῆμος -ον   lonely, desolate
σπορᾶς   *gen* -άδος   scattered
δαίμων -ονος   *m/f*   divinity, divine
  being
ἥρως -ωος   *m*   hero
ὀνομάζω   call, name; *pass* + *gen here* be
  named after
35 πλεῦσαι   *aor inf*   πλέω
ἱστορία -ας   *f*   enquiry, research
θέα -ας   *f*   observation
ἕνεκα + *gen*   *here* for the purpose of
  (usu foll noun or pronoun)
πομπή -ῆς   *f*   *here* order, instruction
βασιλεύς -έως   *m*   *here* emperor *(ref*
  to Domitian, Roman emperor AD *81–*
  96)
ἔγγιστα   *sup adv*   nearest
κεῖμαι   lie, be situated
ἐποικέω   inhabit
ἱερός -ά -όν   holy
ἄσυλος -ον   unharmed
Βρεττανοί -ῶν   *m pl*   Britons
νεωστί   recently
σύγχυσις -εως   *f*   tumult
ἀήρ, ἀέρος   *m*   air
διοσημία -ας   *f*   portent
40 καταρραγῆναι   *aor pass inf*
  καταρρήγνυμι   *lit* break down *pass*
  here sweep down
πεσεῖν   *aor inf*   πίπτω   fall
πρηστήρ -ῆρος   *m*   lightning-flash
λωφάω   abate
νησιώτης -ου   *m*   islander
κρείττων -ον   *gen* -ονος   stronger,
  better   *here transl* of the mightier
  souls
ἔκλειψις -εως   *f*   passing, departure
λύχνος -ου   *m*   lamp
ἀνάπτομαι   light, kindle
σβέννυμι   put out, quench
λυπηρός -ά -όν   distressing
ψυχή -ῆς   *f*   soul

τὰς μὲν ἀναλάμψεις εὐμενεῖς καὶ ἀλύπους ἔχουσιν, αἱ δὲ σβέσεις
αὐτῶν καὶ φθοραὶ πολλάκις μέν, ὡς νυνί, πνεύματα καὶ ζάλας   45
τρέφουσι, πολλάκις δὲ λοιμικοῖς πάθεσι τὸν ἀέρα φαρμάττ-
ουσιν.' ἐκεῖ μέντοι μίαν εἶναι νῆσον, ἐν ᾗ τὸν Κρόνον καθ-
εῖρχθαι φρουρούμενον ὑπὸ τοῦ Βριάρεω καθεύδοντα· δεσμὸν
γὰρ αὐτῷ τὸν ὕπνον μεμηχανῆσθαι, πολλοὺς δὲ περὶ αὐτὸν εἶναι
δαίμονας ὀπαδοὺς καὶ θεράποντας.   50

ἀνάλαμψις -εως *f* lighting, kindling
  into life
εὐμενής -ές gentle
ἄλυπος -ον inoffensive, painless
σβέσις -εως *f* *lit* quenching *here*
  passing
45 φθορά -ᾶς *f* dissolution, destruction
νυνί = νῦν (*emph*)
ζάλη -ης *f* storm
τρέφω foster
λοιμικός -ή -όν pestilential
πάθος -ους *n* *lit* suffering,
  experience *here* condition, property
φαρμάττω poison, infect
μέντοι however

Κρόνος -ου *m* Cronos (*father of
  Zeus*)
καθεῖρχθαι *pf pass inf* καθείργω
  confine
φρουρέω guard
Βριάρεως -εω *m* Briareus (*100-
  headed giant*)
καθεύδω sleep
δεσμός -οῦ *m* bondage
ὕπνος -ου *m* sleep
μεμηχανῆσθαι *pf pass inf*
  μηχανάομαι devise
50 ὀπαδός -οῦ *m* attendant
θεράπων -οντος *m* servant

SECTION 20

New Testament *Acts of the Apostles*

Chapter 17 verses 16–34

St Paul in Athens

Acts of the Apostles forms the second part of the literary work begun by the *Gospel of St Luke*. It describes the rapid spread of Christianity through the Mediterranean world, a process facilitated by the wide currency of Greek (now in *koine* – 'common' – form, having lost its earlier dialects). *Acts* is our main source for the earliest history of the church.

Early Christian tombstone with the cruciform anchor of hope and two fish (associated with the acrostic *IXΘΥΣ*: Jesus Christ, Son of God, Saviour).

143

In chapter 17 Paul has just arrived in Athens on his missionary journey
through Greece. The date is about AD 50 (*Acts* was written perhaps some
forty years later). Athens had lost its political power since its subjugation
to Rome, but remained the cultural and intellectual centre of the ancient
world. Its art and architecture were an impressive monument to its past
glory. At the beginning of the passage Paul is waiting for his companions
Silas and Timothy.

ἐν δὲ ταῖς Ἀθήναις ἐκδεχομένου αὐτοὺς τοῦ Παύλου, παρωξύ-
νετο τὸ πνεῦμα αὐτοῦ ἐν αὐτῷ θεωροῦντος κατείδωλον οὖσαν
τὴν πόλιν. διελέγετο μὲν οὖν ἐν τῇ συναγωγῇ τοῖς Ἰουδαίοις καὶ
τοῖς σεβομένοις καὶ ἐν τῇ ἀγορᾷ κατὰ πᾶσαν ἡμέραν πρὸς τοὺς
παρατυγχάνοντας. τινὲς δὲ καὶ τῶν Ἐπικουρείων καὶ Στοϊκῶν   5
φιλοσόφων συνέβαλλον αὐτῷ, καί τινες ἔλεγον 'τί ἂν θέλοι ὁ
σπερμολόγος οὗτος λέγειν;' οἱ δέ 'ξένων δαιμονίων δοκεῖ κα-
ταγγελεὺς εἶναι' ὅτι τὸν Ἰησοῦν καὶ τὴν ἀνάστασιν εὐηγγελί-
ζετο. ἐπιλαβόμενοί τε αὐτοῦ ἐπὶ τὸν Ἄρειον Πάγον ἤγαγον,
λέγοντες 'δυνάμεθα γνῶναι τίς ἡ καινὴ αὕτη ἡ ὑπὸ σοῦ λαλου-   10
μένη διδαχή; ξενίζοντα γάρ τινα εἰσφέρεις εἰς τὰς ἀκοὰς ἡμῶν·
βουλόμεθα οὖν γνῶναι τίνα θέλει ταῦτα εἶναι.' Ἀθηναῖοι δὲ
πάντες καὶ οἱ ἐπιδημοῦντες ξένοι εἰς οὐδὲν ἕτερον ηὐκαίρουν ἢ
λέγειν τι ἢ ἀκούειν τι καινότερον.

σταθεὶς δὲ ὁ Παῦλος ἐν μέσῳ τοῦ Ἀρείου Πάγου ἔφη 'ἄνδρες   15
Ἀθηναῖοι, κατὰ πάντα ὡς δεισιδαιμονεστέρους ὑμᾶς θεωρῶ·
διερχόμενος γὰρ καὶ ἀναθεωρῶν τὰ σεβάσματα ὑμῶν εὗρον καὶ
βωμὸν ἐν ᾧ ἐπεγέγραπτο, ἀγνώστῳ θεῷ. ὃ οὖν ἀγνοοῦντες εὐ-
σεβεῖτε, τοῦτο ἐγὼ καταγγέλλω ὑμῖν. ὁ θεὸς ὁ ποιήσας τὸν
κόσμον καὶ πάντα τὰ ἐν αὐτῷ, οὗτος οὐρανοῦ καὶ γῆς ὑπάρχων   20
κύριος οὐκ ἐν χειροποιήτοις ναοῖς κατοικεῖ οὐδὲ ὑπὸ χειρῶν

Ἀθῆναι -ῶν f pl Athens
ἐκδέχομαι wait for
Παῦλος -ου m Paul
παροξύνομαι be greatly upset
πνεῦμα -ατος n spirit *(periphrasis his spirit within him reflects Hebrew idiom)*
θεωρέω see
κατείδωλος -ον full of idols
διαλέγομαι discuss, debate
συναγωγή -ῆς f synagogue, Jewish place of worship
Ἰουδαῖος -α -ον Jewish
σέβομαι worship *(οἱ σεβόμενοι = non-Jews worshipping the one God of Judaism but not following all details of the Jewish way of life)*
κατὰ πᾶσαν ἡμέραν every day
5 παρατυγχάνω happen to be present
Ἐπικούρειος -ου m Epicurean, follower of Epicurus *(fl 300 BC; taught that happiness consists in attaining tranquillity of mind)*
Στοϊκός -ή -όν Stoic *(follower of Zeno of Citium, fl 300 BC; taught that the wise should accept whatever happens as according with divine reason): Epicureanism and Stoicism were the most influential philosophical schools in this period*
φιλόσοφος -ου m philosopher
συμβάλλω discuss, debate (with + *dat*)
θέλοι opt θέλω (= ἐθέλω)
σπερμολόγος -ου m lit seed-gathering (bird) *here* one who picks up scraps of information
δαιμόνιον -ου n god
δοκέω seem
καταγγελεύς -έως m proclaimer
Ἰησοῦς οῦ m Jesus
ἀνάστασις -εως f resurrection *(perhaps misunderstood by Paul's hearers as the name of a goddess; and pl foreign gods perhaps echoes the charge against Socrates)*

εὐαγγελίζω preach, proclaim
ἐπιλαβόμενοι aor pple
ἐπιλαμβάνομαι take hold of, seize + *gen*
Ἄρειος Πάγος m Areopagus, Hill of Ares *(where Athenian council sat)*
10 δύναμαι be able
γνῶναι aor inf γιγνώσκω
καινός -ή -όν new
λαλέω speak, proclaim
διδαχή -ῆς f teaching, doctrine
ξενίζω be foreign, be strange
ἀκοή -ῆς f hearing, ears
θέλει ... εἶναι lit want to be transl mean
Ἀθηναῖος -α -ον Athenian
ἐπιδημέω visit
ἕτερος -α -ον other
εὐκαιρέω spend time
15 σταθείς aor pass pple (intr act sense)
ἵστημι transl standing
ἐν μέσῳ in the middle
κατὰ πάντα in everything, in every respect
δεισιδαιμονέστερος -α -ον very religious
διέρχομαι go through *(understand the city as obj)*
ἀναθεωρέω look carefully at
σέβασμα -ατος n object of worship
βωμός -οῦ m altar
ἐπεγέγραπτο plpf pass ἐπιγράφω inscribe
ἄγνωστος -ον unknown
ἀγνοέω be ignorant of, not know
εὐσεβέω worship
καταγγέλλω proclaim
20 κόσμος -ου m world
οὐρανός -οῦ m heaven
ὑπάρχω be
κύριος -ου m lord
χειροποίητος -ον made by human hands
ναός -οῦ m temple
κατοικέω live

ἀνθρωπίνων θεραπεύεται προσδεόμενός τινος, αὐτὸς διδοὺς
πᾶσι ζωὴν καὶ πνοὴν καὶ τὰ πάντα· ἐποίησέν τε ἐξ ἑνὸς πᾶν
ἔθνος ἀνθρώπων κατοικεῖν ἐπὶ παντὸς προσώπου τῆς γῆς, ὁρ-
ίσας προστεταγμένους καιροὺς καὶ τὰς ὁροθεσίας τῆς κατοι-   25
κίας αὐτῶν, ζητεῖν τὸν θεὸν εἰ ἄρα γε ψηλαφήσειαν αὐτὸν καὶ
εὕροιεν, καί γε οὐ μακρὰν ἀπὸ ἑνὸς ἑκάστου ἡμῶν ὑπάρχοντα.
ἐν αὐτῷ γὰρ ζῶμεν καὶ κινούμεθα καὶ ἐσμέν, ὡς καί τινες τῶν
καθ᾽ ὑμᾶς ποιητῶν εἰρήκασιν, τοῦ γὰρ καὶ γένος ἐσμέν. γένος
οὖν ὑπάρχοντες τοῦ θεοῦ οὐκ ὀφείλομεν νομίζειν χρυσῷ ἢ ἀρ-   30
γύρῳ ἢ λίθῳ, χαράγματι τέχνης καὶ ἐνθυμήσεως ἀνθρώπου, τὸ
θεῖον εἶναι ὅμοιον. τοὺς μὲν οὖν χρόνους τῆς ἀγνοίας ὑπεριδὼν ὁ
θεός, τὰ νῦν παραγγέλλει τοῖς ἀνθρώποις πάντας πανταχοῦ
μετανοεῖν, καθότι ἔστησεν ἡμέραν ἐν ᾗ μέλλει κρίνειν τὴν οἰ-
κουμένην ἐν δικαιοσύνῃ ἐν ἀνδρὶ ᾧ ὥρισεν, πίστιν παρασχὼν   35
πᾶσιν ἀναστήσας αὐτὸν ἐκ νεκρῶν.᾽
    ἀκούσαντες δὲ ἀνάστασιν νεκρῶν οἱ μὲν ἐχλεύαζον, οἱ δὲ εἶ-
παν ᾽ἀκουσόμεθά σου περὶ τούτου καὶ πάλιν᾽. οὕτως ὁ Παῦλος
ἐξῆλθεν ἐκ μέσου αὐτῶν. τινὲς δὲ ἄνδρες κολληθέντες αὐτῷ
ἐπίστευσαν, ἐν οἷς καὶ Διονύσιος ὁ Ἀρεοπαγίτης καὶ γυνὴ ὀνό-   40
ματι Δάμαρις καὶ ἕτεροι σὺν αὐτοῖς.

Though the number of immediate converts resulting from Paul's visit to
Athens was small, the new faith had for the first time confronted – and
shown some common ground with – Greek philosophy.

ἀνθρώπινος -η -ον human	καιρός -οῦ m season, period
θεραπεύω serve	ὁροθεσία -ας f boundary
προσδέομαι need + gen transl phrase	κατοικία -ας f territory
because he needs anything	ζητέω seek transl inf that they
ζωή -ῆς f life	should ...
πνοή -ῆς f breath	εἰ ἄρα + opt transl phrase (to see) if
ἐξ ἑνός from one (man)	they could
ἔθνος -ους n race, people transl	ψηλαφήσειαν aor opt ψηλαφάω
phrase the whole human race	feel around for
πρόσωπον -ου n face, surface	εὕροιεν aor opt εὑρίσκω
ὁρίσας aor pple ὁρίζω determine,	καί γε though (he is) really
designate	οὐ μακράν not far away
²⁵ προστεταγμένους pf pass pple	ζῶμεν pres [ζάω] live
προστάσσω appoint	κινέομαι move

καθ' ὑμᾶς among you, your
ποιητής -οῦ m poet
εἰρήκασιν pf λέγω
τοῦ of him
γένος -ους n family, offspring (*the
  quotation* τοῦ ... ἐσμέν – *the start of
  a hexameter – is from line 5 of
  Phaenomena, a didactic poem about
  the constellations by Aratus, fl 275 BC*)
30 ὀφείλω ought
χρυσός -οῦ m gold, gold image
ἄργυρος -ου m silver, silver image
λίθος -ου m stone
χάραγμα -ατος n work (of
  sculpture), image
τέχνη -ης f art, craftsmanship
ἐνθύμησις -εως f imagination
τὸ θεῖον the deity
ὅμοιος -α -ον like + *dat*
ἄγνοια -ας f ignorance
ὑπεριδών aor pple ὑπεροράω
  overlook
τὰ νῦν now, in this instance
παραγγέλλω command + *dat*
πάντας ... μετανοεῖν acc as sub of inf;
  transl phrase commands men that they
  all
πανταχοῦ everywhere

μετανοέω repent, change one's ways
καθότι for
ἔστησεν aor (tr) ἵστημι here fix
μέλλω be about to, be going to
κρίνω judge
οἰκουμένη -ης f the (*lit* inhabited)
  world (*understand* γῆ)
35 ἐν δικαιοσύνῃ with justice, justly
ἐν ἀνδρί by a man
ᾧ for ὅν (*rel attracted into case of
  antecedent*)
πίστις -εως f assurance
παρασχών aor pple παρέχω
  provide
ἀναστήσας aor pple ἀνίστημι raise
νεκρός -ά -όν dead
χλευάζω jeer
εἶπαν = εἶπον
πάλιν again
ἐκ μέσου αὐτῶν from their midst
κολληθέντες aor pass pple κολλάω
  lit stick *mid/pass* join oneself to + *dat*
40 ἐπίστευσαν transl they became
  believers
Διονύσιος -ου m Dionysius
Ἀρεοπαγίτης -ου m Areopagite,
  member of the council of Areopagus
Δάμαρις -ιδος f Damaris

METRICAL APPENDIX

The pattern of Greek verse depends on the length of the syllables rather than (as in English verse) whether they are stressed or not; and it does not rhyme. The length of a syllable depends on the time it takes to pronounce (this is called *quantity*). *Scansion* means the analysis of verse, in particular by *scanning* a line, marking in the long (−) and short (∪) syllables to show the metrical pattern.

Quantity

In most cases it is easy to decide whether a syllable should be scanned as long or short.

Some syllables contain vowels which are *long by nature*: η and ω are always long; also the diphthongs αι αυ ει ευ ηυ οι ου υι ᾳ ῃ ῳ (except that οι and αι were apparently felt to be of slightly shorter duration and are sometimes scanned short). α ι and υ are sometimes long by nature, sometimes short: the scansion of surrounding syllables often allows this to be deduced. If a vowel has a circumflex accent (ˆ) over it, it must be long.

A syllable whose vowel is short (ε and ο are always short) becomes *long by position* for scansion purposes when the vowel (itself still pronounced as usual) is followed by two (or more) consonants or by a so-called *double consonant* ζ (= σδ) ξ (= κς) or ψ (= πς), whether or not the consonants are in the same word. There is however one major exception to this rule: a syllable with a naturally short vowel may stay short if the vowel is followed by a pair of consonants in which the first is a *mute* (π β φ τ δ θ κ γ χ) and the second a *liquid* (λ ρ μ ν).

The Homeric hexameter

The dactylic hexameter established itself at an early date as the metre for epic. It consists of six *feet*, each of which is a *dactyl* (− ∪∪) or a *spondee* (− −), its metrical equivalent (δάκτυλος = finger, with one long and two short bones; σπονδή = libation, accompanied by slow solemn chants). Each of the first four feet can be either a dactyl or a spondee. The fifth is usually a dactyl. The sixth is always a spondee. Even if the last syllable of the line is naturally short, it becomes a sort of 'honorary long', the pause at the end of the line compensating: it (like any syllable which a particular metrical pattern allows to be either long or short) can be marked × (*anceps*, Latin for 'ambivalent'). The normal scheme for the hexameter therefore is:

$$- \underset{\smile\smile}{} | - \underset{\smile\smile}{} | - \underset{\smile\smile}{} | - \underset{\smile\smile}{} | - \smile\smile | - \times$$

Every hexameter has a *caesura* (Latin for 'cutting'), a natural break corresponding with the end of a word, usually indicated by a broken vertical line. This usually comes in the third foot, after the long first syllable (*strong caesura*) or after the first short syllable of a dactyl (*weak caesura*) – i.e. either half or three-quarters of the way through the foot. Less frequently the caesura comes after the first syllable of the fourth foot, if a long word has extended across the third foot up to that point.

Homeric scansion has a number of peculiar features:

(1) *correption*: a naturally long vowel or diphthong at the end of a word becomes short if the next word begins with a vowel e.g. καὶ ἡμῖν is scanned ∪ – –

(2) the influence of *digamma*: this letter (ϝ, pronounced 'w') had dropped out of the alphabet by classical times, but Homeric scansion often behaves as if it is still there: hence elision or correption can fail to occur as expected because the vowel or diphthong at the start of the next word (e.g. ἐνὶ οἴκῳ) originally had a digamma in front and so the word is treated as if it began with a consonant.

(3) changes to facilitate metre: because in the dactyl-spondee rhythm short syllables must come in twos, not ones or threes, many words would be unusable without some modification. Homer achieves this by various devices: by imposing more convenient scansion (words naturally – ∪ – are scanned – – –; words naturally ∪∪∪ are scanned – ∪∪), and by the use of alternative forms (e.g. dat pl εσσι rather than εσι).

The last line of the *Iliad* passage in Section 1 is scanned:

$$— \quad \cup \cup\ |— \quad \cup \cup\ |—\ | \ — \ |—— \ |—\cup \cup\ |— \ —$$

κάτθεσαν ἐν Λυκίης | εὐρείης πίονι δήμῳ

The last line of the *Odyssey* passage in Section 2 is scanned:

$$— \ \cup \cup| \ — \quad \cup \ \cup\ |— \ | \ \cup \ \cup\ | \ — \quad \cup \ \cup\ | \ — \quad \cup \ \cup\ |— \ —$$

κύμασι καὶ πολέμῳ· | μετὰ καὶ τόδε τοῖσι γενέσθω

The iambic trimeter

This is the normal metre for the spoken parts of drama, both tragedy and comedy. The *iamb* ($\cup-$) is its basic building-block (perhaps derived from ἰάπτω = I attack, because iambic metres were first used for scurrilous poems attacking individuals). Despite the name *trimeter*, there are six, not three, iambs (or alternatives) in the line. This is explained by the fact that – unlike the dactylic hexameter, where the foot and *metron* (metrical unit) are the same – here there are two feet to each metron. The line is analysed as three metra because there are features (not least the assertion of the basic iambic rhythm) which occur in each metron but only in every other foot. The shape of the metron is $\times-\cup-$ (i.e. iamb-iamb $\cup-\cup-$ or spondee-iamb $--\cup-$). Therefore the basic scheme for the iambic trimeter is:

$$\times-\cup-|\times-\cup-|\times-\cup\times$$

Again there is a caesura, in the second metron (after the first syllable of the third or of the fourth foot), and again the last syllable of the line can be marked anceps (i.e. it can be long or short). This template is sufficient for a high proportion of lines in tragedy.

The first line of the Aeschylus passage in Section 4 is scanned:

$$— \quad — \ \cup— \ |— \ | \quad — \quad \cup \quad —|— \quad — \qquad \cup \ \times$$

καὶ νὺξ ἐχώρει, | κοὐ μάλ' Ἑλλήνων στρατὸς

The first line of the Sophocles *Antigone* passage in Section 5 is scanned:

$$\cup \ — \qquad \cup \quad —\ | \ — \quad — \ \cup \ | \ —\ |\cup \ — \qquad \cup \ \times$$

σὲ δή, σὲ τὴν νεύουσαν | εἰς πέδον κάρα

However, more complex patterns are possible because of *resolution*, whereby a long syllable is replaced by (*resolved into*) two shorts. Resolution can take place within either an iamb (∪−) or a spondee (− −): an iamb can thus become a *tribrach* (three shorts: ∪∪∪), and a spondee can become a dactyl (−∪∪) or an *anapaest* (*reversed* dactyl: ∪∪−). Hence the theoretical possibilities are many, but there are some restrictions. Resolution in tragedy is most commonly of the long syllable of the iamb in the first, second, third or fourth foot; resolution of the opening anceps is also allowed, to produce an anapaest in the first foot.

The second line of the Euripides *Bacchae* passage in Section 9 is scanned:

$$— \; ∪ \; ∪ \; ∪ \; −|− \; | \; — \; ∪ \; − \; | \; ∪ \; — \; ∪ \; ×$$

πᾶς ἀναχορεύει ⏐ βαρβάρων τάδ' ὄργια

Euripides over the course of his career progressively increased the proportion of resolved feet, thus freeing up the metre. In comedy there is even more freedom in the use of resolution, and tragic patterns of placing the caesura are not necessarily observed.

The first line of the Aristophanes *Ecclesiazusae* passage in Section 12 is scanned:

$$∪ \; ∪ \; — \; ∪ \; ∪ \; ∪ \; |∪— \; ∪ \; |— \; |— \; — \; ∪ \; ×$$

φέρε τὸν στέφανον· ἐγὼ γὰρ ⏐ αὖ λέξω πάλιν

The lyric metres of poetry that was sung rather than recited are considerably more complex, but work on the same principle, with words fitting by quantity into a pattern of metrical units. The choral songs in tragedy and comedy come into this category, for example the song of the frogs at lines 46ff of the passage from Aristophanes *Frogs* in Section 10.

When reading Greek verse aloud, you should bear in mind that the metre is an underlying pulse. It is perhaps inevitable for English speakers in practice to put some stress on the long syllables, but you should avoid doing this in too mechanical a way.

GENERAL VOCABULARY

(Words glossed in the running vocabularies in their Homeric or Ionic form are given here in Attic form if they are of general currency.)

ἆ ah!
ἁβρός ά όν delicate, pretty
ἀγαθός ή όν good
ἄγαμαι wonder at; resent
ἄγαν excessively
ἀγανός ή όν gentle; bringing painless death
ἀγγεῖον ου n vessel, dish
ἀγγελία ας f message
ἀγγέλλω announce, report
ἄγγελος ου m messenger
ἄγγος ους n jar, pail, vessel
ἄγε come!
ἀγή ῆς f fragment
ἀγήραος ον ageless
ἀγκάλαι ων f pl arms
ἀγκυλομήτης ου/εω of crooked counsel
ἀγκυλοχείλης ου with hooked beak
ἀγνοέω be ignorant of, not know, not recognise
ἄγνοια ας f ignorance
ἁγνός ή όν pure, holy
ἀγνώς gen ῶτος unknown, unrecognisable
ἄγνωστος ον unknown
ἀγορά ᾶς f agora, marketplace
ἀγορεύω speak, esp in the assembly
ἄγραπτος ον unwritten
ἀγριόω make wild
ἀγρός οῦ m field, country
ἀγύμναστος ον untrained
ἄγυρις ιος f gathering, crowd, heap
ἄγχι + gen near; as adv nearby
ἀγχώμαλος ον nearly equal
ἄγω lead; carry; hold, celebrate
ἀγών ῶνος m competition, contest, conflict
ἀγωνίζομαι contend, fight

ἀδεής ές free from fear
ἀδελφή ῆς f sister
ἀδελφός οῦ m brother
ἄδηλος ον unclear
ἀδικέω be unjust; wrong, injure
ἀδίκημα ατος n crime, wrong
ἄδικος ον unjust
ἀδύνατος ον impossible
ἀεί always
ἀείρω raise, lift
ἄζομαι be afraid
ἀηδής ές unpleasant, unfriendly
ἀήρ, ἀέρος m air
ἀθαλάττωτος ον never having been to sea
ἀθάνατος η ον immortal, as noun god
ἄθαπτος ον unburied
ἆθλον ου n prize, reward; contest
ἀθροίζω collect
αἰγίοχος ον aegis-bearing
αἰγυπιός οῦ m vulture
αἰδοῖος α ον respected, revered
αἰδώς οῦς f (sense of) shame
αἰεί = ἀεί
αἰέν = ἀεί
αἰκίζομαι spoil, injure
αἷμα ατος n blood, bloodshed
αἱματόεις εσσα εν bloody, of blood
αἰνός ή όν dread, terrible, bitter
αἰπύς εῖα ύ steep, sheer, stark, utter
αἱρέω take; mid choose
αἴρω raise, lift; rise
αἶσα ης f destiny
αἰσθάνομαι perceive, notice
αἴσθησις εως f perception
αἰσχρός ά όν shameful
αἰσχύνομαι be ashamed, feel shame before
αἰτέω ask (for), beg

152

αἰτία ας f charge, accusation
αἰτιάομαι blame
αἴτιος α ον responsible (for), guilty (of)
  + gen
αἰχμάλωτος ου m captive
αἰχμή ῆς f spearpoint, battle
αἰών ῶνος m life, lifetime, age
ἀκαλυφής ές uncovered
ἀκιδνότερος η less impressive
ἀκμή ῆς f bloom, prime, right time
ἀκοή ῆς f hearing, ears
ἀκοίτης ου m husband
ἀκολουθέω go along with, accompany +
  dat
ἀκόλουθος ου m follower, attendant
ἀκόσμως in no order
ἀκούω hear; + adv hear oneself spoken of
  in an X way i.e. have an X reputation
ἀκριβῶς precisely, for certain
ἀκροάομαι obey + gen
ἄκρος α ον extreme, end, top, furthest
ἀκτή ῆς f shore
ἄκων ουσα ον unwilling, unwillingly
ἀλαζών gen όνος deceitful
ἀλγέω suffer pain, feel pain, grieve
ἄλγος ους n grief, pain, anguish
ἀλγύνομαι be distressed
ἀληθής ές true
ἀλιόω make fruitless, frustrate, disappoint
ἅλις enough
ἁλίσκομαι be caught
ἀλιταίνω sin (against), transgress
ἀλκή ῆς f strength
ἄλκιμος η ον powerful, strong, brave
ἀλλά but
ἀλλήλους ας α each other
ἀλλόκοτος ον strange, monstrous,
  unwelcome
ἅλλομαι leap
ἄλλος η ο other
ἄλλοτε at other times
ἄλλως otherwise, besides; in vain
ἅλμη ης f brine
ἁλμυρός ά όν salty
ἄλοχος ου f wife
ἅλς, ἁλός f sea, salt water

ἄλυπος ον inoffensive, painless
ἀλύσκω avoid
ἄλφιτα ων n pl barley-meal
ἅμα at the same time, together with
ἀμαθής ές stupid
ἀμαθία ας f ignorance
ἁμαρτάνω make a mistake, do wrong,
  miss, lose + gen
ἁμαρτία ας f flaw, sin, error, fallibility
ἀμβροσία ας f ambrosia (food etc of
  gods)
ἄμβροτος ον immortal
ἀμείβομαι answer, reply to, give in
  exchange
ἀμείβω change, exchange, leave
ἀμείνων ον gen ονος better
ἀμελέω neglect, not be concerned with +
  gen
ἀμήχανος ον unable to cope; not to be
  contrived, unimaginable
ἀμίς ίδος f chamber-pot
ἀμιτροχίτωνες m pl adj without metal
  belts, not wearing body-protectors
ἀμνημονέω forget about + gen
ἀμόν = ἐμόν
ἀμύνω fight for + dat
ἀμφαδίην openly
ἀμφί + acc about, concerning; in honour of
  + dat around, about, on
ἀμφότεροι αι α both
ἄν conditional/potential
ἄν = ἐάν
ἀναβαίνω go up, get up, climb
ἀναβιόω return to life
ἀναγιγνώσκω read
ἀναγκαῖος α ον necessary
ἀνάγκη ης f necessity
ἀναγράφω write down
ἀνάγω put (a ship) to sea
ἀναζεύγνυμι start out
ἀναθεωρέω look carefully at
ἀνακρούομαι put back, thrust back
ἀνάλαμψις εως f lighting, kindling into
  life
ἄναλκις gen ιδος without strength, feeble,
  unwarlike

ἀναλογισμός οῦ m reasoning
ἀναμένω wait, wait for
ἀναντλέω lighten
ἀνάξιος ον unworthy, undeserving
ἀνάπαυλα ης f place of rest
ἀναπείθω impose an opinion, recommend
ἀναπίμπλημι fill up, fulfil, accomplish, have full measure of
ἀνάπτομαι light, kindle
ἀναπυνθάνομαι enquire into
ἀναρπάζω snatch up
ἀνάστασις εως f resurrection
ἀνατεί unpunished
ἀναχορεύω dance
ἁνδάνω be pleasing
ἀνδραποδίζω enslave
ἀνδρεῖος α ον brave
ἀνεῖπον announce
ἄνεμος ου m wind
ἀνεπιβούλευτος ον without plots
ἄνευ + gen without
ἀνέχομαι support, maintain; allow, tolerate
ἀνήκεστος ον incurable, irreparable
ἀνηκουστέω be unwilling to hear, disobey
ἀνήρ, ἀνδρός m man, male, husband
ἀνθίστημι set against; *intr* offer resistance
ἀνθρώπινος η ον human
ἄνθρωπος ου m/f man, human being
ἀνίσταμαι stand up
ἀνίστημι raise, rouse; rise
ἄνοια ας f lack of judgement, folly
ἀνοίγνυμι open
ἀνταλαλάζω return a shout
ἀνταποδίδωμι repay
ἀντάω meet + gen
ἀντέχω last, endure, resist, hold out
ἄντην face to face, opposite
ἀντί + gen instead of, for
ἀντιβαίνω go against
ἀντιβολέω entreat, beg
ἀντιδίδωμι give X *acc* in exchange for Y *gen*
ἀντίθεος η ον godlike
ἀντικαθίσταμαι resist, revolt

ἀντίον opposite
ἀντίπαλος ον evenly-matched
ἀντιπαραβάλλω compare
ἀντιπαρατίθημι set alongside, compare
ἄντρον ου n cave
ἄνω upwards
ἄνωγα *pf with pres sense* order
[ἀνώγω] order
ἄνωθεν (from) above
ἄξιος α ον worthy (of + gen)
ἀοιδή ῆς f singing
ἀπαγγέλλω announce, report
ἀπάγχω strangle
ἀπαιδευσία ας f ignorance
ἀπαλλάττω set free, separate
ἀπαμείβομαι reply
ἀπαντλέω draw off, lighten
ἅπαξ once
ἀπαξάπαντες all together, all at once
ἀπαριθμέω recount
ἀπαρνέομαι deny
ἅπας = πᾶς *(emph)*
ἀπαυδάω forbid
ἀπειθέω be disobedient
ἄπειμι be away (εἰμί)
ἄπειμι go away (εἶμι)
ἄπειρος ον inexperienced
ἄπερρε be off!
ἀπέρχομαι go away
ἀπιθέω disobey
ἁπλοῦς ῆ οῦν single, simple
ἁπλῶς simply
ἀπό + gen from
ἀπόγονος ον descended from + gen
ἀποδείκνυμι show, point out, declare
ἀποδημέω be away from home; go away
ἀποδημία ας f visit, residence away from home, removal, journey
ἀποδιδράσκω run away
ἀποδίδωμι give back; give, allow
ἀποθνῄσκω die
ἀποθραύω break off
ἀποκρίνομαι answer, reply
ἀποκτείνω kill
ἀπολείπω leave out
ἀπόλλυμι destroy; *mid* be lost, be destroyed

General vocabulary

ἀπομιμνῄσκομαι   remember
ἀπόμνυμι   deny on oath (by + acc)
ἀπονόσφι(ν)   far apart; + gen far from
ἀποπέμπω   send, send away, dismiss; mid
   ignore
ἀπόπληκτος ον   crazy
ἀποπρό   far away
ἀπόπροθι   far from
ἄπορος ον   hard to deal with,
   unmanageable
ἀπορρίπτω   throw away; + ἐς + acc   cast
   in the teeth of
ἀποσβέννυμι   quench; intr, of wind drop
ἀποσπάω   separate from + gen
ἀπόστασις εως   f   revolt
ἀποστέλλω   send off, send away
ἀποστερέω   deprive, take away, rob
ἀποστρέφω   turn away
ἀποσφάλλω   cheat of + gen
ἀποσῴζω   save
ἀποτρέπω   turn away from, check
ἀποφθίνω   perish, die; destroy
ἀποψηφίζομαι   acquit
ἄπυστος ον   without knowledge
ἆρα   direct question
ἄρα   (so) then, therefore, indeed, you see
ἀραρίσκω   fit into place; satisfy
ἀργεϊφόντης   epithet of Hermes, perhaps
   slayer of Argus
ἀργής gen ῆτος   bright
ἀργύριον ου   n   money, payment
ἄργυρος ου   m   silver, silver image
ἀρέσκω + dat   please, be pleasing
ἀρεστός ή όν   pleasing
ἀρετή ῆς   f   courage, virtue, excellence
ἀρήγω   defend
ἀριστάω   eat, have breakfast/dinner
ἀριστόμαντις εως   m   best of prophets
ἄριστον ου   n   dinner
ἄριστος η ον   best
ἀρκέω   be sufficient
ἄρρην/ἄρσην gen ενος   male
ἀρτίως   just now
ἀρχαῖος α ον   ancient
ἀρχή ῆς   f   beginning; rule; empire
ἄρχομαι   begin

ἄρχω   rule, govern + gen; begin, make a
   beginning
ἀρωγή ῆς   f   help
ἀσαλαμίνιος ον   not having been at
   Salamis
ἀσεβέω   be impious
ἀσεβής ές   impious
ἀσελγαίνω   do outrageous acts
ἀσέλγεια ας   f   shamelessness
ἀσθένεια ας   f   weakness
ἀσθενής ές   weak
ἀσκηθής ές   unharmed, unscathed
ἄσπετος   unspeakable; endless
ἀσπίς ίδος   f   shield; asp, Egyptian cobra
ἄστυ εως   n   city, town
ἄσυλος ον   unharmed
ἀσφαλής ές   safe, firm, sure
ἀσχολία ας   f   occupation, business
ἀτακτέω   be disorderly, be undisciplined
ἀτάρ   but
ἄτεχνος ον   unskilled, inartistic
ἀτηρός ά όν   destructive
ἀτιμάζω   dishonour
ἀτράγῳδος ον   untragic
ἀτρεκέως   precisely
ἀτρύγετος ον   unharvested, barren
ἄττα = τίνα
ἀτυχία ας   f   bad fortune
αὖ   again, besides, once more, in turn
αὐδάω   say, speak, tell, give an order
   (to + dat)
αὖθι   on the spot, here
αὖθις   again
αὐλός οῦ   m   flute
αὔριον   tomorrow
αὐτάδελφος ον   (related as) one's own
   brother
αὐτάρ   but; so
αὖτε   again
ἀϋτή ῆς   f   shout, battle-cry; blast
αὐτίκα   immediately, at once, any minute
   now
αὐτόθι   there, in this place
αὐτομολέω   desert
αὐτός ή ό   self; same; not nom him, her, it
αὐτοῦ   there

ἀφαιρέω   take away, take off, remove
ἀφανδάνω   be displeasing
ἀφίημι   raise, utter
ἀφικνέομαι   arrive
ἀφίσταμαι   revolt
ἀφίστημι   cause to revolt
ἀφρασμόνως   without sense
ἄφρων ον gen ονος   foolish
ἄχθομαι   be vexed, be discontented
ἄψ   back, back again

βαδίζω   walk, step, go
βαθύς εῖα ύ   deep
βαίνω   go
βακχεύω   revel, act with Bacchic frenzy
βάκχη ης   f   Bacchant, female follower of
    Dionysus
βάκχος ου   m   Bacchant, follower of
    Dionysus
βάλλω   throw, pelt; put
βάπτω   dip; dye
βάρβαρος ον   barbarian, foreign
βάρβιτος ου   m   lyre
βαρέως φέρω   be grieved at
βάρος ους   n   heaviness, weight
βαρύνω   weigh down; *pass* grow dim
βαρύς εῖα ύ   heavy
βασιλεύς έως   m   king; emperor
βασιλικῶς   like a king/queen
βάτραχος ου   m   frog
βέλος ους   n   weapon, missile
βέλτιστος η ον   best
βελτίων ον gen ονος   better
βῆμα ατος   n   speaker's platform,
    rostrum
βία ας   f   force
βιάζω   force
βίαιος α ον   violent
βίβλος ου   f   book
βινέω   have sex
βίος ου   m   life, livelihood
βιόω   live
βλάβη ης   f   damage, harm
βλάπτω   harm, injure, strike
βλαστάνω   sprout, be sprung
βλέπω   look

βλώσκω   go; come
βοάω   shout
βοή ῆς   f   shout, sound
βοηθέω   help, run to help + *dat*
βοηθός όν   helping, coming to help + *dat*
βόλος ου   m   throw; catch; net
βόστρυχος ου   m   hair
βούλευμα ατος   n   policy, plan, advice
βουλευτήριον ου   n   council chamber
βουλεύω   consider, deliberate, plan, plot
βουλή ῆς   f   plan; council
βούλομαι   wish, want
βοῶπις   cow-faced, ox-eyed *epithet of*
    Hera
βραδύς εῖα ύ   slow
βραχίων ονος   m   arm
βραχύς εῖα ύ   brief, short
βραχύτης ητος   f   shortness; want, lack
βρεκεκεκέξ κοάξ κοάξ   *onomatopoeic*
    sound imitating croaking of frogs
βρέφος ους   n   baby
βρομέω   buzz
βροτός οῦ   m/f   mortal
βρύχιος ον   from the depths of the sea
βύσσινος η ον   made of fine linen
βωμός οῦ   m   altar

γαῖα ας   f   earth, land
γαλήνη ης   f   calm
γαμετή ῆς   f   wife, married woman
γαμέω   marry
γάμος ου   m   marriage
γαμψῶνυξ gen υχος   with crooked talons
γάρ   for
γάστρων ωνος   m   fat-guts
γε   at least, at any rate *emph prec word*
γελάω   laugh
γεννάδας gen ου   m adj   noble
γέννημα ατος   n   nature, character
γένος ους   n   family, offspring; race; kind
γέρας αος   n   privilege, honour
γέρρον ου   n   wicker hurdle
γέρων οντος   m   old man
γεωργός οῦ   m   farmer
γῆ, γῆς   f   earth
γηροβοσκός όν   caring for the old

γίγνομαι become, happen; be born
γιγνώσκω get to know, recognise
γλάγος εος n milk
γλυκύς εῖα ύ sweet
γλῶσσα ης f tongue, speech, voice
γνώμη ης f opinion, purpose, judgement; *pl* debate
γνώριμος ον known
γόνυ ατος n knee
γοῦν at any rate
γούνατα ων n pl knees
γραμματικά ῶν n pl grammar
γραμματιστής οῦ m secretary, scribe
γράφω write, draw
γυμνόω bare
γυνή, γυναικός f woman, wife

δαιμόνιε 'one under a daimon's influence' *implying* 'what's the matter with you?', 'my good sir'
δαιμόνιον ου n god, deity, divine being
δαίμων ονος m/f god, divinity, divine being
δάκρυ υος n tear
δάκρυον ου n tear
δακρυόεις εσσα εν tearful, sad
δαμάζω overpower, subdue, cause to be killed
δάμαρ αρτος f wife
δατέομαι give as a share
[δάω] get to know
δέ but, and
(δε) *as suffix indicates* towards
δέδοικα *pf with pres sense* fear, be afraid
δεῖ it is necessary (for ... to ... + *acc* + *inf*)
δείδω fear
δείκνυμι show
δεινός ή όν strange, terrible; formidably clever
δειπνέω dine, have dinner
δειπνοποιέομαι have dinner
δεισιδαιμονέστερος α ον very religious
δέκα ten
δέκατος η ον tenth
δέλτος ου f writing tablet

δέμας n *nom/acc only* body, form
δένδρον ου n tree
δεξιός ά όν right, on the right; clever
δέομαι need, ask, beg + *gen*
δέρας ατος n skin, hide
δέρκομαι look (at), see
δεσμός οῦ m bondage
δεσπότης ου m master
δεῦρο (to) here, this way
δεύτερος α ον second
δεύω wet, soak; fill (with liquid)
δέχομαι receive
δέω bind, tie up
δέω lack, need + *gen*
δή indeed, then, in fact *emph prec word*
δῆγμα ατος n bite
δηϊόω slay, ravage
δῆλος η ον clear
δηλόω show
δημοκρατία ας f democracy
δῆμος ου m people; democratic faction; district, land
δημόσιος α ον public
δήν for a long time
δήπου perhaps, I suppose, surely
δήπουθεν doubtless, I presume
δῆτα certainly, then, in those circumstances
διά + *acc* on account of
+ *gen* through
διάγω live, spend time
διάδημα ατος n diadem
δῖα θεάων bright *or* divine among goddesses
διαιρέω distinguish
δίαιτα ης f way of life
διάκειμαι + *adv* be in X state
διακελεύομαι encourage
διακούω hear, listen to
διάκτορος ου m conductor, guide
διακωλύω prevent
διαλέγομαι discuss, talk with
διαμείβομαι exchange
διαμπερές right through
διαμυθολογέω speak, converse, tell stories
διανοέομαι consider, keep in mind

διάνοια ας f idea, thought, intention, consideration
διαπονέομαι work hard at, practise
διαπράττομαι accomplish, carry out
διαπυνθάνομαι make enquiry
διασκοπέω consider
διατελέω continue, contrive
διατρέχω run through, run over
διατριβή ῆς f period of time, time spent; conversation
διαφέρω be different, be outstanding; carry in different ways
διαφεύγω get away, escape (from)
διαφθείρω destroy; corrupt, spoil
διάφορος ον different
διαχράομαι finish off, kill
διδάσκαλος ου m teacher
διδάσκω teach
διδαχή ῆς f teaching, doctrine
διδυμάων ονος m twin brother
δίδωμι give
διέρχομαι go through
διΐστημι separate
δικάζω be a juror, judge, give judgement
δίκαιος α ον just, honest
δικαιοσύνη ης f justice
δικαστήριον ου n lawcourt
δικαστής οῦ m juryman, judge
δίκη ης f lawsuit, penalty; justice
  δίκην δίδωμι pay the penalty
  δίκην ὀφλισκάνω incur penalty
διό for this reason
διογενής ές born of Zeus
δῖος α ον godlike, noble
διοσημία ας f portent
διότι because
διπλοῦς ῆ οῦν double, twofold
δίς twice
δίφρος ου m chariot
δίχα + gen without
διχθά in two ways
διώκω pursue; prosecute
δοκεῖ + dat + inf it seems good/right to X (to), X decides (to)
δοκέω seem, seem good; consider oneself; think, imagine, expect

δόλιος α ον treacherous
δόλος ου m trick
δολόω beguile, ensnare
δόμος ου m house
δόναξ ακος m reed
δόξα ης f reputation, esteem; opinion
δόρυ ατος n timber; spear; ship
δουλεία ας f slavery; group of slaves; slave
δουλεύω be a slave
δοῦλος ου m slave; as adj of a slave
δουλόω enslave
δραμεῖν aor inf τρέχω
δραχμή ῆς f drachma
δράω do, act
δρόμος ου m run, running, race, racetrack
δύναμαι be able
δύναμις εως f power
δυνατός ή όν able, powerful, ruling; possible
δύ(ν)ω put (clothes) on; enter; set, go down
δύο two
δυσάρεστος ον hard to please
δυσηχής ές ill-sounding or bringing grief
δυσμενής ές ill-disposed, hostile
δυσσεβής ές impious
δύστηνος ον wretched
δυστυχέω have bad fortune
δυστυχία ας f bad fortune
δῶμα ατος n house, home, palace
δῶρον ου n gift

ἑ him, her, it
ἐάν + subj if
ἐαρινός ή όν belonging to spring
ἑαυτόν ήν ό himself, herself, itself
ἐάω allow; pass over, let alone
ἕβδομος η ον seventh
ἐγγελάω laugh at, mock + dat
ἔγγιστα nearest
ἐγγύς + gen near
ἐγείρω waken
ἐγκαλέω bring a charge against, criticise + dat

ἔγκειμαι   be involved in + *dat*
ἐγκλείω   seal
ἔγκλημα ατος   *n*   formal complaint, accusation
ἐγκρατής ές   strong, in control
ἐγώ   I
ἔγωγε = ἐγώ *(emph)*   I for my part
ἐγών = ἐγώ
ἐδητύς ύος   *f*   food
ἕδος ους   *n*   temple
ἐδωδή ῆς   *f*   food
ἐθέλω   wish, want, be willing
ἐθίζομαι   get into the habit, be accustomed
ἔθνος ους   *n*   race, people; sex
εἰ   if
εἶδον   *aor* ὁράω
εἶδος ους   *n*   form, beauty, looks
εἶέν   well! so be it!
εἴθε + *opt*   would that, if only
εἰκάζω   represent, make like; conjecture
εἰκός ότος   *n*   (what is) likely, (what is) reasonable
εἰκότως   rightly, reasonably
εἴκω   yield (to + *dat*)
εἷλον   *aor* αἱρέω
εἰλύω   wrap, cover
εἴλω   confine; strike, hurl
εἷμα ατος   *n*   garment *pl* clothing
εἰμί   be
εἶμι   (will) go
εἰναετής ές   nine years long, for nine years
εἶναι   *inf* εἰμί
εἵνεκα = ἕνεκα
εἶπαν = εἶπον
εἴπερ   if indeed
εἶπον   *aor* λέγω
εἰρήνη ης   *f*   peace
εἱρκτή ῆς   *f*   prison
εἰς + *acc*   into; on, against
εἷς, μία, ἕν   one
εἰσακούω   hear
εἰσάντα   into the face, face to face
εἰσβαίνω   go in, get on, embark
εἰσέρχομαι   go in, come in, enter
εἰσοράω   see, look at

εἰσπηδάω   burst in
εἰσφέρω   carry in, introduce, contribute
εἶτα = ἔπειτα
εἴτε ... εἴτε   whether ... or
εἴωθα   be accustomed
ἐκ/ἐξ + *gen*   out of, from, born from
ἕκαστος η ον   each
ἑκάστοτε   at all times
ἑκάτερος α ον   each of two
ἑκατόμβη ης   *f*   offering of 100 oxen, great public sacrifice
ἐκβιάζω   kidnap
ἐκδέχομαι   wait for
ἐκεῖ   there
ἐκεῖθεν   from there, from that point
ἐκεῖνος η ο   that
ἐκεῖσε   to there, in that direction
ἐκθρώσκω   leap from
ἐκκαλέομαι   call forth, summon out
ἐκκλησία ας   *f*   assembly
ἐκκύπτω   peep out
ἐκλέγομαι   pick out, choose
ἐκλείπω   leave out, abandon; *intr* fail, die out
ἔκλειψις εως   *f*   passing, departure
ἐκμανθάνω   learn thoroughly
ἐκμουσόω   teach fully
ἑκούσιος α ον   voluntary, self-induced
ἐκπαγλέομαι   be struck with admiration
ἐκπέλει   it is allowed
ἐκπίμπλημι   fill up; tell fully
ἐκπλέω   sail out, sail away
ἐκπλήττω   astound
ἔκπλους ου   *m*   sailing out, leaving harbour
ἐκποδών   out of the way
ἐκπράττω   bring about
ἐκπρεπής ές   outstanding
ἐκτείνω   stretch out
ἕκτος η ον   sixth
ἐκφανής ές   clear
ἐκφέρω   carry out
ἐκφύω   beget, produce; *intr and mid* be born from, grow from
ἑκών οῦσα όν   willing, willingly
ἔλαιον ου   *n*   olive oil

ἐλάτη ης *f* pine tree
ἐλάττων ον *gen ονος* smaller, less *pl*
    fewer; worse
ἐλαύνω drive, set in motion; row
ἐλάχιστος η ον least
ἔλδομαι wish for, strive for, long
    for + *gen*
ἐλεεινός ή όν pitiful
ἐλεέω pity, feel pity
ἐλεῖν aor inf αἱρέω
ἔλεος ου *m* or ους *n* pity
ἐλεύθερος α ον free
ἐλευθερόω set free
Ἑλλάς άδος *f* Greece
ἐλλείπω leave out; *mid* fall short
Ἕλλην *gen ηνος* Greek
ἐλπίζω hope
ἐλπίς ίδος *f* hope
ἐμαυτόν ήν myself
ἐμβαίνω step in, mount, embark
ἐμβάλλω + *dat* ram; pull (on oar); run
    against
ἐμβολή ῆς *f* attack, shock, clash
ἐμβρόντητος ον thunderstruck, stupefied
ἐμός ή όν my, mine
ἔμπης at all events, in any case,
    nonetheless
ἐμπίμπρημι set on fire
ἐμπλέω sail in, be on board
ἐμπορικός ή όν for import/export,
    commercial
ἔμπροσθε + *gen* in front of
ἐμφανής ές clear, public
ἐμφύω implant
ἐν + *dat* in
ἐναντιόομαι oppose
ἐναντίος α ον opposite, facing, opposing
ἔνατος η ον ninth
ἔνδηλος ον manifest, clear(ly)
ἐνδίδωμι give in
ἔνδον inside, in the house, indoors
ἔνδυμα ατος *n* dress
ἐνδύνω put on, wear
ἐνδυστυχέω be unlucky with
ἕνεκα + *gen* because of, for the purpose of
    (*usu foll noun or pronoun*)

ἐνέπω tell
ἔνεστι it is possible
ἔνθα there, then; where
ἐνθάδε here
ἐνθαδί here (*emph*)
ἐνθαῦτα = ἐνταῦθα (*Ion*)
ἐνθένδε from here
ἐνθύμησις εως *f* imagination
ἐνί = ἐν
ἐνίημι send into, implant, inspire, cause X
    acc in Y *dat*
ἔνιοι αι α some
ἐννέα nine
ἐννοέω think of, ponder, plan
ἔννυμι put on, clothe
ἐνταῦθα here; then
ἐνταυθοῖ to this/that place
ἔντεα ων *n pl* equipment, armour,
    weapons
ἐντείνω stretch tight, strain; deal
ἐντευθενί from here; over there
ἐντυγχάνω meet with, find + *dat*
ἔνυδρος ον living in water
ἕξ six
ἐξαγγέλλω send word, report
ἐξαιρέομαι take away
ἐξαίρω raise
ἔξαιτος ον choice, precious
ἐξαίφνης suddenly
ἐξανάγω bring out of, bring up from,
    drive ahead
ἐξαναλύω set free, release from + *gen*
ἐξανίσταμαι rise from one's seat
ἐξαπατάω deceive thoroughly
ἐξαῦτις back again
ἐξεῖπον speak out, utter
ἐξείργω thrust out
ἐξεπίσταμαι know thoroughly (how
    to + *inf*)
ἐξέρχομαι go out, come out
ἔξεστι it is possible
ἐξετάζω examine
ἐξευρίσκω find out, discover
ἐξιχνεύω track down, trace out
ἔξοιδα know well
ἐξοινόομαι be very drunk

ἐξόλλυμι perish
ἐξουσία ας f power
ἔξοχον + gen beyond, far above
ἔξω outside, away (from home); + gen
  without, apart from
ἔοικε it seems, it is likely, it is reasonable
ἑός ἥ ὄν one's own
ἐπαιδέομαι be ashamed
ἐπαινέω praise, approve, assent
ἐπαισθάνομαι perceive, hear
ἐπαιτιάομαι accuse
ἐπανέρχομαι return
ἐπαυχέω boast of + dat
ἐπεί when, since
ἐπείγομαι make haste
ἐπειδάν (ἐπειδή + ἄν) whenever, when, as
  soon as + subj
ἐπειδή since, when
  ἐπειδὴ τάχιστα as soon as
ἔπειμι come in
ἔπειτα then, next
ἐπεκχωρέω advance next
ἐπέρομαι ask
ἐπεύχομαι pray, vow, curse
ἐπέχω check, hold back, restrain
ἐπήβολος ον having gained, in control
  of + gen
ἐπήρετμος ον equipped with oars
ἐπί + acc at, against, to, for
  + gen on; in the time of; towards
  + dat at, near, on, over; for the purpose
  of; in addition to; on condition of; in
  charge of
ἐπιβαίνω board, embark on + gen
ἐπιβάτης ου m passenger
ἐπιβλέπω look
ἐπιβουλεύω plot against
ἐπιγαμέω marry
ἐπιγράφω inscribe
ἐπιδείκνυμι exhibit, show, display,
  explain
ἐπιδημέω visit
ἐπιδίδωμι give in addition; give freely
ἐπιδιώκω pursue
ἐπίδοσις εως f voluntary contribution
ἐπιείκεια ας f likelihood; fairness

ἐπιεικής ές good
ἐπιθυμέω be eager
ἐπικαλέω give as an objection
ἐπικαλύπτω cover up, hide
ἐπικατάγομαι come to land afterwards
ἐπίκειμαι attack + dat
ἐπικερτομέω mock
ἐπικεύθω hide, conceal (esp one's
  thoughts)
ἐπικινδύνως with danger
ἐπικλύω hear + gen
ἐπικρεμάννυμι hang over, threaten
ἐπίκτησις εως f fresh gain, additional
  gain
ἐπιλαμβάνομαι take hold of, seize
ἐπιμέλεια ας f care, attention
ἐπιμελέομαι care for, look after + gen
ἐπιμέλημα ατος n care, task
ἐπιπέμπω send after, send besides
ἐπιπλέω sail on
ἐπίπλεως ων full of + gen
ἐπίσημον ου n ensign
ἐπισκήπτω command
ἐπίσταμαι know (how to + inf)
ἐπιτείνω stretch over, draw tight; of voice
  raise
ἐπιτήδεια ων n pl supplies, food
ἐπιτήδειος α ον fit, suitable
ἐπιτιμάω criticise
ἐπιτρέπω entrust X acc to Y dat
ἐπιτρίβω grind down, harass
ἐπίτροπος ου m manager, guardian
ἐπιφανής ές conspicuous, notable
ἐπιφέρω bring
ἐπιφλέγω inflame, excite
ἐπιχειρέω try + dat
ἐποικέω inhabit
ἐποικτείρω have pity on
ἐποίχομαι attack
ἕπομαι follow
ἐποπίζομαι regard with awe, beware of
ἐπόρνυμι rouse against
ἔπος ους n word
ἐποτρύνω urge, order
ἑπτά seven
ἔραζε to earth

ἐράω love
ἐργάζομαι work, do (X *acc* to Y *acc*)
ἐργασία ας *f* work, business;
  manufacture
ἔργον ου *n* deed, task
ἔρδω do, go ahead
ἐρεείνω ask
ἐρείπια ων *n pl* wreckage
ἐρέττω row
ἐρευνάω investigate
ἐρέχθω break, rend, shatter
ἔρημος ον lonely, deserted
ἐριβῶλαξ *gen* ακος deep-soiled
ἐρίζω compete, rival
ἔριον ου *n* wool
ἔρις ιδος *f* strife
ἑρκεῖος ον of the courtyard
ἔρρω go away, come to ruin
ἐρυθρός ά όν red
ἔρχομαι come, go
ἔρως ωτος *m* desire
ἐρωτάω ask
ἐς = εἰς
ἐσθής ῆτος *f* clothing
ἐσθίω eat
ἐσθλός ή όν good, noble
ἐσοράω = εἰσοράω see
ἑσπέρα ας *f* evening
ἐσπίπτω fall among
ἔστε as long as
ἔστι + *inf* it is possible
ἔσχατος η ον extreme, furthest
ἔσω in, inside + *gen* into
ἑταῖρος ου *m* companion
ἕτερος α ον one/the other (of two),
  another
ἑτέρωθεν opposite, from the other side
ἔτετμον *aor (no pres)* find, come upon
ἔτης ου *m* kinsman
ἐτήσιος ον lasting a year
ἐτήτυμος ον true
ἔτι yet, still
ἑτοιμάζω make ready, prepare
ἔτος ους *n* year
εὖ well
εὐαγγελίζω preach, proclaim

εὐαγής ές pure, blameless
εὐαρίθμητος ον easy to count
εὐβουλία ας *f* good policy
εὐγενής ές noble
εὔγηρυς υ sweet-sounding
εὐδαιμονέω be well off, be happy
εὐδαιμονία ας *f* happiness, good fortune
εὐδαίμων ον *gen* ονος fortunate
εὐδοκιμέω be esteemed
εὔελπις *gen* ιδος confident, of good
  hope
εὐεργέτης ου *m* benefactor
εὔζωρος ον unmixed, undiluted
εὐθύνω steer
εὐθύς immediately
εὐκαιρέω spend time
εὐκλεής ές glorious
εὐκλεῶς nobly
εὐλαβέομαι be careful
εὐλογέω speak well of, praise
εὔλυρος ον playing the lyre beautifully
εὐμενής ές kindly, gentle; welcome,
εὐνάζομαι sleep (with), go to bed
εὐνή ῆς *f* intercourse
εὔνοια ας *f* goodwill, kindness
εὔνους ουν well-disposed, benevolent
εὐπλόκαμος ον with lovely hair
εὔπορος ον resourceful
εὑρίσκω find
εὗρον *aor* εὑρίσκω
εὐρύς εῖα ύ wide, broad
ἐΰς *gen* ἐῆος good, brave, noble
εὐσεβέω worship, reverence
εὐτάκτως in good order
εὖτε when, since
εὐτρεπής ές prepared, ready
εὐτυχία ας *f* good fortune
εὐφεγγής ές radiant, bright
εὐφημέω sound triumphantly
εὐφραίνομαι rejoice
εὐφραίνω cheer, bring joy to
εὐχή ῆς *f* prayer, wish
εὔχομαι pray; claim, declare onself (to
  be + *inf*)
εὔψυχος ον bold
ἐφίημι incite; allow; let go; shoot; desire

ἐφίστημι   put in charge
ἐφυμνέω   chant
ἐχθαίρω   loathe
ἔχθιστος η ον   *sup*   ἐχθρός
ἔχθρα ας   *f*   feud, hostility
ἐχθρός ά όν   hostile; *noun* (personal)
   enemy
ἐχίδνα ης   *f*   viper
ἔχω   have, hold; restrain, check; + *inf* be
   able to; + *adv* be
ἔχων   *with another verb* keep on ...
ἔωθεν   at dawn
ἐών = ὤν (*Ion*)
ἕως   while, all the time that, until
ἕως ἄν + *subj*   until such time as

ζάλη ης   *f*   storm
[ζάω]   live
ζεῦγος ους   *n*   yoke, pair
Ζεύς Διός (*poet* Ζηνός)   *m*   Zeus
ζηλήμων ον   *gen* ονος   envious, jealous
ζημία ας   *f*   loss, penalty
ζημιόω   punish
ζητέω   seek, aim, investigate
ζωή ῆς   *f*   life
ζῷον ου   *n*   animal, creature
ζωός ή όν   alive
ζώς, ζών   living

ἤ   or; than
ἤ ... ἤ/ἤ ...   either ... or ...
ἦ   I was
ἦ   he spoke
ἦ   surely; surely not
ᾗ   where, wherever, how, as
ἡβάω   be/am young, growing up, be an
   adult
ἥβη ης   *f*   youth
ἡγεμών όνος   *m*   leader
ἡγέομαι   lead; believe, regard
ἠδέ   and
ἡδέως   sweetly; gladly
ἤδη   now, already
ἥδομαι   enjoy, take pleasure in
ἡδονή ῆς   *f*   pleasure

ἡδύς εῖα ύ   sweet
ἥκω   (have) come
ἥλιος ου   *m*   the sun
ἦμαρ ατος   *n*   day
ἡμεῖς ὧν   we
ἡμέρα ας   *f*   day
ἡμέτερος α ον   our
ἡμίθεος ου   *m*   demigod
ἤν = ἐάν
ἡνίκα   when
ἤπιος α ον   gentle
ἥρως ωος   *m*   hero
ἡσυχία ας   *f*   quiet
ἤτοι (or ἤ τοι)   surely; either *foll by* ἤ or
ἦτορ   *n nom/acc   only* heart
ἥττων ον   *gen* ονος   less, weaker, inferior
ἠχή ῆς   *f*   roar
ἠχώ οῦς   *f*   echo
ἠώς, ἠοῦς   *f*   dawn

θάλαττα ης   *f*   sea
θάλπος ους   *n*   heat
θαμίζω   come often
θάνατος ου   *m*   death
θάπτω   bury
θαρσέω   be bold, take courage
θαρσύνω   encourage
θάτερος α ον = ἕτερος
θάττων ον   *gen* ονος   quicker, swifter
θαυμάζω   marvel at, admire; be surprised
θαυμάσιος α ον   marvellous
θαυμασμός οῦ   *m*   cry of amazement
θαυμαστός ή όν   marvellous
θέα ας   *f*   observation
θεά ᾶς   *f*   goddess
θεάομαι   gaze at, admire, watch
θεατής οῦ   *m*   spectator
θέατρον ου   *n*   theatre
θείνω   strike
θεῖος α ον   divine, sent by a god
θέλω = ἐθέλω
θεός οῦ   *m*   god
θεραπεύω   serve
θεράπων οντος   *m*   servant, follower
θερμός ή όν   hot
θέρος ους   *n*   summer

θεωρέω see, come and see
θήκη ης f tomb
θῆλυς εια υ female
θήν surely now
θηράω hunt
θηρίον ου n beast, wild animal
θιγγάνω touch + *gen*
θνήσκω die
θνητός ή όν mortal, of a mortal
θοός ή όν quick, swift, fierce
θόρυβος ου m noise, uproar, confusion
θράσος ους n courage, boldness
θρασύς εῖα ύ bold
θραῦμα ατος n piece
θραύω shatter
θρῆνος ου m lamentation
θριαμβεύω triumph, lead in triumph
θρίαμβος ου m triumph, Roman
    triumphal procession
θρῖον ου n fig-leaf
θρόνος ου m seat, chair
θυμόομαι be wild
θυμός οῦ m mind, heart; emotion;
    courage; life
θύννος ου m tunny-fish
θύρα ας f door
θυραυλέω live outdoors
θύρσος ου m thyrsus, Bacchic wand

ἰάχω cry, shout, sing
ἰδεῖν aor inf ὁράω
ἰδίᾳ privately
ἴδιος α ον private; distinctive
ἰδίω sweat
ἰδιώτης ου m private citizen, individual
ἰδού see! look!
ἱδρύω make sit down
ἱερά ῶν n sacred things, rituals,
    sacrifices
ἱερός ά όν holy
ἵζω sit
ἱκετεύω beseech, beg
ἱκνέομαι arrive, come to, reach
ἱμείρομαι long (for), desire
ἵνα + *subj/opt* (in order) to; + *indic* where
ἵππος ου m horse

ἴσος η ον equal
ἵσταμαι stand; be placed; arise
ἵστημι set up, raise, fix
ἱστορία ας f enquiry, research
ἰσχύς ύος f strength, force
ἴσως perhaps
ἴφθιμος α ον strong, mighty
ἰχθύς ύος m fish

καθαίρω purify, cleanse
καθάπερ like
καθάπτομαι entreat; call to witness;
    reproach
καθέζομαι sit
καθείργω confine
καθέλκω launch
κάθεξις εως f retention, holding
καθεύδω sleep
κάθημαι sit
καθίζω sit
καθίσταμαι be placed; enter
καθίστημι appoint, make, arrange
καθότι for
καί and, also, even, actually
καινός ή όν new
καίπερ although, despite + *pple*
καιρός οῦ m critical time, crisis, season,
    period
καίτοι yet, and yet
κακία ας f evil
κακίζω abuse, blame, reproach
κακοδαίμων ον gen ονος unlucky
κακός ή όν bad
καλαμόφθογγος ον played on a reed
καλέω call, call for, call upon
κάλλος ους n beauty
καλλύνω glorify
καλός ή όν fine, beautiful, good
καπνίζω make smoke
κάρα n *nom/acc only* (cf [κράς]) head
καρδία ας f heart
καρηβαρέω be heavy in the head, have a
    bad headache
καρπός οῦ m corn, produce
καρτερέω endure, hold out, persist
κασιγνήτη ης f sister

κασίγνητος ου *m* brother
κατά + *acc* down, by, through(out); in accordance with; opposite; around, on the subject of
+ *gen* down from, below; against over
καταγγελεύς έως *m* proclaimer
καταγγέλλω proclaim
καταδαρθάνω fall asleep, sleep soundly
καταδύω sink
καταθνῄσκω die
κατάκειμαι lie
κατακελεύω give word of command, keep time
κατακλίνομαι recline
κατακόπτω cut to pieces
κατακοσμέω set in place
κατακτείνω kill
καταλαμβάνω find, seize, take possession of
καταλείπω leave behind, abandon
καταντίον on the other side
καταπίπτω fall down
κατάρατος ον accursed
καταρνέομαι deny
καταρρήγνυμι break down; *pass* sweep down
καταρτύω discipline
κατασημαίνω seal
κατασκεδαννύω scatter, overturn
κατασκευάζω prepare, equip, get ready
κατασκοπή ῆς *f* spying
κατασπάζομαι embrace, kiss
κατατίθημι put down, set down; pay
[καταφένω] kill
καταφρονέω despise
καταχέω pour down
καταψηφίζομαι condemn, vote against
κατείβω let fall, shed
κατείδωλος ον full of idols
κατέρχομαι go down
κατέχω hold, occupy, possess, win; fill
κατηγορέω accuse, prosecute + *gen*
κατήγορος ου *m* prosecutor, accuser
κάτοιδα know
κατοικέω live
κατοικία ας *f* territory

κατορθόω manage well, direct well
κάτω below
κάτωθεν (from) below
κε = ἄν
κεάζω split, shatter
κέδρος ου *f* cedar, cedar coffin
κεῖμαι lie, be situated, be established; belong
κεῖνος = ἐκεῖνος
κέλαδος ου *m* shout
κελαινεφής ές black with clouds, dark
κελαινός ή όν black
κέλευμα ατος *n* order, command
κελεύω order
κέλομαι call, order
κεραΐζω sink, disable
κεράννυμι mix; pour
κέρας ατος/ως *n* wing
κεραυνός οῦ *m* thunder, thunderbolt
κερδαίνω gain, make profit
κερδίων ον *gen* ονος better, more profitable
κέρδος ους *n* gain, profit, advantage
κεροβάτης *gen* ου horn-hoofed
κεφαλή ῆς *f* head
κῆδος ους *n* care, concern; trouble, suffering
κηλέω charm, enchant
κήρυγμα ατος *n* proclamation
κῆρυξ υκος *m* herald
κηρύττω proclaim
κινδυνεύω run risk; be likely to
κίνδυνος ου *m* danger
κινέομαι move
κίστη ης *f* basket
κλάζω sound, clash, scream, shriek
κλαίω weep
κλείω lock
κλέος *n nom/acc only* fame, glory
κλέπτω steal
κληδών όνος *f* rumour, reputation
κλίνη ης *f* couch
κλοπεύς έως *m* thief, one who acts in secret
κλύδων ωνος *m* wave
κλύω hear, ascertain (from + *gen*)

κοῖλος η ον hollow
κοινῇ jointly, together, in common
κοινός ή όν common, shared
κοινωνέω have to do with + *dat*
κοινωνία ας *f* partnership
κοινωνός οῦ *m/f* sharer
κολάζω punish
κολλάω stick; *mid/pass* join oneself
  to + *dat*
κόμη ης *f* hair
κομίζω bring, carry, take
κομπάζω boast
κονία ας *f* dust, cloud of dust
κόνις εως *f* dust
κοπετός οῦ *m* beating
κόραξ ακος *m* crow
κορεύομαι grow to young womanhood
κόρη ης *f* girl, young woman, daughter
κόρυμβα ων *n pl* stern
κοσμέω adorn
κόσμος ου *m* order; world; dress, finery,
  adornment
κοτέω bear a grudge (against + *dat*)
κότος ου *m* ill-will, resentment
κραιπαλόκωμος ον with a hangover
κραιπνός ή όν swift
[κράς] κρατός *m* head
κρατερός ά όν strong, powerful, mighty
κρατέω be powerful, take hold of, become
  master of, be victorious
κράτος ους *n* strength; rule; victory
κρατύς *m adj nom only* strong, mighty
κραυγή ῆς *f* shouting
κρέα ῶν *n pl* flesh
κρείττων ον *gen* ονος stronger, greater,
  better
κρήνη ης *f* spring, stream
κρίνω judge, try
κρίσις εως *f* judgement
κριτής οῦ *m* judge
κρύπτω hide
κρύφα secretly
κρυφαῖος α ον secret, hidden
κρύφιος α ον secret, hidden
κτάομαι acquire, gain, obtain
κτείνω kill

κτήνεα ῶν *n pl* beasts
κυβερνήτης ου *m* helmsman, pilot
κύκλος ου *m* circle
κύκνος ου *m* swan
κυλίνδομαι get kicked around
κῦμα ατος *n* wave
κυρέω happen to + *pple*
κύριος α ον having authority over,
  powerful; *as m noun* lord
κύων, κυνός *m* dog, hound
κώκυμα ατος *n* shrieking
κωλύω prevent
κῶμος ου *m* revel, merrymaking
κωμῳδία ας *f* comedy
κώπη ης *f* oar
κωπήρης ες of oars

λαγχάνω obtain, obtain by lot
λάζυμαι seize
λάθρα secretly
λαλέω chat, speak, proclaim
λαμβάνω take, capture
λαμπρός ά όν splendid
λανθάνω escape the notice (of X *acc* in
  doing Y *pple*)
λαός οῦ *m* people
λάσκω ring; crash; sing
λέγω say, speak; mean, refer to, reckon
  κακῶς λέγω insult
λείβω pour, shed
λείπω leave
λέκτρον ου *n* bed
λευκόπωλος ον with white horses
λεύσσω see
λεώς ώ *m* people
λήθω = λανθάνω
λίθος ου *m* stone
λιμήν ένος *m* harbour
λιμναῖος α ον of the marshes
λίμνη ης *f* lake, marsh
λιτή ῆς *f* prayer
λόγος ου *m* word, speech, account,
  reason
λοιδορέω *or mid* rebuke + *dat*
λοιμικός ή όν pestilential
λοιπός ή όν remaining, rest, left

λούομαι   wash myself
λουτρόν οῦ   n   bath
λούω   wash
λυπέομαι   be distressed
λυπέω   distress, cause grief to, harass
λυπηρός ά όν   distressing, painful
λυπρός ά όν   painful; wretched
λυττάω   be raging mad
λύχνος ου   m   lamp
λύω   release, loose
λωφάω   abate

μά + acc   by, in the name of (a god)!; no,
   by …
μαινάς άδος   f   Bacchant, frenzied woman
μακρός ά όν   long
μάλα   very; surely
μαλακίζομαι   become weak
μαλάττω   soften; relieve, heal
μάλιστα   especially, very much; about,
   approximately
μᾶλλον   more; rather
μανθάνω   learn, understand; notice
μαντικός ή όν   prophetic
μαρμαίρω   glisten, shine
μαρτυρέω   bear witness to
μαρτυρία ας   f   evidence
μάρτυς υρος   m   witness
μάτην   in vain
μάχη ης   f   fight, battle
μάχομαι   fight
[μάω]   wish, long, be anxious
μεγαλήτωρ   gen ορος   great-hearted
μέγας, μεγάλη, μέγα   great, big;
   important
μέγεθος ους   n   grandeur, stature
μέγιστος η ον   greatest
μεθίημι   let go of
μειδιάω   smile
μείζων ον   gen ονος   greater
μέλει   impsnl   it is a concern (to + dat), X
   dat is concerned about Y gen
μελετάω   study, practise, take thought
μέλιττα ης   f   bee
μέλλω   intend, be about to + fut inf;
   hesitate

μέλος ους   n   limb; song, music
μέμονα   pf with pres sense   wish, long
μέμφομαι   blame
μέμψις εως   f   reproach, complaint
μέν … δέ   on the one hand … on the other
μέντοι   however
μένω   remain, stay, wait (for)
μερμηρίζω   ponder, plan, devise
μέρος ους   n   share
μέσος η ον   middle (of), in the middle
μετά + acc   after
   + gen   with
   + dat   among, in the company of
μέτα = μέτεστι
μεταβάλλω   change
μεταβολή ῆς   f   change
μεταγιγνώσκω   change one's mind,
   repent
μεταλαμβάνω   get a share in + gen
μεταμέλεια ας   f   change of mind
μετανοέω   repent, change one's ways
μετάνοια ας   f   repentance, change of
   mind
μεταξύ + gen   between, in the midst of,
   while
μεταπειράομαι   try in a different way
μεταπέμπομαι   summon
μετάπεμπτος ον   sent for
μεταπίπτω   fall differently, change
μετεξέτεροι αι α   some among many
μέτεστι   there is a share, X dat has a share
   in Y gen
μετέχω   have a share in, take part in + gen
μετοίκησις εως   f   change of abode
μετόπισθε   (from) behind; backwards;
   afterwards
μετρίως   reasonably well
μέχρι + gen   until, up to, as far as
μή   not; + impv/aor subj don't; + subj lest
μηδαμά   in no way; nowhere; never
μηδαμῶς   in no way
μηδέ   but not, and not, not even
μηδέ … μηδέ   neither … nor
μηδείς, μηδεμία, μηδέν   no, no one
μηδισμός οῦ   m   Medism, collaboration
   with the Persians

μῆκος ους n length; *adv* at length
μήν indeed, surely
μήν, μηνός m month
μῆνις ιδος/ιος f wrath
μήτε and not
μήτε ... μήτε neither ... nor
μήτηρ, μητρός f mother
μητρυιά ᾶς f stepmother
μηχανάομαι contrive, devise
μιαρός ά όν repulsive
μίγνυμι mix
μικρός ά όν small, short, little
μίμησις εως f imitation
μιμητικός ή όν imitative (of + *gen*)
μιν him, her, it, them
μίσγω mix
μισέω hate
μισθόομαι hire
μισθός οῦ m wages, fee
μισθοφορέω receive wages
μίτρα ας f headband
μνήμη ης f memory
μογέω toil, labour, be in distress
μοῖρα ας f fate, lot, destiny
μοιχός οῦ m lover
μολεῖν aor inf βλώσκω
μολπηδόν like a song
μόνος η ον only
μονόω leave alone, forsake
μόρος ου m fate, death
μοῦσα ης f Muse (*one of nine goddesses of the arts*); music, song
μοχθηρία ας f wickedness
μοχθηρός ά όν bad, wicked
μῦθος ου m word, story, plot
μυῖα ας f fly
μύριοι αι α ten thousand
μυρίοι αι α countless
μῶν surely ... not?
μωρία ας f foolishness
μωρός ά όν foolish

ναί yes
ναίω dwell, dwell in
ναός οῦ m temple
ναυάγιον ου n shipwreck
ναυμαχέω fight a sea-battle

ναυμαχία ας f sea-battle
ναῦς, νεώς f ship
ναύτης ου m sailor
νεανίας ου m young man
νεανίσκος ου m young man
νεατός οῦ m ploughing
νεβρός οῦ m fawn
νεῖκος ους n quarrel
νειός οῦ f fallow land
νεκρός οῦ m corpse, dead body; *as adj* dead
νέκταρ αρος n nectar (*drink of the gods*)
νέκυς υος m corpse, dead body
νέμω distribute, allot, assign
νεογνός όν newborn
νέος α ον new; young; strange
νεύω bend, droop
νεφεληγερέτα/ης αο m cloud-gatherer
νεώς ώ m temple
νεωστί recently
νή + acc by (a god)!
νήδυμος ον sweet, pleasant
νημερτέως truly, infallibly
νηνεμία ας f stillness
νησιώτης ου m islander
νησιῶτις ιδος f adj of an island
νῆσος ου f island
νικάω win, defeat
νίκη ης f victory
νιν him, her, it, them
νοέω think
νομή ῆς f pasturing
νομίζω think, believe, regard; observe, practise
νόμιμα ων n pl commandments
νόμος ου m law; custom, observance, rite
νοσέω be sick, suffer (from + *acc*)
νόσος ου f illness, plague, disease
νόστιμος ον of a return
νόστος ου m return, homecoming
νουθετέω advise
νοῦς, νοῦ m mind
νύκτωρ by night
νυμφεύω give (daughter) in marriage
νύμφη ης f bride
νῦν, νυν now

νύξ, νυκτός *f* night
νῶτον ου *n* back; surface

ξενίζω be foreign, be strange
ξένιος α ον of a guest, of a foreigner
ξένος ου *m* guest, host; foreigner
ξυμ/ν = συμ/ν
ξύμφημι agree
ξύμφορος ον expedient
ξύναιμος ου *f* sister
ξύναυλος ον harmonious
ξυναφίσταμαι revolt together
ξυνεμβολή ῆς *f* throwing in together, regular dip (of oars)
ξυνετός ή όν clever
ξυνίστωρ ορος *m* witness
ξύνοικος ον living with + *gen*
ξυντυγχάνω meet with + *dat*

ὁ, ἡ, τό the
ὀβολός οῦ *m* obol *(coin worth one-sixth of a drachma)*
ὄγδοος η ον eighth
ὅδε, ἥδε, τόδε this
ὁδοιπορία ας *f* journey, march
ὁδός οῦ *f* road, way, journey
ὀδύρομαι lament, grieve (for)
οἱ for him, to him
οἷ to the place where
οἷα as (is natural when ...)
οἶδα know
ὀιζυρός ά όν miserable, wretched
οἴκαδε home(wards)
οἰκεῖος α ον of the house; one's own; related to; belonging to, suited to + *gen*
οἰκέω live
οἰκία ας *f* house
οἴκοθεν from home
οἰκόνδε home(wards)
οἰκονομέω manage
οἶκος ου *m* house, household, property
οἰκουμένη ης *f* the (inhabited) world *(understand γῆ)*
οἰκουρέω keep watch
οἶκτος ου *m* pity, compassion
οἶμαι = οἴομαι

οἴμοι alas!
οἰμωγή ῆς *f* loud wailing
οἰμώζω lament
οἶνος ου *m* wine
οἶνοψ *gen* οπος wine-dark, wine-coloured
οἴομαι think
οἶος α ον alone
οἷος α ον what a ...!; such as, of the kind which
οἷός τ' εἰμί be able (to + *inf*)
οἴσω *fut* φέρω
οἴχομαι be gone
ὀκέλλω run (a ship) aground
ὀκτώ eight
ὄλβιος α ον wealthy
ὀλίγος η ον small, a little of; *pl* few
ὄλλυμι destroy, kill, lose; *mid* perish
ὅλος η ον whole
ὀλοφυρμός οῦ *m* lamentation
ὀλοφύρομαι grieve, lament
ὅλως actually, generally, altogether
ὁμαιμονέστερος α ον more closely related
ὅμαιμος ον of the same blood
ὁμιλέω be together, throng
ὁμιλία ας *f* gathering
ὄμμα ατος *n* eye
ὄμνυμι swear
ὅμοιος α ον like + *dat*
ὀμόσαι aor inf ὄμνυμι
ὁμόσπλαγχνος ον from the same womb
ὁμοῦ + *dat* together with, at the same time as
ὅμως nonetheless, still, even so
ὄναρ *n nom/acc only* dream
ὀνειδίζω reproach, scold
ὀνείρατα ων *n pl* dreams
ὄνησις εως *f* benefit
ὀνίνημι benefit
ὄνομα ατος *n* name
ὀνομάζω name, call
ὄντως really
ὀξύς εῖα ύ sharp, keen
ὀπαδός οῦ *m* attendant
ὅπλα ων *n pl* weapons, arms
ὁπόταν + *subj* when

ὁπότε   when, whenever
ὁπότερος α ον   which of two
ὀπτός ή όν   baked; tempered
ὅπως   how; + *fut* see to it that; + *subj/opt*
   (in order) to; + *sup* as ... as possible
ὁράω   see
ὀργή ῆς *f* anger
ὄργια ων   *n* secret rites
ὀργίζομαι   grow angry (with + *dat*)
ὄρθιος α ον   loud and clear
ὀρθός ή όν   correct, legitimate
ὀρθόω   lift up, raise; aim straight
ὀρθῶς   rightly, correctly
ὁρίζω   determine, designate, lay down
ὅρκιος ον   witnessing an oath
ὁρμαίνω   ponder, consider
ὁρμάω   start, hasten on
ὁρμή ῆς *f* movement; revolt
ὁροθεσία ας *f* boundary
ὄρος ους   *n* mountain
ὀρούω   rush, dart at, attack
ὄρρος ου   *m* bottom, backside
ὀρφανεύω   rear (as) orphans
ὀρφανός ή όν   orphaned, fatherless
ὅς, ἥ, ὅ   who, which
ὅς, ἥ, ὅν   one's own
ὅσοι αι α   as many as, all those who
ὅσος η ον   as great/much; how great/
   much!
ὅσοσπερ = ὅσος *(emph)*
ὅσπερ = ὅς *(emph)*
ὄσσε   *n dual* eyes
ὅστις, ἥτις, ὅ τι   who(ever), which(ever)
ὅταν + *subj*   when, whenever
ὅτε   when
ὅτι   that; because; + *sup* as ... as possible
ὁτιοῦν   anything whatever, any type
ὅττι τάχιστα = ὡς τάχιστα
οὐ, οὐκ, οὐχ   not
οὗ   where
οὐδαμῇ   in no way
οὐδαμοῦ   nowhere
οὐδέ   but not, and not, not even
οὐδείς, οὐδεμία, οὐδέν   no, no one
οὔ θην   surely not
οὐκέτι   no longer

οὔκουν   therefore ... not
οὐ μή + *fut*   do not ...
οὖν   therefore
οὕνεκα   because of + *gen*; that
οὗπερ   where
οὐ πῇ   in no way
οὔποτε   never
οὔπω   not yet
οὐ πως ἔστι   there is no way to ...
οὐρανός οῦ   *m* heaven
οὔτε   and not
οὔτε ... οὔτε   neither ... nor
οὔτις τι   no, not any
οὔτοι   indeed not
οὗτος, αὕτη, τοῦτο   this; οὗτος *sometimes*
   hey, you!
οὑτοσί = οὗτος *(emph, pointing)*
οὕτω(ς)   thus, so, in this way
ὀφείλω   owe, ought
ὀφθαλμιάω   have sore eyes
ὄφις εως   *m* serpent, snake
ὀφλισκάνω   owe, incur (a charge of X *acc*
   from Y *dat*)
ὄφρα + *subj/opt*   (in order) to, (so) that
   + *ind/subj/opt*   while, until
ὄχεα ων   *n pl (sg sense)* chariot
ὄχλος ου   *m* crowd
ὄψις εως   *f* spectacle
ὀψοποιέομαι   make a meal

παθεῖν   *aor inf* πάσχω
πάθος ους   *n* suffering, experience;
   condition
παιάν ᾶνος   *m* paean, war-chant
παιδοτροφία ας *f* nursing, rearing
παίζω   play
παῖς, παιδός   *m/f* boy, girl, child; slave
παίω   strike
παιώνιος α ον   healing
πάλαι   long ago, for a long time, of old
παλαιός ά όν   old, ancient
πάλιν   again, back
πανταχοῦ   everywhere
πάντως   at any rate
πάνυ   very, certainly; at all
πάρα = πάρεστι/πάρεισι

General vocabulary

παρά + acc   along, beside; contrary to
  + gen   from
  + dat   with, beside, in the judgement of
παραβάλλω   set beside, bring alongside
παραγγέλλω   command + dat
παράγω   bring forward, introduce, lead
  the way
παράδειγμα ατος   n   example, lesson,
  warning
παραδίδωμι   hand over
παραινέω   advise + dat
παρακαλέω   invite, summon to help
παρακελεύομαι   order
παρακινδυνεύω   risk
παρακολουθέω   follow closely
παρακύπτω   peep out, appear
παραμένω   wait
παράπαν   altogether, absolutely
παραπίπτω   get in the way
παραπλέω   sail past
παρασκευάζω   make, adapt, prepare,
  produce
παρατίθημι   place beside
παρατυγχάνω   happen to be present
πάρειμι (εἰμί)   be at hand, be present, be
  near
πάρειμι (εἶμι)   go alongside, pass by;
  come forward
παρεξέρχομαι   escape, circumvent
παρέρχομαι   come forward
πάρεστι   it is possible
παρέχω   offer, hold out, provide
παρίσταμαι   be present
παροινέω   behave with drunken violence
παροξύνομαι   be greatly upset
πάρος   before, in the past
παροψωνέω   buy extra food
πᾶς, πᾶσα, πᾶν   all
πάσχω   suffer
πατήρ, πατρός   m   father
πάτρα ας   f   fatherland, country
πατρίς ἴδος   f   fatherland, country; as adj
  ancestral
πατρόθεν   from one's father, by one's
  father's name
πατρῷος α ον   of one's father(s)

παῦλα ης   f   rest, respite
παύομαι   stop intr, cease (from) + gen or
  pple
παύω   stop tr
πεδίον ου   n   plain
πέδον ου   n   ground
πεζῇ   by land, with land forces
πεζός ή όν   on foot, (of) infantry
πείθομαι   believe, trust, obey + dat
πείθω   persuade
πειράομαι   try
πελάγιος α ον   of the open sea
πελάζω   approach, bring near
πέλας   nearby, near + dat
πέλλα ης   f   pail
πέλομαι   be
πέμπτος η ον   fifth
πέμπω   send
πένης gen ητος   poor
πένθος ους   n   grief
πέντε   five
πεπλεγμένος η ον   complex
πέπλος ου   m   robe
πεπρωμένος α ον   fated
περ   very, indeed; emph prec
  word; = καίπερ
πέρα   further
πέργαμα ων   n   citadel
πέρθω   sack, lay waste, destroy
περί + acc   about concerning, directed
  towards
  + gen   about, around
  + dat   in, on, about
περιγίγνομαι   be superior; survive
περιγλαγής ές   full of milk
περιέννυμι   put round, put (clothes) on tr
περιεργάζομαι   be employed
  unnecessarily
περιλαλέω   chatter too much
πέριξ   all around
περιοράω   overlook, allow
περιπίπτω   fall upon + dat
περιπτύσσω   fold ... round
περισκελής ές   hard
περιτρέχω   run round
περίφρων gen ονος   circumspect, prudent

πεσεῖν   aor inf   πίπτω
πέτρα ας   f   rock
πετρήρης ες   rocky, of rock
πέττω   bake
πῃ   in some way; (to) somewhere
πιθανός ή όν   persuasive
πικρός ά όν   bitter
πίμπλημι   fill
πίνω   drink
πίπτω   fall
πιστεύω   trust (in), believe + dat
πίστις εως   f   assurance
πιστός ή όν   trusted, faithful
πίων ον   gen ονος   rich, fertile
πλακοῦς οῦντος   m   flat cake
πλεῖστα   most often
πλείων ον   gen ονος   more
πλέκω   weave
πλεονεκτέω   claim more than one's due;
   have a larger share of + gen
πλευρόν οῦ   n   rib   pl   limbs, body
πλέω   sail
πλέων may = πλείων
πληγή ῆς   f   blow
πλῆθος ους   n   mass, great number
πληθύω   become full, be full (of + gen)
πλήθω   become full, be full (of + gen)
πλήν   except
πλήρης ες   full
πλησιάζω   bring near; intr and pass come
   near + dat
πλησίον   nearby
πλοῖον ου   n   boat
πλόκαμος ου   m   hair
πλοῦς οῦ   m   voyage
πλούσιος α ον   rich, wealthy
πλοῦτος ου   m   wealth
πνεῦμα ατος   n   wind; spirit
πνοή ῆς   f   breath
πνύξ, πυκνός   f   the Pnyx (hillside where
   the Athenian assembly met)
ποδήρης ες   reaching to the feet
πόθεν   from where?
ποθέω   desire
ποῖ   to where?
ποιέω   make, do; + adv   treat

ποιητής οῦ   m   poet
ποῖος α ον   what sort of? what a ...!
πολέμιος α ον   hostile
πόλεμος ου   m   war
πόλις εως   f   city
πολίτης ου   m   citizen
πολλάκις   often
πολλαχοῦ   often; in many places
πολύμητις   gen ιος   resourceful
πολυμήχανος ον   full of schemes,
   resourceful
πολυπραγμονέω   interfere, meddle
πολύς, πολλή, πολύ   much pl many
πολύστονος ον   causing much grief
πομπή ῆς   f   sending; procession; order,
   instruction
πομπός οῦ   m   escort, guide
πονηρός ά όν   wicked
πόνος ου   m   toil, trouble, pain
πόντος ου   m   sea
πορεύομαι   march, journey
πορθέω   ravage, destroy; besiege
πορθμός οῦ   m   straits
πορίζω   provide, supply
πόρρωθεν   from afar, long in advance
πόσε   to where?
πόσις ιος   m   husband
πόσος η ον   how great?
ποταμός οῦ   m   river
πότε   when?
ποτέ   once, ever
πότερα   whether
πότερος α ον   which (of two)?
ποτής ῆτος   f   drink
πότνια   f adj usu nom/voc only   lady,
   queenly, gracious
ποῦ;   where?
που   somewhere, anywhere; I suppose
πούς, ποδός   m   foot
πρᾶγμα ατος   n   thing, business, affair;
   trouble
πρᾶξις εως   f   fact, action
πράττω   do, carry out, get on, fare
   πολλὰ πράττω   interfere (lit do many
   things)
πρέπει   it is fitting (for + dat)

πρεσβεύω be an ambassador; honour, respect
πρέσβυς εως m ambassador, envoy
πρηστήρ ῆρος m lightning-flash
πρίν + inf before
πρὶν ἄν + subj until
πρό + gen before, for, on behalf of, in the name of
προβάλλομαι put out
προβουλεύω debate beforehand, prepare agenda
πρόγονος ου m ancestor
προγράφω give public notice of
προδείκνυμι demonstrate
προδίδωμι betray
προδότης ου m betrayer, traitor
προέρχομαι advance, reach
προέχω hold out, offer; have a lead, be first
προθνήσκω die for
πρόθυμος ον eager
προθύμως energetically
προΐημι forsake
πρόκειμαι be set down
προκηρύσσω proclaim publicly
προλείπω forsake
πρόνοια ας f foresight, foreknowledge
πρός + acc to, towards; to the accompaniment of
   + gen in the name of; at the hands of, from
   + dat in addition to
προσαγγέλλω report
προσάγω bring in; lead on, influence
προσαυδάω address, speak
προσβάλλω apply, lay (a hand) on + dat
προσδέομαι need
προσδέχομαι expect
προσδοκάω expect
προσεῖπον aor speak to, address
προσεπιτέρπομαι enjoy as well
προσέρχομαι go to(wards), approach
προσήκει it is right (for + dat)
πρόσθε(ν) before, of former time, beforehand, in advance, ahead of + gen
πρόσκρουμα ατος n clash, offence

προσξυλλαμβάνομαι + gen contribute to
προσουρέω urinate on
προσπίπτω fall upon, embrace + dat
προσποιέομαι pretend
προστάτης ου m leader
προστάττω appoint, assign X acc to Y dat, order
προστίθημι place, bring, apply, add
πρόσφημι speak to, address
προσφθέγγομαι speak to, address
πρόσωπον ου n face, surface
προτείνω stretch out
πρότερον before, before now, previously
πρότερος α ον first (of two), previous; more important
προτέρω further, forwards
προτί = πρός
προτίθημι put forward
πρόφρων gen ονος willing(ly)
προφυλάττω guard, keep guard before
πρύμνα ης f stern (of ship)
πρυτάνεις ων m pl presiding councillors
πρώην recently
πρωκτός οῦ m arse
πρώτιστος η ον first of all
πρῶτον first, at first
πρῶτος η ον first
πτερόεις εσσα εν feathered, winged
πυκνός ή όν frequent
πυνθάνομαι enquire; ascertain, learn
πῦρ, πυρός n fire
πύργος ου m tower, bulwark
πώποτε ever yet
πῶς; how?
πως somehow

ῥά = ἄρα
ῥᾴδιος α ον easy
ῥαίω break, batter, crush
ῥαχίζω cut in two
ῥέζω perform
ῥεῖα at ease
ῥεῦμα ατος n stream
ῥήγνυμι break
ῥήτωρ ορος m orator, politician
ῥιγέω shudder

174   *General vocabulary*

ῥῖγος ους   n   frost, cold
ῥοδοδάκτυλος ον   rosy-fingered
ῥοή ῆς   f   stream, flow
ῥοθιάς   gen άδος   f adj   dashing
ῥόθος ου   m   noise, clamour

σαθρός ά όν   corrupt
σαλπιγκτής οῦ   m   trumpeter
σάλπιγξ ιγγος   f   war-trumpet
[σαόω] = σώζω
σάφα   clearly, plainly
σαφής ές   clear
σβέννυμι   put out, quench
σβέσις εως   f   quenching, passing
σεαυτόν ήν   yourself
σέβας   n nom/voc/acc only   majesty
σέβασμα ατος   n   object of worship
σέβομαι   feel awe, worship
σέβω   worship, honour
σέθεν = σοῦ
σεμνός ή όν   solemn; haughty
σεμνότης ητος   f   solemnity
σηκός οῦ   m   enclosure, shrine
σημεῖον ου   n   sign, evidence; admiral's
   flag
σθένω   have power
σιγαλόεις εσσα εν   smooth, glossy,
   shining
σιγάω   be silent
σιγῇ   in silence
σίδηρος ου   m   iron
σιτία ων   n pl   food
σιτοποιΐα ας   f   breadmaking, food
   preparation
σιωπάω   be silent
σκάφος ους   n   hull
σκεδάννυμι   spread abroad
σκέπτομαι   examine, look carefully at,
   investigate
σκευάρια ων   n pl   luggage, equipment
σκηνή ῆς   f   tent, booth, stall; stage
   (building)
σκηνόω   pitch tent, encamp
σκληρός ά όν   hard
σκοπέομαι   consider
σκοπέω   consider, examine

σκοτεινός ή όν   dark
σκότος ου   m   darkness
σμῆνος ους   n   hive
σμικρός = μικρός
σορός οῦ   f   coffin
σός, σή, σόν   your (of you sg)
σοφία ας   f   wisdom
σόφισμα ατος   n   trick, clever device
σοφός ή όν   wise
σπένδω   pour libations
σπέος ους   n   cave
σπερμολόγος ου   m lit   seed-gathering
   (bird), hence one who picks up scraps of
   information
σπεύδω   hurry
σποράς   gen άδος   scattered
σπόρος ου   m   sowing
σπουδή ῆς   f   haste
σταθμός οῦ   m   standing-place;
   farmstead; balance; weight
στέγη ης   f   roof pl house, dwelling
στεγνός ή όν   covered; n as noun covered
   place, shelter
στέγος ους   n   roof, house
στείχω   walk, go
στέλλομαι   put on
στέλλω   dress tr, fit out
στεναγμός οῦ   m   groaning
στενός ή όν   narrow
στένω   grieve, mourn
στέργω   love
στέφανος ου   m   garland
στέφω   wreathe, garland
στῆθος ους   n   breast
στήλη ης   f   pillar, gravestone, grave
στικτός ή όν   dappled
στοιχηγορέω   give a detailed account
στολή ῆς   f   clothing, garment
στόλος ου   m   armament, fleet; beak (of
   ship)
στόμα ατος   n   mouth
στοναχή ῆς   f   groan
στρατεία ας   f   expedition, campaign
στράτευμα ατος   n   armament, navy
στρατεύομαι   make war
στρατηγίς ίδος   f   general's ship

στρατηγός οῦ *m* general, commander
στρατιά ᾶς *f* army; expedition
στρατιώτης ου *m* soldier
στρατοπεδεύομαι encamp, make camp
στρατόπεδον ου *n* camp; army; fleet
στρατός οῦ *m* army
στρώματα ων *n pl* bedding, luggage
στυγέω hate
σύ you *sg*
συγγίγνομαι meet with, associate
 with + *dat*
συγγνώμη ης *f* pardon, forgiveness
συγκάθημαι sit together
συγκυρέω come together by chance
σύγχυσις εως *f* confusion, tumult
συγχωρέω give way, concede, agree
συζεύγνυμι yoke together, unite *(esp in*
 marriage)
σύζυγος ου *f* wife
σῦκον ου *n* fig
συλλογίζομαι infer, work out
συμβαίνω happen; make an agreement
συμβάλλω discuss, debate with, join
συμβουλεύω advise + *dat*
σύμβουλος ου *m* adviser
συμμαχικόν οῦ *n* alliance
σύμμαχος ου *m* ally
συμμίγνυμι mix together; join in close
 fighting
σύμπας πασα παν whole
συμπλέκω entwine, force together
συμπότης ου *m* drinking companion
συμπράττω do with, act together
συμφέρει it is of benefit (to + *dat*)
συμφέρω help to bear
συμφιλέω join in loving
συναγωγή ῆς *f* synagogue, Jewish place
 of worship
συναύξω join in increasing
σύνειμι be with
συνεπαινέω join in approving
συνέχθω join in hating
συνήθης ες familiar, intimate
συνθάπτω bury with
σύνθεσις εως *f* structure
συνίημι understand

συνίστημι be composed
συνοικέω live with + *dat*
συντίθημι put together, construct
συντόμως briefly
συσκοτάζει it grows dark
σύσσιτος ου *m* messmate
σύστασις εως *f* standing together;
 structure
συχνός ή όν much *pl* many
σφάλλομαι totter
σφε him, her, them
σφόδρα very much, exceedingly
σχεδόν nearly, near, almost
σχεῖν *aor inf* ἔχω
σχέτλιος α ον hard, hard-hearted,
 unyielding
σχῆμα ατος *n* fashion, manner
σῴζω save, keep safe, bring safely
σῶμα ατος *n* body, person
σωτηρία ας *f* way of saving, salvation,
 safety
σωφρονέω be sensible, be sane
σώφρων ον *gen* ονος sensible, modest,
 prudent, sane

τάλαντα ων *n pl* balance, scales
ταλαπενθής ές enduring grief, patient in
 suffering
τάλας αινα αν wretched, miserable
ταμίας ου *m* steward
τᾶν sir! my good friend! *(condescending)*
ταναός ή όν long
τανύω stretch out, prolong
ταξίαρχος ου *m* captain
ταρχύω bury
τάττω station, draw up, place in order
ταύτῃ here; in this way
τάφος ου *m* burial; tomb
τάχος ους *n* haste
ταχύ soon
ταχύς εῖα ύ quick, fast
τε ... καί both ... and
τεῖχος ους *n* wall (of city)
τεκμήριον ου *n* proof, evidence
τέκνον ου *n* child
τεκνοποιέομαι breed children

τέκτων ονος m craftsman
τελευταῖος α ον final
τελευτάω end, finish, end up doing; die
τελέω perform, fulfil, pay; be classed
τέλος ους n end, fulfilment; high station, authority
τέμενος ους n precinct, piece of land sacred to a god
τέμνω cut
τεός = σός
τερατώδης ες sensational
τέρπω delight, please; *mid* take pleasure
τέρσομαι be dry
τέρψις εως f enjoyment
τέταρτος η ον fourth
τέτταρες α four
τεύχεα ων n pl weapons
τεχνάομαι contrive
τέχνη ης f art, craftsmanship, cunning devices, skills
τῇδε here; in this way
τηλόθι + gen far from
τηρέω keep watch over, guard
τί why?
τίθημι put, place
τίκτω bear, beget, give birth to
τιμάω honour, value, reckon
τιμή ῆς f honour, privilege
τίμιος α ον valued, honoured, precious
τιμωρέω avenge; *mid* punish
τιμωρία ας f (private) vengeance
τίπτε = τί ποτε why? why ever?
τίς; τί; who? what? which?
τις, τι a certain, some
τλάω endure; dare
τοι then, indeed, in truth
τοι = σοι
τοί = οἵ *(rel) or* οἱ *(art)*
τοίνυν so then, accordingly
τοιόσδε άδε όνδε such
τοιοῦτος αύτη οὖτο of this kind, of such a kind
τόκος ου m childbirth
τολμάω dare
τόξα ων n pl bow
τόπος ου m place

τόσος η ον so great, so much
τοσόσδε = τόσος *(emph)*
τοσουτάριθμος ον so large in number
τοσοῦτος αύτη οὖτο(ν) so great, so much
τότε then
τοῦ = τίνος
τοῦ μή + *inf expresses neg purpose*
τουτί = τοῦτο *(emph)*
τόφρα so long, up to that time
τραγικός ή όν tragic
τραγῳδία ας f tragedy
τράπεζα ης f table
τρεῖς, τρία three
τρέπω turn
τρέφω grow *tr*, feed, foster
τρέχω run
τρέω fear
τριακόσιοι αι α 300
τριήραρχος ου m captain
τριήρης ους f trireme
τρίπολος ον three times ploughed
τρίτος η ον third
τρόπις ιος f keel (of ship)
τρόπος ου m way, manner, habit
τροφή ῆς f food; rearing
τυγχάνω hit the mark, succeed; happen to + *pple*
τύμβος ου m tomb
τύπτω beat, thump
τυραννίς ίδος f absolute power, royal power
τυχεῖν *aor inf* τυγχάνω
τύχη ης f fate, fortune

ὑβρίζω commit outrage
ὕβρις εως f outrageous behaviour, insolence
ὑγίαινε farewell!
ὕδωρ, ὕδατος n water
υἱός οῦ *pl* υἱεῖς/ὑεῖς m son
ὑμεῖς ὧν you *pl*
ὑμέτερος α ον your (of you *pl*)
ὕμνος ου m song, hymn
ὑπάγω proceed along
ὑπαίθριος (α) ον in the open air
ὕπαιθρος ον = ὑπαίθριος

ὑπακούω   answer
ὑπαντιάζω   go to meet, arise in return
ὑπάρχω   be, become
ὑπέρ + acc   beyond
  + gen   for, on behalf of
ὑπερβαίνω   climb over; overstep, break
ὑπερεπαινέω   praise to excess
ὑπεροράω   overlook
ὑπέρτατος η ον   highest
ὑπερτρέχω   outrun, surpass; overstep
ὑπίλλω   check, restrain
ὕπνος ου   m   sleep
ὑπό + acc   under, along under, to the
  shelter of
  + gen   by, at the hands of
  + dat   under, beneath
ὑπολαμβάνω   take up; answer; assume,
  suppose
ὑπολύριος ον   under the lyre, for lyre-
  making
ὑποτίθημι   advise
ὑπτιόω   overturn, upset
ὑσμίνη ης   f   battle, combat
ὑστεραία ας   f   next day
ὕστερος α ον   later, last (of two), following
ὑφίστημι   place under; *intr and mid* lie in
  wait
ὑψηλός ή όν   lofty, high
ὕψιστος η ον   most high, dwelling on high
ὑψόροφος ον   high-roofed

φαεινός ή όν   shining, bright
φαίδιμος ον   glorious
φαίνομαι   appear, + *pple* clearly be, + *inf*
  seem to be
φαίνω   show, reveal, declare
φανερός ά όν   plain, clear, visible
φαρμάττω   poison, infect
φάσκω   declare, say, allege
φάσμα ατος   n   phantom
φαῦλος η ον   poor, bad
φείδομαι   spare, grudge + gen
φέρομαι   win; rush
φέρω   carry; bear, endure; lead
φεῦ   alas!
φεύγω   run off, flee

φημί   say; say yes, agree
φθάνω   come before, be first, anticipate (in
  doing X + pple)
φθέγγομαι   utter
φθίνω   slay
φθονέω   begrudge (someone *dat*
  something *gen*)
φθόνος ου   m   envy
φθορά ᾶς   f   dissolution, destruction
φιλάνθρωπος ον   appealing to human
  feeling
φιλεῖ + inf   X usually happens *(lit* likes to
  happen)
φιλέω   like, love
φίλιος (α) ον   friendly, of a friend
φιλόλογος ου   m   scholar
φίλος η ον   dear, one's own; *as noun*
  friend
φιλόσοφος ου   m   philosopher
φιλότης ητος   f   love, affection
φιλοτιμέομαι   be ambitious, earnestly
  endeavour
φιλῳδός όν   fond of singing
φιτύω   beget, produce, have
φλυαρέω   talk nonsense, play the fool
φλύκταινα ης   f   blister
φοβέομαι   fear
φοβερός ά όν   fearful
φοβέω   put to flight
φόβος ου   m   fear
φοιτάω   come often, visit
φόνος ου   m   slaughter, killing
φορέω   carry
φορμικτής οῦ   m   lyre-player
φράδμων ον   gen ονος   knowledgeable,
  wise, shrewd
φράζομαι   consider, ponder, plan
φράζω   say, mention
φρήν, φρενός   f   mind, heart, wits
φρίττω   shudder with fear
φρονέω   think, have in mind, understand
  εὖ φρονέω   be sensible, be in one's right
  mind
  μέγα φρονέω   be arrogant
φρόνημα ατος   n   spirit, will; pride
φρουρά ᾶς   f   guard duty

φρουρέω guard
φρύγω parch (corn)
φύγαδε *adv* to flight, to escape
φυγάς άδος *m* fugitive
φυγή ῆς *f* flight, escape
φυή ῆς *f* appearance, stature, figure
φύλαξ ακος *m* guard
φυλάττω guard, keep; *mid* be on one's
  guard
φύλοπις ιδος *f* din of battle
φυράω knead
φύσις εως *f* nature, origin
φυτείαας *f* planting
φύω make grow, beget; *intr and mid* be by
  nature
φωνέω speak
φωνή ῆς *f* voice
φώνημα ατος *n* voice
φῶς, φωτός *n* light

χαῖρε hello! greetings! farewell!
χαίρω rejoice, fare well, enjoy,
χαλεπαίνω be angry with, resent, be
  harsh
χαλεπός ή όν difficult, hard; dangerous
χαλινός οῦ *m* bridle, bit
χάλκεος (α) ον of bronze
χαλκήρης ες of bronze
χαλκοκορυστής οῦ bronze-helmeted
χαλκός οῦ *m* bronze, bronze weapon,
  sword
χαλκόστομος ον with bronze beak
χαμᾶζε to the ground
χάραγμα ατος *n* work (of sculpture),
  image
χαρίεις εσσα εν pleasant
χαρίζομαι do a favour to + *dat*
χάρις ιτος *f* gratitude, favour
χείρ, χειρός *f* hand
χειροποίητος ον made by human hands
χειροτονία ας *f* show of hands, vote
χειρόω take in hand, subdue, conquer
χείρων ον *gen* ονος worse
χθές yesterday
χλευάζω jeer, mock, ridicule

χοή ῆς *f* libation
χοιράδες ων *f pl* reefs
χορηγία ας *f* duty of choregus *(sponsor
  of drama at Athens)*; abundant provision,
  extraneous aids
χράομαι use; treat + *dat*
χρή it is necessary
χρῆμα ατος *n* matter, business; *pl*
  money
χρηματίζω do business
χρήσιμος η ον useful
χρηστός ή όν good, decent
χρίω anoint
χρόνος ου *m* time
χρυσόθρονος ον with golden throne
χρυσόρραπις *gen* ιδος with golden wand
χρυσός οῦ *m* gold, gold image
χρυσοῦς ῆ οῦν golden
χρώς, χρωτός *m* skin; body
χώομαι be angry
χώρα ας *f* land, country, place
χωρέω go, come; wane
χωρίς + *gen* apart from, differently from

ψευδοκῆρυξ υκος *m* false herald, lying
  herald
ψεύδω cheat, defraud; *mid* lie
ψηλαφάω feel around for
ψήφισμα ατος *n* decree
ψιάς άδος *f* (rain)drop
ψυχή ῆς *f* mind, soul, heart; life
ψυχοπομπός οῦ *m* conductor of souls
ψυχρός ά όν cold

ὤ what (a) ...! + *gen*
ὦ O *(addressing someone)*
ὧδε thus, in this way
ὠθέω push, thrust, force, drive
ὦκα swiftly
ὤμοι alas!
ὦμος ου *m* shoulder
ὠμός ή όν cruel, savage
ὤμοσα *aor* ὄμνυμι
ὦ ὄπ *(onomatopoeic cry)* aww-up!
ὥρα ας *f* hour, time, season

ὡς   as, that, how!
+ *acc*   to *(a person)*, to the house of
+ *fut pple*   in order to
+ *sup*   as ... as possible
+ *subj/opt*   (in order) to

ὥς   thus, so, like
ὡσαύτως   similarly
ὥσπερ   like, just as; as if
ὥστε   (with the result) that
ὠφέλιμος η ον   useful